HOLY
BIBLE

神託を縊《くび》り束ねてラティオ摘《つ》む

玄月

edit gallery

旧約聖書　　協力：崇文荘書店

撮影　熊谷聖司

千夜千冊エディション

神と理性

西の世界観Ⅰ

松岡正剛

角川文庫
21778

千夜千冊
EDITION

松岡正剛

神と理性

西の世界観 I

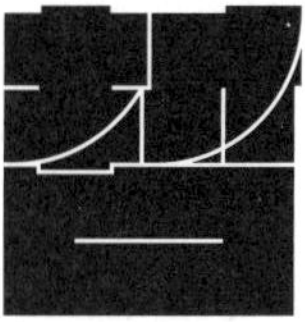

前口上

二〇〇〇年に及ぶヨーロッパの全思想史は、
プラトンとオリゲネスに付いた脚注だった。
そこから「神」と「理性」と「普遍」と「合理」がリクツになって、
世界劇場と経験論と論理式《ローギッシュ・マシーネ》がせっせと組み立てられて、
「自己」と「啓蒙」が自信過剰に拡がった。
そんな十八世紀までの「西の世界観」を一望する。

目次

第一章　神と王の国

第二章

理性による世界作成

第三章　西洋哲学史略義

第四章　啓蒙と変革の庭

第一章
神と王の国

プラトン『国家』
アリストテレス『形而上学』
エピクロス『教説と手紙』
ユリウス・カエサル『ガリア戦記』
オリゲネス『諸原理について』
ノルベルト・ブロックス『古代教会史』
アウグスティヌス『三位一体論』
ノーマン・コーン『千年王国の追求』
松谷健二『東ゴート興亡史』
アンリ・フォシヨン『ゴシック』
トマス・ブルフィンチ『シャルルマーニュ伝説』
ニッコロ・マキアヴェリ『君主論』

イデア、思惑《ドクサ》、ソクラテス、エルの物語、国家、プシュケー。
みんなまるまる「洞窟の比喩」の中にある。

プラトン

国家

藤沢令夫訳　岩波文庫　全二巻　一九七九
Plato: Res Publica　紀元前三七五年前後

いま、朝の四時過ぎだ。六月の小雨がやまない。プラトンを書くことにした。いつかは書かなければならないと思っていたけれど、千夜千冊八〇〇冊目を前にして、すこし迷って『国家』を開いた。岩波文庫、藤沢令夫《のりお》の訳だ。この著名な対話篇の最後に掲げられた「エルの物語」を田中美知太郎や山本光雄の訳文で読んでから、どのくらいの時がたったのだろうか。

三十年ほどが花散るように走っていった。その途中、「エルの物語」をポオやボルヘスのように読んだと、そのころ『遊学』（大和書房→中公文庫）に書いたものだった。それからこっち、ぼくのプラトンをめぐる理解が深まったとは思わない。その後に『パルメニデス』に入って、そこで立ち往生させられていたからだ。あのパルメニデスの「一と多の問題」は、三浦梅園の「一即一一」とぼくの相似律理論とともに、いつか素手で掬《すく》いなおさなければならない。

そうなのである。プラトンを素手で読むことはなかなかできそうでできない。それがぼくの前に立ちはだかっている「西の障害」なのだ。ホワイトヘッドが「全西洋の哲学はプラトンの脚注にすぎない」と言ったのを読んでからというもの、誠実にプラトンを読むというよりも、幾多のプラトン論をとりまぜて読んできたのも、この西の理性がもたらす壁のせいだった。

そんなことだから、今日もプラトンに分け入るということにはならないのではないかと惧《おそ》れる。しかし、多くの著作のなかで『国家』を選んだというところに、今朝のぼくなりの思索彷徨《ほうこう》の断面が出てくれよう。

イデア（idea）とプシュケー（psyche）だ。縮めれば、プラトンの哲学はこの二つのコンセプトに集約される。それを「知」と「魂」とか、「理念」と「精神」とかと言ってもかまわないけれど、そう見たところで何も説明したことにはならない。

イデアというのは理念ではあるが、プラトンにとっては数そのもの、図そのもの、形そのものでもある。「大」とか「小」というときの「大」ということ、それ自体がイデアなのである。イデアは抽象そのものであって、また同時に具体そのものなのだ。

　一方、プシュケーには三段階があるだろうとプラトンは言った。理知な魂、気概な魂、欲望な魂の三タマだ。だからプラトンにとっては、プシュケーも純粋無雑なものなのではなくて、三タマすべてが抽象であって具体そのものなのだ。

　なぜイデアやプシュケーのような、後世の哲学史のほうがかえってピュアーに受け取ろうとした概念を、プラトンは図形や段階という具体的な足枷《あしかせ》をつけて論じようとしたのだろうか。「ドクサ」（思惑）というものを知っていたからだ。ドクサ（doxa）にいる者は、自分が首尾一貫しているとか、ピュアーであると思いたがる。あるいは、つねに自身を迷わせている悪癖のようなものがあると思いたがる。いずれの思いこみも役立たない。そのドクサのふるまいに文句をつけながら、すかさずドクサなきドクサを完了するには、どういうことを自分に課せばよいのか。

　これはそうとうな難問ではあるが、プラトンは、こういうことを思想史上初めて一貫して説明できた哲人だった。もっとわかりやすくいえば、この「思惑《ドクサ》なき思索《ドクサ》」を発端させることが、西洋が初めて体験することになる「哲学」（philosophia）というものだった。西洋理性はここに発したのだ。

　プラトンがこうした自分の哲学のありかたを説明するまでには、ぼくが想像していたよりずっと困難な出発があった。ぼくはプラトンは、ごくごくすっきりとイデアから出発していたと勝手に想像していた。ソクラテス以前のソフィストたちの議論を聞いて、師のソクラテスとともにそこからさっさと脱出して、イデアの彼方から颯爽《さつそう》と降りてきた哲学バットマンのような男、それがてっきりプラトンの正体だとおもっていた。ところが、そうではなかったのだ。

プラトンは「失望」から出発していた。政治に失望し、ポリスに失望し、ソクラテスを理解しきれない自分に失望した。プラトンの出発は「負」からの出発だったのだ。

もともとプラトンはレスラーだった。ローティーンのころ、イストミア祭の格闘技大会で二度の優勝を飾っている。勇躍、オリンピアの祭典にも出場したが、ここでは負けつづけた。だから「幅広い」というギリシア語の意味と響きをもつ「プラトーン」という名も、おそらくはリングネームだったにちがいない。きっと体格もがっしりしていて、肩幅か胸幅かが広かったのだろう。

こんなこと、どうでもよいようなことだが、そんなことはない。ひとつには当時のアテナイの青少年たちがことごとく燃えていた「体育の愛」について、ふたつにはプラトンの名に由来する「プラトニック・ラブ」すなわち「普遍的少年愛」についてちょっとでも考えたいなら、この体質は見落とせない。

レスラーとして挫折《ざせつ》したプラトンは、ついで悲劇などを書いて名を上げようとするのだが、これにも失敗した。各種のコンテストで芳しい成績をあげられない。

だいたいプラトンはのちに詩を批判する。『国家』では詩人の役割にかなりの疑問を呈するところまで書いている。詩がわからないプラトンなど何の魅力もなさそうではあるが、またそんなプラトンには見切りをつけたいと言い出した後世の詩人や思想家もたくさんいたのだが（ニーチェやハイデガーがそうだった）、それならほんとうにプラトンに詩や詩魂の基本がないかといえば、そうでもない。ぼくはプラトンの哲学に詩を感じる。

体育でも詩劇でも身を立てられないプラトンは、やむなく漠然と政治や政治家に気持ちを向けた。そのころ政治とは人間が抱く最高の理想のことをさす。青年はその理想に近づきたい。それで、どうなったのか。理想の男に出会うのだ。

ソクラテスである。詳しい出会いの顚末はわからないが、どこかで講演か雑談でも聞いたのだろう。ソクラテス六三歳、プラトンはまだ二十歳。おそらく紀元前四〇七年くらいのことである。青年はたちまちソクラテスの気概と人格と哲学に魅了された。ソクラテスの哲学はまさにフィロソフィア（知の愛）というもので、青年は一気に「愛知」に没入していった。それは愛知に入ることであって、同時に、全身でソクラテスその人に入るということでもあった。

プラトンはソクラテスの私塾に入る。私塾とはいえソクラテスがひたすら目の前にいる者に喋《しゃべ》りつづけているだけで、それが聞きたくなければ去ればよかったのである。しかしプラトンはそのまま八年間か九年間を、ソクラテスの傍らでその快活な談論に耳を傾け、いつだって単立な話に終わらない議論に感動する。

品性の教育、真理の畏敬《いけい》、祖国の熱愛。そのころプラトンがソクラテスから摂取したものは、まとめていえば、これだった。もうひとつ付け加えるなら、さきほど書いておいた「思惑《ドクサ》」からどのように離れられるかということ、それがソクラテスが語る哲学だった。けれどもプラトンが、なるほど師はそのことを、そのことだけを言うためにそのように言っているのだと確信するには、師が宿命的に抱えた苛烈《かれつ》な闘いをどこかで引き継ぐ覚悟が必要だった。それがプラトンにおいて、プラトンによって発見された「負」からの出発だったのである。

プラトンがアテナイに生まれた前四二七年は、ペロポネソス戦争が始まって四年目にあたっている。この戦争はアテナイの民主制とスパルタの反民主制の闘いで、戦争は二七年続き、アテナイの敗北で終わった。プラトンが師に出会えて三年後のことだ。

植民地化されたアテナイには、反民主派の三十人政権が樹立した。この政権にはプラトンの母の従兄《いとこ》のクリティアスや叔父《おじ》のカルミデスも入っていて、すでにソクラテスのもとで政治の理想に燃えつつあった青年プラトンにもそれなりのお誘いがかかったのだが、プラトンは多少の躊躇《ちゅうちょ》と期待をもってこの動向を見守ることにした。

期待はすぐに裏切られた。躊躇は当たっていた。僭主《せんしゅ》的な政権はスパルタの強力な軍事力をバックにして恐怖政治をふりまいたので、多くの者が国外に亡命しはじめた。そこへレオン事件がおこった。僭主はソクラテスら数人を呼んでサラミス島のレオンを強制連行するように命じたのだ。ソクラテスは無実のレオンの逮捕にも不正な命令にも不快感を見せ、さっさと自宅に帰ってしまった。

この話は『ソクラテスの弁明』にも出てくる有名な場面だが、ここまではまだ師の颯爽とした行為に、青年はただただ憧《あこが》れるだけだったろう。ところが、次の予想もつかない有名な事件がプラトンを混乱させたのである。

三十人政権のほうは倒れた。武装した新たな民主政権が覇権を奪取した。アテナイのデモクラシーとはいえ、武力が必要だったのは当然だ。一言でいえばアテナイ民主制とは軍事的民主制のことである。ともかくもこれで師も弟子もやっとホッとしていたところ、あろうことか三人の告発者によって、ソクラテスが意外な科《とが》で裁判にかけられる。「青年を堕落させ、国家の認める神々を認めず、新しい鬼神を信じている」という告発である。

いつの世でもそうだけれど、一貫した思想が語れる者のところに青年青女が集まってきたときは、世間の権威者と煽情者《せんじょうしゃ》たちというもの、嫉妬《しっと》半分・誤解半分・牽制《けんせい》半分で、こうした告発をしたがるものなのだ。

裁定は死刑。『パイドン』に劇的に語られているように、このときソクラテスはこの不正を甘んじて受け入れ、毒杯を仰いで死んでいく。

プラトンはどうしたか。おおかたの西洋哲学史では、ここで政治に絶望したことになっている。そうでもあろうが、ありていにいえば師がもういなくなってしまったアテナイから、プラトンは逃げ出したのだ。社会紊乱《びんらん》罪のソクラテスの弟子として逮捕される危険もあった。そのへんはよく知らないが、ともかくも青年は混乱したまま、旅に出てしまったのだ。これがプラトン二八歳のときである。

ソクラテスはつねづね「諸君は金や評判や名誉ばかりに汲々《きゅうきゅう》として恥ずかしくないのか。では聞くが、諸君は知と真実と魂のことはどうするのか」と言い、濡れ衣を着せられれば自身を裁く法廷にあえて立ち、そして最後は「私は息のつづくかぎり哲学することをやめない」と言って、死を判決された。

プラトンはアテナイを離れながらも、この宿命的で不可解なソクラテスの死をまるごと背負った。背負うしかなかった。正義の人とおぼしいソクラテスが国法の名において自ら死んでいったということを。

ということは、ここが肝心なところになるのだが、プラトンを読むとは、まさにこの「プラトンの抱えた不可解な転換点」からプラトンを読むということであるはずなのである。『国家』の読み方も、そこにあるはずなのだ。そして、これこそがプラトンの用意した負のCPUの発動だったのだ。

プラトンは師を失ってしばらくして、師の談論を再生することを思いつく。旅先での滞在地を含む各地で、いわゆる初期対話篇を著しはじめる。最初は師の最期に何がおこったのかを再生記録するための『ソクラテスの弁明』を綴《つづ》った。続いては『プロタゴラス』や『ゴルギアス』を書いた。

ぼくはこれらの初期対話篇では、なかでも『メノン』の次の言葉に惹かれてきた。こういうものだ。「マテーシス（学習）はアナムネーシス（想起）である」。うん？　マテーシスはアナムネーシスだ？　待てよ、なになに、マテーシス（計算）はアナムネーシス（再生）だって？　そうか、マテーシスはアナムネーシスなんだ！

これは、「魂が生前にすでに感じていたことを想起することこそが、学ぶことの本性なのである」と言っているのである。この学習論はこよなく美しい。プシュケーの意味も、ここにおいてこそものすごい。魂が未生《みしょう》で未詳のままに体験したであろうことを学習することが、そもそも学ぶことだなんて、まさにこのアナムネーシス（想起）において、プラトンはついにプラトンになっていったのである。

プラトンは「対話」（ディアレクティケー）という方法を選びつづけた哲人だった。ソクラテスの裁判記録ともいうべき『ソクラテスの弁明』を除くすべての著作を対話にしたというのは、しかもそこにプラトン自身が語り手としてはまったく登場せず、最晩年の『法律』以外のすべての著作でソクラテスが生き生きと話しつづけているというのは、プラトンの思想が「対話という方法」そのものにあったことを示している。この編集方法は、いずれは『仏典』とこそ比べたいことだ。

プラトンの旅は約十二年におよんだ。プラトンの遍歴時代とよばれる。シケリア（シシリー島）やエトナ山などにも行っている。ぼくはこの旅の最後でピタゴラス派の一団に出会えたことがプラトンの思想形成に大きなヒントを与えたと思っているのだが（かつて『遊学』に「ピタゴラスがPならばプラトンはPである」なども書いた）、それはそれとして、そのプラトンがやっとアテナイに戻ってきたのは前三八七年のことだった。

ここでプラトンはついに感動的なことをやってのけた。決定的なことだ。「アカデメイア」（Akadēmeia）をぶち立てたのである。

この学園の名は、いまは世界中のアカデミーや団体の語源になっているが、そのころはまだアッチカの伝説的な英雄アカデモスに因《ちな》んだ程度のものだった。とはいえ、そこには神域ともいうべきスペースがあって、社殿・祭壇・立像などを建てた。祭壇の主宰神はエロスとムゥーサ（ミューズ）、立像はプロメテウスとヘパイストス。これらを配して、そのあいだにエクセドラ（講堂）、ギュムナシオン（体育館）、ムセイオン（博物資料標本館）、そして、図書館あるいは書庫があった。プラトンはその片隅に地所をもち、残された生涯をそこで送ったという。

アカデメイアについては、発掘は試みられているもののまだ全貌があきらかにはなっていない。施設は借りものだったという説もある。

そのへんははっきりしないけれど、この私設アカデメイアにすべてを投与すると決断したプラトンに、ぼくはやっぱり今日に及んだプラトンのマスタープランの原図そのものを見る。詳細は廣川洋一さんの『プラトンの学園　アカデメイア』（岩波書店↓講談社学術文庫）という興味深い一冊があるのでそれに譲っておくが、プラトンはここにおいていっさいのイデア（知）とプシュケー（魂）に言葉と形と精神を与えることを試みる。

そしてというか、かくなるうえはというか、プラトンはいよいよ覚悟して『饗宴』『パイドン』そして『国家』に着手した。とりわけ『国家』第五巻に至ったとき、プラトンの滾《たぎ》る理想が渦巻いた。それはアカデメイアの一隅に住して初めて可能となったことである。「哲人王」と「哲人の統治」という構想だ。これは、その後にヨーロッパ人が提案するどんな構想よりも理想に走っていた。

ここで突如として話が変わるのだが、一九八〇年二月、ぼくは「国家論インデックス」なるものを「遊」一〇一一号に発表した。数ヵ月、その作成だけに没頭した。いまでもその連続した夜陰の作業を思い出すことがある。

どういうものかというと、国家というものが「生物の国家」から長時間をかけて発生し、やがて「記憶の国家」「契約の国家」「観念の国家」「浪漫の国家」「機械の国家」「階級の国家」「情報の国家」などを脱皮するかのようにへて、ついに「無名の国家」に向かっていくという、いわば全歴史上の国家のカマエとハコビを提示したものだ。

全十二部仕立て、各部を十二〜十五章に、それをさらに十二〜十六節に組み上げた。この「国家論インデックス」では、プラトンは第二部第一章第四節から第八節に、坐《すわ》っている。そのうち少し手をくわえて小冊子にしたい。そのとき「遊」のページの僅《わず》かな空白に、「この国家論は生物史観にはじまって無名の存在学に向かっている。そこには進行の厳密がある。いま、強調しておきたいのはこのことだけだ。二〇〇一年よりも先の方から」と書いた。

いま、ぼくはまったく別のマスタープランに取り組んでいる。これは時間を見つけてのあまりにとびとびの作業だったので、取り組んでそろそろ五年ほどがたつのだが、ようやくその表情が見えはじめたばかりのものだ。その一部を言うと、ひとつはコンピュータの中だけで自立する「図書街」に、ひとつは「目次録」ともいうべきマスタープログラムの目録に、ひとつは十七段を単位として動く「月次表」に、ひとつは何かを始めて終えるまでの「次第組立」に、それぞれなりつつある。名称はいずれも仮称だ。なぜこのようなことをしているかということはいまは説明しない。また、こうしたものがプラトンに由来しているとは感じていない。しかしながら、ぼくが何をどのように考えようと、それが計画や構想であるかぎりは、ずっとさかのぼれば、そもそもはプラトンのマスタープランによって出自せざるをえなかったものであったということは、すでに三十年前から心得ているつもりなのだ。

話がまわりくどくなってしまったが、プラトンの『国家』とは、そのくらいに壮絶な提示であったのだ。とにもかくにも、そのころまだ、ソクラテスさえも、だれも国家のことなど考えていなかったのだから。

すでに書いておいたように、ぼくの見立てによれば、プラトンの国家は負のＣＰＵから生じた。しかしながらそれが現実のポリスの失政と、自身の政治家としての失敗を通過したために、そのマスタープランには哲学の人格化がおかれた。それが「哲人王」と「哲人の統治」というアジェンダである。

これは「最善のものが腐敗すれば、それは最悪のものになる」というソクラテスの教えの逆襲をうけるかもしれないという恐怖と闘ったプラトンにして、初めて樹立できた理性的理想主義だ。哲人王なんてダビデ＝ソロモンの時代ならいざ知らず、すでにギリシアの日々にさえ出現しそうもないはずなのに、プラトンはそんな理想を国家の奥に据えたのだ。

たとえば、われわれは日本国憲法がどのように出現し、どのように定着してしまったかをうすうす知っているはずである。そして、その一方で、どこかに理想の日本国憲法があるのではないか、それはどういうものかということを、中身の濃淡はともあれ、うっすら想定しているはずである。そういう想定は許される。しかし、その理想の憲法を想定している場所は、いわば負の領域なのである。実際にもそういう理想の憲法が戦時中にも戦後においても、一度たりとも現実化されたことはない。そして現行の憲法だけが唯一のウツツ（現実）であって、仮の想定された憲法（というよりも、想定という憲法）は、どこかにウツ（空）として漂っているだけなのである。ということは、その想定された憲法をもつ戦後日本そのものが、いまのところはヴァーチャルな負の領域にあるということになる。

では、われわれは何によって国家を思索し、いったい何によって国家への改革や変更を試案しているかといえば、結局はこの「仮想された領域の仮想された出来事」との比較によって、現実のあれこれの不満に注文をつけているだけなのだ。

こういう状況はむろん日本だけにかぎらない。どこの国でもおこっている。そして、このどこの国でもおこりうることの起源をずうっとさかのぼっていくと、そこにはたいていプラトンの理性がつくりあげた「想定された国家」があったということなのだ。

さあ、そこでプラトンがなぜ『国家』第一〇巻の最後の最後になって「エルの物語」を提示したかということになる。

プラトンが持ち出したもの、それはひとつの神話である。寓話《ぐうわ》である。神話や寓話であるけれど、それは魂が肉体を得る前に自身の運命を選ぶ場面を直截《ちょくせつ》に示したものだった。そこには「国家が魂を救済する可能性はない」と書かれていた。

国家は民衆の魂から苦痛や危難を取り除く機能をもっているのではない。そういう機能があるなら、師のソクラテスは死ななかった。国家は民衆に「忘却の水」を飲ませないための機構なのではなくて、つねに群れなすエルたちに「忘却の水」を飲ませておく機構なのである。「エルの物語」にはそのことが書かれていた。

そうだとしたら、どうなるか。プラトンの国家は現実の国家になってはいけないように書かれた「負の国家」だったというべきだ。そしてもしそうだとしたら、まさにプラトンは「マテーシスはアナムネーシスだ」というその想起のほうへ、最後の最後になって国家を押しこめたのだ。

それは凸の国家などではなかったはずなのである。プラトンの国家、それはやはり凹、の国家だったのである。それなら、こういうことも言える。われわれは（われわれはというのは日本人のことだが）、わざわざさかのぼって凸の国家の起源にあたる物語を探さずともよいのではないか。いわばプラトンが『国家』の最後に提示した方法のように、国家を考える方法をもったっていいのではないか――。

プラトンはどうしたかということを、急いで書いておかなければならない。プラトンはついに『パルメニデス』に向かったのだ。なぜ論理には矛盾が含まれてしまうのかという謎に向かった。

ここから先のプラトンは、イデアの世界とイデアを模倣する世界の区別に立ち向かうプラトンになる。すでに負のCPUは起動しはじめたのだから、そこには凹《くぼ》んだ国家があたかも現実の鏡像のごとく茫然《ぼうぜん》と見えているだけだろうから、次のプラトンの計画は理想に至る方法を峻別《しゅんべつ》する道具の選定に入っていったのである。ということは？　そうなのだ、プラトンの国家は誰によってもCPUの中に入ってくるはずはなかったのである。そしてだからこそ、ここからが全ヨーロッパの哲学がホワイトヘッドの言うプラトンの脚注になっていくドラマのスタートになったのだ。

今夜は『パルメニデス』がどういうものであったかはのべないが、冒頭に「一即一一」の三浦梅園との比較を書いたように、ぼくとしてはそこからは全ヨーロッパの歴史どおりに点検するつもりはなくなった。なぜならプラトンこそが点検道具の選定を終えたくなっていたからだ。

最後に書いておく。二つある。ひとつは、『国家』で国家を語ったのは、プラトンではなくてソクラテスだったということだ。ということは、ポリスに排斥された想起のなかにのみ、ソクラテスの国家が、すなわちプラトンの国家があったということである。もうひとつ。これはちょっとした追伸になるのだが、プラトンが著述以外でアカデメイアでやりつづけたこと、それは「魂の気づかい」というものだったということである。晩年のプラトンは国家よりも気配の哲学に向かったのである。

第七九九夜　二〇〇三年六月十九日

参照千夜

一四九五夜：ロバート・ロウランド・スミス『ソクラテスと朝食を』　二九一夜：アリストテレス『形而上学』　三四五夜：オリゲネス『諸原理について』　八二夜：ジョルジュ・プーレ『円環の変貌』　九七二夜：エドガア・アラン・ポオ『ポオ全集』　五五二夜：ボルヘス『伝奇集』　九九三夜：三浦梅園『玄語』　九九五夜：ホワイトヘッド『過程と実在』　一〇二三夜：ニーチェ『ツァラトストラかく語りき』　九一六夜：ハイデガー『存在と時間』　九八八夜：道元『正法眼蔵』

理性を「フィシカ」（自然学）と「メタフィシカ」（形而上学）にすることが、世界をまるごと記述することだった。

アリストテレス

形而上学

出隆訳　岩波文庫　全二巻　一九五九〜一九六一
Aristotelēs: Metaphysica　紀元前四世紀

アリストテレスの父親をニコマコスという。医者だった。紀元前三八四年にエーゲ海西北部の町スタゲイラに生まれた。少年アリストテレスはその父からいくぶん生物学的な知識の影響をうけた。きっとプリミティブな解剖くらいは見ていたのだろう。これがのちのニコマコス「動物論」シリーズの快挙につながる。

十七歳でアテナイに赴き、アカデメイアに入った。学頭のプラトンは六十歳をこえていた。二十年にわたるアカデメイアの学習と研究をへたとき、プラトンが死ぬ。四十歳ほどの年齢差がアリストテレスをプラトン越えに向かわせた。

アリストテレスにも功名心はある。アカデメイアの第二代の学頭候補にはアリストテレスの名もあがり、そういう出世に期待もした。けれども学頭にはプラトンの甥《おい》のスペウシッポスが就いた。すこし失望した。アリストテレスはアテナイを去る決心をする。そのままアカデメイアの学頭になっていたら、きっとアンドレ・マルローか矢内原伊作《やないはらいさく》みたいになっていただろう。

しばらくアテナイを離れたときの遍歴がその後のアリストテレスの思索の足腰をつくった。小アジアのアソス、レスボス島、マケドニアなどをまわって自然研究の根拠をつかむ。レスボスでテオプラストスと組んだ調査や資料づくりは、その後の著作活動のベースキャンプになったようだ。マケドニアはフィリッポス二世による招待で、有名な話だが、そこで十三歳の少年アレクサンドロス（のちのアレクサンダー大王）に出会って家庭教師をつとめた。

アテナイに戻ったアリストテレスが最初にしたことはリュケイオンに学園をおこすことだった。大半のアリストテレスの著述はこのリュケイオンの森の産物である。そのため、ここはプラトンの学園「アカデメイア」に対して「リュケイオン学園」（Lykeion）とよばれた（一九九七年にその一部の遺構が発掘された）。リュケイオンの目的ははっきりしている。存在の本質に関する研究と教育だ。そのプログラムを三点にしぼっていた。

第一には「学というものがどのような領域をもちうるかを計画するための研究」、第二には「国家というものが必要とするすべての情報を収集するための研究」、第三に「未知の自然をあきらかにするための資料収集と研究」である。

ようするに計画を計画する研究というものだ。現代ふうにもうすこしいいかえれば、何かを計画的に研究するための計画を入れるシステムの研究というものだった。すばらしい。すべての作業に情報収集とその組み替えが含まれていた。


ぼくは自分自身に「体系」をあてはめることをずうっと拒否してきた。体系が嫌いなのではない。定着しすぎた体系を自分にあてはめるのは全体としての病気をつくっていくからだ。そこで「過程《プロセス》」と「断片《フラグメント》」を愛するのだが、この好みからするとアリストテレスほど遠い相手はいない。長らくそう感じてきた。なんといってもアリストテレスは「体系の人」であるとおぼしい。

ところが、そうではなかった。アリストテレスの体系と見えたものが自在に組み直せることを知るにつれ、またぼく自身が編集可能な動的システムに関心を寄せるようになるにつれ、アリストテレスから学ぶことが変わってきた。とくにアリストテレスが最初に体系をたてないで、自身の考察の成果にそって順々に新たな「不足」を加えていく方法を重視していたことに気がついてからは、気を入れなおした。まずは「フィシカ」（自然学）を先行しておいて、そののちに「メタフィシカ」（形而上学《けいじじょう》）を構想したのはその著名な例だった。

こういうことをぼくに示唆したのは意外なことにダーシー・トムソンである。バウハウスの連中がこぞって瞠目《どうもく》した、あの『成長と形態』（『生物のかたち』東京大学出版会）の著者だ。トムソンは動物論を通したすぐれたアリストテレス研究者でもあって、ぼくはそれを読んで目を開いた。「研究の組織化」という論文だったかとおもうが、システムの「不足」に気がつくことこそが研究の充実になっていくと論じていた。

そんなこともあって、堅いアリストテレスはしだいに柔らかいアリストテレスになっていったのである。「アリス」と「テレス」になって動きはじめたのだ。

これはアリストテレスがプラトニズムを脱却していったプロセスときっと関係があるだろうと思った。『エウデモス倫理学』あたりですでに、プラトン哲学に対するブリコラージュ（修繕）あるいはエディティング（編集）が始まっているからだ。こうしてぼくはアリストテレスを学問や哲学のコンテンツとして読むということとはべつに、そのコンテンツをぼくが想定したシステムの上で動かせるようにすることに興味をもった。

以下はそういうことをちょっとしたコンピュータ工学の助けを借りて遊んでいたころの、ぼくなりのアリストテレス・システムの外観からのおつまみである。

アリストテレス学の出発点はプラトンのイデアの議論を批判的に継承するところにある。プラトンが存在の本質をイデアとして「外」のほうへ象徴化していったとすると、アリストテレスは存在の本質を「内」に見つけようとした。ぼくはそれでもイデアはイデアとして「外」にもあっていいと判断しているが、それはアリストテレスの議論とはちがうレイヤーのことだし、この話をするにはネオプラトニズム（新プラトン主義＝グノーシス）の歴史を追うことになる。だからここではその話はしない。

いずれにしてもアリストテレスは存在を自身の内側に捉《とら》えて、そのうえで、実体《ウーシア》と形相《エイドス》と現象《ファイノメノン》を外側に持ち出した。これは「存在とは何か」を尽くすにあたってアリストテレスが用意した三種のプログラミング言語あるいはアリストテレス言語とでもいうものである。これらは相互に互換的《コンパチブル》である必要がある。著作の三分の一くらいがこの互換性《コンパチビリティ》を求めて著された。

実体と形相と現象をまたぐ互換的なプログラミング言語を使ってアリストテレスがどういうシステムを設計したかというと、模式的にいうのなら三つの「知的実践」の領域《スコープ》を設定した。テオリア（観想）の学、プラクシス（行為）の学、そしてポイエーシス（制作）の学だ。テオリア（theōria）では神や自然を観想し、プラクシス（praxis）では人間の行為の全般を考え、ポイエーシス（poiēsis）では詩人や職人の表現技術を問題にする。そういう学問の計画のための方法領域をつくった。テオリア、プラクシス、ポイエーシスは主題ではなく方法（メトドス）である。

この方法は、それを使えばそこに何が「不足」しているかが見える。いわば「不足」

を「充実」に変える方法だった。この三つのスコープによって、アリストテレスはあらゆる「知」を呼び寄せた。「知」にはソフィア（知恵）、エピステーメー（探究の知）、ヌース（知性や思惟《しい》）、プロネーシス（思慮）、テクネー（技能）がかかわるとした。そのうえでアリストテレスは、このそれぞれの方法に乗るキラーソフトをいくつか開発していった。それが範疇《はんちゅう》学と論理学と、そして形而上学というものだ。

アリストテレスが範疇学を動かすためにあげた編集素《カテゴリー》は、編集工学を構想するときのいろいろのヒントとなった。その編集素とは「実体、量、性質づけ、関係、場所、時、状況、所持、能動、受動」というものだ。編集素は主語というものがどのように述語づけられるかということの、アリストテレスなりのフックである。

ついでアリストテレスは論理学を明示化する。例の三段論法が有名ではあるものの、のちのヘーゲルの大論理学がものすごい様相を呈したように、アリストテレスの論理学に分け入るのは容易ではない。ただぼくは、編集工学研究所の所内ＬＡＮにおいて、この論理学の基礎的背景からスタッフ間の学習が始まることを想定して、しばらくアリストテレスを解説していた。ついでにいえば、そのときのやりとりが「イシス編集学校」の原型になったのだ。

そこでやっと形而上学である。アリストテレスの著作には『形而上学』という文献名は見当たらない。のちのネーミングだ。「フィシカの次にくるもの」として「メタフィシカ」という不足を充当する括りが与えられたのである。アリストテレス自身は「われわれの求めているところの第一の哲学」などと書いている。

第一の哲学としての『形而上学《メタフィシカ》』は、思考する階梯《かいてい》の階層構造化とその説明にあたる。人間の存在としての知恵（知識ではない）が、感覚知から始まって記憶知をアーカイブとして用いつつ、そこから経験知や技術知をへてしだいにステップアップする。第一章ではその階梯的なアーキテクチャの略図ともいうべきものがのべられる。これをエピステーメーの提示という。以上はいわば全体のポータルである。

ついで第二章で、そのようにステップアップした知恵の特性を六点にわたってのべて、そのうえでこの知恵の最終的な資質が純粋無雑であることが表明される。

次の第三章と第四章は、そうしたステップアップはそもそもギリシア哲学の発達史とも重なっていたことを、タレスからデモクリトスにおよぶ流れで説明する。ここは空海の『十住心論』が第一異生羝羊心《いしょうていようしん》から第五抜業因種心《ばつごういんじゅしん》の小乗的な声聞縁覚《しょうもんえんがく》までを解説してみせた前半部分とそっくりである。つまりここからは意識進化論的なアーキテクチャを縦断できるようになっている。

ときどきダンジョンに入っていくこともする。それが第五章でピタゴラスやエレア学派を解説しているところ、および第六章のプラトン哲学の〝総まくり〟にあたる。が、ただカード解説のように説明されているのではなく、このダンジョンに入るとそこにはまた小さな階層構造が用意されていて、そこを分け入るとヘラクレイトスの流転構造などとプラトン哲学との歴史的な関係が辿《たど》れる。あくまでマルチレイヤー的で、アーカイブ的なのだ。さすがである。

第七章と第八章は、以上のステップアップ型の階層構造の哲学コンテンツが、そもそもいったいどのような関係をもちあっているかということを、あらためて組み直せるしくみになっている。コンテンツのキーワードをめぐるシソーラスやコノテーション（共示）を示しあえる辞書なのだ。

これで『形而上学』のシステム叙述がおわりかというと、まだ半分だ。これまでのところをAシステムとすれば、このほかにBシステムがある。Bシステムは、以上のすべてのコンテンツを入れこんだシステムに対して、次々に難問をぶつけて、これに答えていくようになっている。つまりBシステムはFAQモードになっていて、その質問のヴィークルに乗ってAシステムを縦横に走りまわれるようにしたものなのだ。ようするにQ&A集が併設されているのである。これをアリストテレス研究者たちは「難問集」とよんできた。驚くべき用意周到といわなければならない。

アリストテレスが『形而上学』でめざしたことは、わかりやすくいえば次の三つにまとめられる。

第一に「存在としての存在」（ト・オン・ヘー・オン）を研究したかった。たんに存在しているものではなく、「存在」（ト・オン）の究極の特色を導き出してみたかったのである。第二に、その存在に属する性質（属性）を認識の対象にしたかった。これこそはアリストテレスにとっての「認識のための学」（エピステーメー）だった。第三に、そうした存在がそこにありうる原因を原理とするような記述をしたかった。「実体」（ウーシア）に原因をもたせたかったのだ。

プラトンは存在をイデアの裡《うち》にとらえた。それでは本質も実体も知覚もイデアの中に入ってしまうと、アリストテレスには思えた。プラトンはプラトンで分有（メテクシス）や臨在（パルーシア）ということを案出して、イデアからの派出先を用意しようとしたのだが、それでは本質や実体の根拠はどこかに残されたままになって、わからなくなる。イデアが超越的なものにされすぎたのだ。

イデアとはもっと知覚的な事物の、それ「自体」とかかわるものではないのか。アリストテレスはそう考えて、事物や現象を成り立たせている質料因（ヒュレー）と形相因（エイドス）と運動因（キヌーン）と目的因（テロス）を分けながら再構成してみせたのだった。

これは世界を「質料」（ヒュレー）と「基体」（ヒュポケイメノン）で捉えるという大きな見方を促進させた。この見方を詰めてみると、存在にはそれが現実的になっていく潜在性としての可能態（デュナミス）があって、この可能態から現実態（エネルゲイア／エンテレケイア）が生じるのであろうとみなせた。これは今日の物理学や力学が基礎とするダイナミズムという考え方や、そのダイナミズムを解析することがエネルギーの出入りの計算に及べるという考え方を先駆した。

ずいぶんすっとばした案内に終始してしまったが、勘弁してほしい。当初のぼくにとってのアリストテレスは「思想する相手」ではなく、そこから「方法の刺戟《しげき》を受ける樹林」のようなものであったので、ついついその説明に傾いた。

それにしても、この「万学の祖」は、よくぞ形而上学《メタフィジックス》のような深度に富む基本思索を何重にも束ねたものだと思う。よくも形而上学などという面倒の親分を世に問うたものだ。つくづく、そう思う。

アリストテレスがいなければ、こんなことは陽の目を見なかった。こんなことというのは、知の理性によって「世界」をシステムとして読み切ってみようということである。リュケイオンに古代コンピュータがあったかのようなのだ。

アリストテレスは人工知能化していたのだろうか。そうなのではない。われわれはどんな中味であれ、思索を少しでも深めようとすると、どこかで必ず「存在」をめぐる問いにめぐりあい、いつしか形而上学的な行ったり来たりをするわけで、これは人工知能では悩めないことなのである。

だからもう一度、強調しておきたい。アリストテレスは方法の哲人なのである。その方法は「不足」をもって「充実」がおこるようなシステムを用意することに開花した。これは今日のＩＴ技術こそ参考にすべき方法である。

第二九一夜　二〇〇一年五月十四日

参照千夜

七九九夜：プラトン『国家』　三九二夜：竹本忠雄『マルローとの対話』　一七〇八夜：ヘーゲル『精神現象学』　七五〇夜：空海『三教指帰・性霊集』　九九四夜：ライプニッツ『ライプニッツ著作集』　九九五夜：ホワイトヘッド『過程と実在』　九一六夜：ハイデガー『存在と時間』　一二一二夜：ベルクソン『時間と自由』　六三七夜：アーサー・O・ラヴジョイ『存在の大いなる連鎖』　一七〇六夜：フリードリッヒ・ヘーア『ヨーロッパ精神史』

原子に「自由な逸脱」を見ることが、
精神を自在《アタラクシア》にすることだ。

エピクロス

教説と手紙

出隆・岩崎允胤訳　岩波文庫　一九五九
Epikouros: The Extant Remains　紀元前三世紀

水と大麦パンとチーズ。そしてプロムナード（逍遥）とアタラクシア（平静）。
エピクロスはぼくが青年期に惚《ほ》れていた古代ギリシア後期の哲人である。いろいろギリシア哲学を読んだあげく惚れたのではない。マルクスの青年時代の論文に導かれて読んだら、すぐにビリビリときた。直観的なものではあったが、ぼくが依拠すべきギリシア哲学はパルメニデスでもアリストテレスでも、ましてデモクリトスでもないだろうと感じたのだ。のちにアリストテレスには脱帽することになるが、それはダーシー・トムソンの形態論やベルクソンの場所論を読んでからのこと、またシステム工学を知ってからのことである。

なぜ、そんなふうにエピクロスにビリビリしたかということは、エピクロスを読んだのが物理学に夢中になっていた時期だったことにもよっている。当時ぼくはヘーゲルの「精神の経験の学」に対するに、マルクスの「物質の経験の学」にもとづいたガッサンディやボスコヴィッチやマッハやドゥ・ブロイの究極的なフィジカル・イメージを追っていた。そこへエピクロスだった。

精神が経験をもつことはわかりきっている。けれども物質だっていろいろ経験しているはずである。物質にも歴史がある。どこかで宇宙がなにかの理由で開闢《かいびゃく》して、最初は光優位で進んでいたものがしだいに物質がふえていっただろうことはまちがいがない。

そのうちその物質が星をつくり、その星の奥に重金属がたまっていった。時がたち星は白色矮星《わいせい》や中性子星になり、そこからブラックホールに突入するか、途中で爆発して新星《ノヴァ》となる。そういう星の一生の無数の変転の片隅に太陽系が生まれ、地球が転がり出た。そこに情報高分子が生まれて自己複製をはじめ、そこから生命体が、神経系が、ついには意識や精神というものが派生した。

これはどうみても精神の経験の歴史ではなく、大半が物質の経験の歴史なのである。物質にはこれだけの経験を重ねてきた力というものが、きっとある。では、そうしたあれこれの経験を重ねて意識や精神をつくりだした物質の、そもそもの本体の姿とは何だったのか。どこにそんな自由意志めいたものがひそんでいたのか。そういう問いには現代科学は遠慮する。かつての自然哲学に戻って考えるしかない。

デモクリトスは物質を分割していけば、その究極にはアトム（ア・トム＝これ以上分割できない原子）というものがあるとみた。有名な古代原子論の登場である。唯物論の誕生であった。しかし、このアトムのフィジカル・イメージは堅すぎた。静止的だった。たしかに自然界にはアトムのような最終分割原子のようなものはあるだろうけれど、それがじっとしているとはかぎらない。アトムが動いたり、ちょっとは変な活動をしていることだってあるはずなのだ。そういうイメージをもったのがエピクロスだった。

エピクロスはデモクリトスに対しては敬虔《けいけん》な弟子のポーズをとってはいたものの、堅い原子ではなく動きまわる原子、さらには「偏倚《へんき》する原子」というものを考えた。ディクレナーレする（逸《そ》れる）原子だ。原子が自分で落下して、自分の軌道からそれていくというイメージをつくりあげたのである。「偏倚する原子」は卓抜な構想だった。

エピクロスの思索はヘレニズムの勃興《ぼっこう》期に形成されている。紀元前三四一年ころにサモス島に生まれたエピクロスが、父親の仕事の経済的な理由でそこを離れざるをえず、アテナイに赴いたとき、アレクサンダー大王が死んだ。ヘレニズムは地中海から西アジアをへてインドにまで飛び散った。

物情騒然である。ただでさえ貧窮な家庭に育ったエピクロスがそんなアテナイにとどまれるはずはない。二十代を地中海の島々でおくり、ときにロードス島のペリパトス派のプラクシパネスに学び、ときにテオスのナウシパネスに原子論を教わった。けれども、この原子論の自由意志をめぐる議論が気にくわない。エピクロスは自説にしたがって師のもとを去り、三十歳をすぎてレスボス島のミュティレネに渡った。ここはかつてアレクサンダーを教える前のアリストテレスが形而上学《けいじじょう》を研究していた場所であり、いたるところにプラトン学派がうごめいていた。いつの時代もそうではあるが、こういうところで少数派が理解されるわけがない。エピクロスは排除されるようにレスボス島を離れ、ランプサコスに移り住む。

おそらくはここで「偏倚する原子」のいくつかの着想を得たのであろう。三五歳、エピクロスはようやくアテナイに戻ってくる。もはや世の哲人と交わるつもりはなく、八〇ムナほどの少額で小さな土地を入手すると、そこで静かに自分の哲学を模索した。一番大事にしたのは「何事にも煩《わずら》わされない自由」というもの、すなわちギリシア語で「アタラクシア」とよばれていたものだった。

そのようなエピクロスを慕う者がいた。少数ではあるが、しだいにエピクロスのそばを離れずに暮らし、思索しはじめた。これがいわゆる「庭園学校」のスタートであり、庭園学派あるいは逍遥学派のスタートにあたる。

エピクロスはそこに親兄弟を迎え、しだいにふえる弟子たちとともに共同生活を試みた。水と大麦パンとチーズだけ、あとは何事にも煩わされたくない。標語は「アタラクシア」と、そして「隠れて生きよ」というものだ。このように書くと、いかにもエピクロスが隠秘的な学派とコミューンを組んで、思索にとりくんだかのように感じるかもしれないが、おそらくそんなことではなかったはずだ。

　エピクロスが「アタラクシア」を標語に選んだのは、思索や思弁が心の平静を妨げることを嫌ったためである。古代ギリシアやヘレニックなアレクサンドリア時代の哲人たちには、思弁を捨て切ることなど、できそうもない。そこは「残念」を無化して脱自しようとしたアジアの禅定《ぜんじょう》とはちがっている。エピクロスはせめても自分の心の妨げになるような思索をしないですむようにしたかった。そのためには理論に溺《おぼ》れないようにする必要がある。理屈もやかましくなるとアタラクシアを攪乱《かくらん》する。

　デモクリトスは必然性を追究した自然哲学者だった。エピクロスはそうではない。偶然的なるものが必然になればいい。思索がおもむいたところ、そこへ必然がやってくればいい。よしんばやってきてくれなくともかまわない。

　エピクロスの哲学は自身の思惟を犯さないための哲学であり、エピクロスの集団はそういうことを趣旨とする集団だったのだ。ただし、ひとつ注意を促しておかなければならないことがある。エピクロスの傍流からは「懐疑派」(skeptikoi) とよばれる連中が輩出していった。アタラクシアから軌道を転回させて「判断を停止したいんだ」という方向に進んでしまった者たちで、スケプティコス（判断からの遁走《とんそう》）をモットーにした。ときにエピクロス哲学と懐疑哲学が紙一重になるゆえんである。

さて、世に知られるとおり、エピクロスの名からは「エピキュリアン」という言葉が生まれた。快楽主義者とか享楽主義者などと訳されている。澁澤龍彦も『快楽主義の哲学』（カッパブックス→文春文庫）でエピクロスをおおいに引いた。いや、多くの者が快楽主義とエピクロスを結びつけてきた。

しかし、この見方ははなはだあやしい。エピクロスは快楽など追求しなかった。仮に快楽に近い言葉をつかっているときも、快楽に走ったのではなかった。むしろエピクロスは苦痛を嫌ったのである。人を苦しめること、人を苦しめる思想、人を苦しめる制度、人を苦しめる思索を嫌ったのだ。さまざまな苦痛を嫌えば、たしかにそこから遁走《スケプティコス》へは近いものがある。安全や安心のほうへ駆け抜けたくもなる。

けれどもエピクロスは遁走も逃走も選ばなかった。そこにいて、ここにあることでアタラクシアを三昧《さんまい》してみせた。

こうしてエピクロスがたとえ快楽主義者の代名詞だとしても、その快楽主義はエピクロス自身が言っているように「友情」や「共感」に代表される快楽だったのである。こんなエピクロスを、かつてバートランド・ラッセルは「彼の哲学は、冒険的幸福というものがほとんど不可能となった世の中に適合するように意図された、病身者の哲学であった」と書いた。名高い『西洋哲学史』（みすず書房）の1巻での指摘だ。

ぼくはこのラッセルの批評には半分は賛成するが、半分は反対だ。その半分の賛成も「病身者の哲学」という見方についてのもので、これをラッセルはかなり否定的につかっているのだが、ぼくはまったく逆で、エピクロスの病身哲学こそが真の快楽哲学だという視点をとっている。エピクロス、この人はフラジャイルな偏倚原子哲学者であったのだ。

ところで、ここまで書いてきていまさらでもないのだが、はたして「エピクロスを読んだ」と言えるかどうか、それがはっきりしない。理由はある。エピクロスの著作で今日遺されているのは、文庫本で本文一二〇ページそこそこの本書『教説と手紙』だけで、それ以外は、まったく伝わっていないからだ。

むろんどんな短いものでも身を震わせるに足りることはありうるけれど、それにしては断片すぎる。だからエピクロスを知るには、その後にルクレーティウスの『物の本質について』（岩波文庫）を併読する必要があった。この本はエピクロスの教説を敷衍《ふえん》してくれているものなのである。

そのルクレーティウスがエピクロスの言いたかったことをうけて、こう書いている、「もし原子に偏倚がなかったならば、世界は自己生成しなかったであろう」と。そう、エピクロスはこれを言いたかったのである。

第一八三夜　二〇〇〇年十二月四日

参照千夜

二九一夜：アリストテレス『形而上学』　一二一二夜：ベルクソン『時間と自由』　一七〇八夜：ヘーゲル『精神現象学』　七八九夜：マルクス『経済学・哲学草稿』　一五七夜：マッハ『マッハ力学』　三四九夜：ドゥ・ブロイ『物質と光』　九六八夜：澁澤龍彦『うつろ舟』　一〇七夜：津田一郎『カオス的脳観』

ローマ帝国という世界準拠《デフォルト》を用意して、カエサル（シーザー）は版図の裡に死んでいく。

ユリウス・カエサル

ガリア戦記

近山金次訳　岩波文庫　一九四二

Iulius Caesar: Commentarii de Bello Gallico　紀元前一世紀

ちょうど五十年前に、小林秀雄がこんなふうに書いていた。

——ジュリアス・シイザアに『ガリア戦記』といふものがあるのは承知してゐたが、最近、近山金次氏の翻訳が出たので、初めて、この有名な戦記が通読出来た。少し許《ばか》り読み進むと、もう一切を忘れ、一気呵成《いっきかせい》に読み了へた。それほど面白かつた。近頃、珍しく理想的な文学鑑賞をしたわけである。

この近山金次氏の訳というのが本書である。ギボンの『ローマ帝国衰亡史』（岩波文庫）を読みたかった高校時代、その前に読んだのが『ガリア戦記』であったのだが、ぼくも青春期の飢餓感や焦燥感もあったせいか、たしかに一気呵成に読んだ。違和感があったのはユリウス・カエサル（ジュリアス・シーザー）が文中で自分のことをカエサルと書いているくらいのことで、それにさえ慣れれば、むしろカエサルの目と一緒になって蛮族の地を夢中で進むことができた。

大人が得意気に話す戦争話がつまらなくて、戦記などに関心が向くはずもないと思っていた高校生にとって、これは意外だった。

その理由はいまでは定かではないが、おそらくはキケロが「裸体であり純粋である」と褒めた文体の力にあったと思う。カエサルは文章においては裸体だった。小気味のよいドキュメンタリーフィルムのカット編集を見ているようなのだ。ドキュメンタリーはまさに事態をほぼ裸体に写しているが、この戦記もそのようなのである。

それを小林が「近頃、珍しく理想的な文学鑑賞」とみなしたことは、四十歳になっていた小林がそれまで読まされてきた凡百の文学主張にあきあきしていたときの感想だろうと思っていたが、さきほど久々にページを繰ってみたところ、それほど大袈裟《おおげさ》な感想でもないと感じた。和訳ではあるものの、やはり文体にキレがある。

これはカエサルが気まぐれに書いたものではない。そのことは、カエサル自身が次のように言っているところを知って判然とした。「文章は、用いる言葉の選択で決まる。日常使われない言葉や仲間うちでしか通用しない表現は、船が暗礁を避けるのと同じで、避けなければならない」。

カエサルという男、おそらくは徹底して計算ずくなのだ。その計算は帝国の経営から軍略に及んだだけでなく、文体にまで及んでいた。

ガリア（Gallia）とは何か。イタリアから北の方面でライン河より西の、いまでいうフランス・ベルギー・ドイツあたりの西ヨーロッパの地域のことだ。われわれが「西欧」と呼びならわしてきたもの、その原型がガリアである。

古代ローマにとってのガリアは広かった。そこはゲルマンであって、アーリアであって、ケルトだった。それゆえ、ガリアを知ることはその後の二〇〇〇年のヨーロッパの意味を知ることに同じくするものがある。その点でいうのなら、カエサルとオリゲネスが、もうすこし正確にいえば、それにキケロとクムラン宗団とパウロとプロティノスが加わって、西ヨーロッパ論の基礎をつくったのだった。

そのガリアを、カエサルは「ベルギー人の住む地方」（ガリア・ベルギカ）、「アキテーヌ人の住む地方」（ガリ・アキタニア）、「かれらの呼び方ならばケルト、われわれの呼び名ならばガリア人が住む地方」（ガリア・ケルティカ）の三域に分けた。このうち古代ローマが恐れたのは「長髪のガリア」と噂されていたライン河の東の森に住むゲルマン人たちの土地である。民族学的あるいは神話学的にはゲルマンやケルトにあたる。カエサルも蛮族としてのゲルマン人をマークした。

しかし『ガリア戦記』を読むと、カエサルがゲルマンやケルトを征服の対象としてだけではなくて、民族として部族としてかなり正確にウォッチングしていたことがよくわかる。どこか敬意すら抱いている。カエサルがたんなる猛将でも侵略者でもなかったことが伝わってくる。

古代ローマ帝国の起源は、紀元前八世紀半ばにラテン人の一派がテヴェレ川のほとりに都市国家ローマをつくったことにある。最初のうちはエトルリア人の王などを擁していたのだが、前六世紀に王を追放してパトリキ（貴族）による共和制を布《し》くと、二名のコンスル（執政官）と財務官や長老らによる元老院が権力を発揮して、ローマ型の都市国家の原型をつくった。

そこにプレブス（平民）が擡頭《たいとう》して、前四世紀からは一〇〇年ほどの身分闘争の時期になるのだが、十二表法やリキニウス法やホルテンシウス法などの改革が功を奏して国内が統合され、前二七二年にはイタリア半島のその他の都市国家を治めるに至った。これが共和制ローマの確立だ。このとき各地に赴いて活躍したのは中小独立自営農民を中心とした重装歩兵部隊だった。

ついで共和制ローマは海域を求めてアフリカ北部湾岸の都市国家カルタゴの権益と衝

突し、三次にわたる一〇〇年以上のポエニ戦争に突入する。ポエニとはラテン語でフェニキア人のことをいう。これで貴族や騎士たちは大いに富むのだが、元老院や民会では汚職がはびこり、農村は荒れる。カルタゴを滅ぼして商圏は拡大したのだが、国情は混乱していった。

ここに登場してくるのがユリウス・カエサルなのである。そうとうの野心家で、かなりの弁術者だった。

カエサルについての伝記や評伝やエピソードは、スエトニウスの『ローマ皇帝伝』(岩波文庫)、プルタルコスの『英雄伝』(ちくま学芸文庫)を筆頭に、テオドール・モムゼンの『ローマの歴史Ⅳ　カエサルの時代』(名古屋大学出版会)、シェイクスピア『ジュリアス・シーザー』(岩波文庫ほか)、バーナード・ショー『シーザーとクレオパトラ』(岩波文庫)、それに塩野七生の『ローマ人の物語』8〜13(新潮文庫)や長谷川博隆『カエサル』(講談社学術文庫)などに詳しい。

だから話をしはじめるとキリがないのだが、これらのなかで強調されるカエサルの事績と人物像は、なるほど歴史家や作家がついつい彫塑したくなる際立ちがあった。これはカエサルが自己表現が巧みだったということでもあろう。「賽《さい》は投げられた」「私は王ではない、カエサルである」「来た、見た、勝った」「ブルータス、お前もか」などの人口に膾炙《かいしゃ》した名言も多い。

名門ではあるが、ふつうのパトリキ（貴族）に育ち、軍人としても政治家としても長らく不遇だった。紀元前一〇〇年前後の生まれだから、イエスより一〇〇年ほど前だ。髪は薄く、風采《ふうさい》は上がらなかったようだ。「禿《はげ》の女たらし」と異名をとった。プレブス出身の執政官キンナの娘コルネリアを妻としたので、政治的には平民派と見られていたが、早くから危険な香りを放っていたことが、プルタルコスがスラの言葉として紹介した「この少年の内にはたくさんのマリウスがひそんでいる」にあらわれている。マリウスは義理の伯父で、当時の政界を牛耳っていた男だ。

実際にも、若いころからかなり誘導的に動き、着々と地歩をかためていた。財力は海賊を襲って蓄え、中央政界に余地や隙間がないときはローマを離れ、修辞学はロードス島でたっぷり習得し、任官のチャンスがあれば何であれ役職を手に入れた。按察《あんさつ》官も大神官もヒスパニア総督も引き受けた。けれども安易に頂点をめざさない。

コンスルに任命されてからやっと動きだし、ポンペイウス、クラッススと自分とで「三頭政治」を組み、そのくせ内政ではなくガリアに赴いて外地領土の獲得をなしとげてみせたのである。

クラッススがパルティアと戦って敗死した。三頭政治が崩れると、カエサルは一転した。ポンペイウスを追い落とすべく、ルビコン川を渡ってローマに進軍するという挙に出たのである。ポンペイウスがギリシアに逃れると、ヒスパニアを討った勢いでギリシアでファルサルスの戦いをおこし、エジプトに逃れたポンペイウスを追って、そこでプトレマイオス期の内紛に乗じてクレオパトラ七世を妻とも女王ともした。

かくて前四四年にはディクタトール（独裁官）として、ついに終身の権力を手にする。ついに頂上に達したのだ。ここからのカエサルはローマ帝国建設の統率者である。縦横無尽だった。植民市づくり、暦法改革（ユリウス暦）、救貧事業、属州総督の任期改定、税額の軽減、なんでも手を出した。

これでは皇帝をめざしているとしか思えない。案の上、共和派のブルーツス（ブルータス）らが、カエサルの野望を警戒して暗殺した。だから最初のローマ皇帝になったのはカエサルではない。カエサルの養子のアウグストゥス（オクタヴィアヌス）だった。こういうカエサルの事跡を見ていると、「準備」「公開」「転換」がうまい。その途中に必ず文書力を発揮しているのも憎い。元老院に日報の公開をさせたのも、情報戦に長《た》けたカエサルの作戦だった。

話を『ガリア戦記』に戻すけれど、第六巻第十一節から、カエサルはそれまでの戦記記述を中断してゲルマン・ケルトの風俗の描写に切り替えている。読んでいると、ここがいい。それまでのドキュメント・タッチの「政治の目」がレンズを取り替えたように「文化の目」に切り替わる。このくだりは古代ローマの皇帝による文化人類学なのである。紀元前の『悲しき熱帯』なのである。

正直なことをいうと、ぼくにとってはここからのカエサルの数節の記述こそが残響して、その後もずっとゲルマンやケルトをめぐる憧憬《どうけい》ともいうほどの「未知への渇望」をもちつづけたのだった。

第二五五夜にも書いたことだ。山室静を読み耽《ふけ》ったのはそのころである。そこは小林秀雄とは、ちょっとちがうのだ。とくに次の文章のような箇所が、かれらへの憧《あこが》れを支えた。読めばわかるだろうが、これはやはりレヴィ＝ストロースである。イブン・バットゥータやマルコ・ポーロではない。そこに魂で攻めこんでいった者だけに見える感想である。

僧侶は戦闘に加わらないのが普通で、他のものと一緒に税金を払うこともない。その大きな特典に心を惹かれて多くのものが教育を受けに集まって来るが、両親や親戚から出されて来るものである。そこでたくさんの詩を暗記すると言われている。こうして或るものはその教育に二十年間もとどまる。その教えを文字に書くのはよくないと考えているが、他の事柄は公私の記録でギリシア字を使っている。私には二つの理由からそうなったものと思われる。その教えが民衆の中にもち込まれることを喜ばないのと、学ぶものが文字に頼って記憶力の養成を怠らないようにしたいのと、二つである。

それにしても、ガリアとは何だったのだろうか。

古代ローマ帝国の崩壊後、ゲルマンの神々とそれを奉じる神官や民衆の思想はヨーロッパ各地に流出していった。また、ゲルマン語こそがアーリア語とよびかえられて、ヨーロッパの多くの言語文化の基底をつくっていった。さらにそこからは、アーリア神話ともいうべき近代の装いが凝らされて、それらは何度も衣裳《いしょう》をとりかえてポール・ロワイヤル理論ともナチズムともトーマス・マンの文学ともなっていった。

それらは元をたどればおおむねゲルマンの風俗であり、つまりはガリアの気質だったのである。ジョルジュ・デュメジルもゲルマンの神々にこそヨーロッパの原型を見た。そのすべてがカエサルの『ガリア戦記』に宿り、胚胎《はいたい》しているわけではないが、その根本のところはほとんど暗示されている。

われわれはユリウス・カエサルの文章と事歴を、シェイクスピアやバーナード・ショーのようにではなく、またいまや小林秀雄のようにでもなく、ジュール・ミシュレやレヴィ＝ストロースのように読みたい。

第三六五夜　二〇〇一年八月二七日

参照千夜

九九二夜：小林秀雄『本居宣長』　三四五夜：オリゲネス『諸原理について』　六〇〇夜：シェイクスピア『リア王』　三一七夜：レヴィ＝ストロース『悲しき熱帯』　二五五夜：ジョルジュ・デュメジル『ゲルマン人の神々』　六五八夜：イブン・バットゥータ『三大陸周遊記』　一四〇一夜：マルコ・ポーロ『完訳　東方見聞録』　三一六夜：トーマス・マン『魔の山』　一四二二夜：レオン・ポリアコフ『アーリア神話』　七八夜：ジュール・ミシュレ『ジャンヌ・ダルク』

全ヨーロッパ思想史は、プラトンとオリゲネスの著作についての脚注に発端した。

オリゲネス

諸原理について

小高毅訳　キリスト教古典叢書（創文社）一九七八

Origenis: De Principiis　230?

上智大学神学研究科がわれわれ編集組読相派にもたらしてくれたものは少なくないけれど、当時はまだ若かったフランシスコ会の司祭であった小高毅さんによるオリゲネスの本邦初訳は、とりわけ快挙というにふさわしい。

実は困っていた。オリゲネスはヨーロッパ思想史のどんな書物の劈頭《へきとう》にもその名が出てくる教父であるのに、どうもその実像がわからない。「全ヨーロッパの思想はプラトンとオリゲネスの注解にすぎない」、あるいは「ヨーロッパ二〇〇〇年の哲学史はプラトンの註にすぎないが、ヨーロッパ二〇〇〇年の思想はすべてオリゲネスが用意した」などと、ヨーロッパ思想史のどんな本の冒頭にも書かれているにもかかわらず、プラトンはともかくオリゲネスについては、日本ではキリスト教の研究者をのぞくと、あまりに語られてこなかったのだ。

たとえば、オリゲネスの次にはプロティノスがヨーロッパ思想史の主要舞台に登場するのだが、日本ではプラトンからプロティノスまでがひとっとびなのだ。

いわゆる「世界の名著」的なシリーズにオリゲネスがとりあげられることも、まったくなかった。ルフィヌスによるラテン語訳が読める者はともかくも（あるいは英語版ですます勇気があればともかくも）、誰もが有賀鉄太郎の名著『オリゲネス研究』（長崎書店　一九四三）に頼っていただけだったのである。有賀は同志社大学の初代神学部長で、オリゲネスやヘブライズムを研究し、独得の「ハヤトロギア」を提唱した。神をギリシア的なオントロギアのように「存在」として捉《とら》えるのではなく、ヘブライ的に「はたらき」として捉えるというものだ。

エウセビオスの『教会史』（講談社学術文庫）によれば、オリゲネスは二世紀のアレクサンドリアの人である。ここにはオリゲネスを筆頭にアタナシオス、キュリロスらのすぐれたキリスト者が登場したが、アレクサンドリアがそのような古代キリスト者の最初の思想を生んだ意外性については、いまひとつ日本人にはピンとこないものがある。

もともとアレクサンドリアはアレクサンドロス（アレキサンダー大王）に因《ちな》んでつくられた

当時の世界最大の人工都市で、かつ学芸都市であり、かつまたきわめて流動的な移民都市だった。そこにはマケドニア人とギリシア人とユダヤ人が密集していた。約七〇万巻の書籍を収納した「ムセイオン」が完成したころには、だいたい人口一〇〇万人にまで膨らんでいた。

そういう古代の大都市アレクサンドリアにユークリッド、アルキメデス、アリスタルコスらが陸続と登場し、アリストテレス型の学芸の贅《ぜい》を尽くしたのは当然で、それこそがヘレニズムの牙城《がじよう》というものだった。『旧約聖書』のギリシア語訳（七十人訳聖書）もそのころできあがっている。

が、その成果をオリゲネスが受け継いだのではない。アレクサンドリアの学芸は紀元前でいったん衰退した。アレクサンドリアの繁栄と過熱はキリスト出現以前のことであり、『新約聖書』到達以前のことだったのである。

それが新たな容姿をもって復活してくるのは、キリストとほぼ同世代のフィロンが登場したころ、ここにネオプラトニズムとグノーシス主義が芽生えてからのことだ。フィロンはユダヤ人であるが、この復活アレクサンドリアの哲人はユダヤ教というよりも、ネオプラトニズムとグノーシスに通じていた。フィロンだけではない。多くのヘレニックなユダヤ人はそういう趣向をもっていた。

つまりは、ここにはまだキリスト教団が進出していない時期、はやくも異教異端の炎が燃え上がっていたということになる。

二世紀、パンタイノスとクレメンスとオリゲネスを生んだアレクサンドリア教会が産《うぶ》声《ごえ》をあげたのは、こうした背景のなかでのことである。オリゲネスがネオプラトニズムとグノーシス主義の渦中で「原点としてのキリスト教」を確立しようとしたのは、こういう事情と関係している。もっともオリゲネスはアレクサンドリア教会で活動や執筆をしたわけではなかった。伝道師《カテキスタ》に任命されてからは、パンタイノスが開いた「ディダスカレイオン」（キリスト教を学ばせる学校）をクレメンスから継承して、そこで参会者を集めて口述著述した。口述を始めたのが二一八年だった。

ディダスカレイオンは学校というよりも私塾である。オリゲネスは教会活動や学校での教授活動よりも、ディダスカレイオンでの口述を重視した。そのほうが性にあっていた。本当の思考というものは、アリストテレスもアウグスティヌスも空海も宣長もそうだったけれど、往々にして私なる塾から生まれる。

こうしてオリゲネスの思索はしだいに聖書研究に傾注される。ただし邪魔がいた。その邪魔によって聖書を字句通り読むことが妨げられていた。それがグノーシスである。これは手ごわい敵だった。当時、グノーシスを根底批判できるキリスト者なんて一人もいなかった。

いったいギリシア思想の究極の裏面をあらわしているのか、それともキリスト教に隠れた恐るべき神秘なのか、その真の正体をいまもって明確に指摘しえないグノーシスについては、ここでぼくが安易に説明するところではないのだが、一言でいえば、キリスト教をその叡知《えいち》のかぎりで追究することによって、逆にキリスト教の全体を内部崩壊させる刃《やいば》を秘めているものと考えればいいだろう。内なる寄生者が外なる宿主を食いやぶりかねないもの、それが「知識」の両刃《もろは》の剣としてのグノーシスだったのである。

そこで、ちょっと乱暴な言い方をするのなら、オリゲネスはそのグノーシスと全面対決することを覚悟したのだろう。そのために去勢までしたとも噂された。いわゆるオリゲネス閹人《えんじん》説である。

こうした覚悟がオリゲネスに芽生えた理由はさだかではないが、おそらくはアレクサンドリアに新たな事件がおこったことと関係がある。二一五年前後のこと、カラカラ帝がアレクサンドリアを訪れた。このとき学生たちがこのローマ皇帝に猛反発をした。怒った皇帝は学校を閉鎖し、学生を虐殺し、教師を追放しようとした。オリゲネスは知人たちの勧めで、このときカッパドキアに落ちのびたのだ。

オリゲネスはそこで娘に救われ、さらにパレスチナまで赴いている。この逃亡と巡礼がオリゲネスを変えたようだ。それとともにグノーシスとの全面対決姿勢がゆっくり融和された。グノーシスを吸収しつつもキリスト教思想を確立しきってしまうこと、それがオリゲネスの新たな目標になったのだ。

のちにポルフュリオスが書いたように、その試みはへたをすれば「外国の寓話《ぐうわ》にギリシアの理念を導入した」ともとられかねないものだったが、しかしオリゲネスは聖書解釈に戻ってこれをなしとげた。グノーシスからの摂取をあえて断片におさえ、さらに暗示にとどめるように工夫しきったのである。もっと正確にいえば（キリスト者の側からの言い方をすれば）、オリゲネスはグノーシスを本来の意味における「知識」（もともとグノーシスとは「知識」という意味である）として使える方法をつくりだしたのだ。

もしこのような試みをオリゲネスが確立しなかったなら、その後のキリスト教思想もヨーロッパ思想もどうなっていたかはわからない。グノーシスによって崩されていたかもしれない。だからこそオリゲネスの試みは「ヨーロッパ二〇〇〇年の思想の原点」と言われたのだ。最初の聖書神学の誕生だったのだ。

オリゲネスはそういう新たな知的拠点づくりの表現にあたっては主として三つのスタイルをとった。スコリア（評注）、ホミリア（聖書講話）、コンメンタリウム（注解）である。この方法は、グノーシスを捨てないでグノーシスに犯されないための有効な方法だった。こんなことができたのは、オリゲネスが若い日にプラトンやギリシア語（コイネー）に通じていたせいだと思う。

次に、キリスト教の神学的十原則ともいうべきを打ち立てた。小高毅さんの説明を借りつつまとめなおすと、ざっと次のようなものである。

一　唯一の神が存在し、万物を秩序づけ、それ以前の宇宙の存在を準備していた。
二　イエス・キリストはすべての被造物に先立って処女と聖霊から生まれた。
三　イエス・キリストは人間の身体と喜怒哀楽をもちえた。
四　聖霊が預言者と使徒たちに霊感を与えつづけた。
五　魂には実体と生命があり、この世を去ったのちには永遠の至福か永遠の罪業をうける。
六　死者には復活があり、そのときは朽ちない身体をもちうる。
七　そもそも理想的な魂というものがあり、それは自由意志と決断をもっている。
八　霊には善なる霊とともに、それに逆らう悪なる霊がある。
九　この世はつくられたものであるゆえに、どこかで終末がある。
十　聖書は神の霊によって書かれたものなので、そこには隠された意味が含まれている。

これだけの十原則を打ち立てれば、だいたいの問題に対処できる。唯一神を戴《いただ》いたヨーロッパ思想の議論の多くがここから出ていることも見当がつく。十番目の原則がグノーシスを意識したところである。

こうしてオリゲネスはいっさいの神学的原点に屹立《きつりつ》する最初の思想者となった。ヒエロニムスもアンブロシウスも、アウグスティヌスもロレンツォ・ヴァラもエラスムスさえ、すべてはオリゲネスが源流なのである。もっとも、この源流から分かれたくなる分岐点もひそんでいた。「アポカタスタシス」(apokatastasis)という分岐点だ。

アポカタスタシスというのは、神は終末において救済をするのかどうかを議論するという問題のことをいう。オリゲネスは「すべては救済される」(万物救済論)の立場だから、終末には悪霊すら救われると説いたのだけれど、さすがにその後の神学やヨーロッパの哲学は、この問題で袂《たもと》を分かつことになっていった例が少なくない。

本書は「キリスト教古典叢書」(創文社)というシリーズに入っている。いま十六冊ほど刊行されていて、オリゲネスの著作が本書を含めて六冊翻訳されてきた。アウグスティヌス『主の山上のことば』、レオ一世『キリストの神秘』、アタナシオス／ディデュモス『聖霊論』などはここでしか読めない。

冒頭に書いたように上智大学神学研究科の献身的な仕事だった。その後、オリゲネスをめぐる本が出始めて、小高毅の『オリゲネス』(清水書院)をはじめ、上智大学中世思想研究所による長大な「キリスト教神秘思想史」のシリーズ（平凡社）を頂点に、二〇〇〇年紀を前にした欧米の数々の〝キリスト教二〇〇〇年もの〟の翻訳もあいついだので、いまではやっとオリゲネスを白昼に議論できるようになってきた。なお、かつてはこの一冊だけが頼りだった有賀鉄太郎の『オリゲネス研究』は有賀鉄太郎著作集・第一巻（創文社）に収録されている。

第三四五夜　二〇〇一年七月三十日

参照千夜

七九九夜：プラトン『国家』　二九一夜：アリストテレス『形而上学』　七三三夜：アウグスティヌス『三位一体論』　七五〇夜：空海『三教指帰・性霊集』　九九二夜：小林秀雄『本居宣長』　一二二七夜：ジョン・ヒック『神は多くの名前をもつ』　一七四夜：エリエット・アベカシス『クムラン』　五三二夜：ノルベルト・ブロックス『古代教会史』　一七〇六夜：フリードリッヒ・ヘーア『ヨーロッパ精神史』

キリスト教の理知と理性の大半は、「代父」によってつくられた。

ノルベルト・ブロックス

古代教会史

関川泰寛訳　教文館　一九九九

Norbert Brox: Kirchengeschichte des Altertums　1983

ナザレのイエスは失敗したのである。集団はリーダーを失ったのだ。

十字架にかかった者が蘇生するはずはなかった。それにもかかわらず残されたメンバーたちは、ガリラヤとエルサレムにおけるパルーシア（再臨）とカリスマ（賜物《たまもの》）の実現に賭けた。そして「復活」という物語をつくりあげ、信じがたいほどの強靭《きょうじん》で執拗《しつよう》な意志によってキリスト教という典礼と教義と教会という独創的なシステムを創りあげた。「西方世界」はこの説明しがたい奇跡を西暦の劈頭《へきとう》においたのである。

　ふりかえれば高校二年のときに飯田橋の富士見町教会を訪ねたときからだから、かれこれもう四十年になるわけだが、ぼくはずうっとこの「復活」という出来事の意味が理解できなかった。なぜイエスが何もしないで死んだのに、その死骸からキリスト教の花が咲いたのか。この「壮大なナルシス」は何なのだ？

本書は二十年ほど前に書かれた初期キリスト教史で、著者はドイツのレーゲンスブルク大学のカトリック神学部の教授である。新たな研究成果をいかしている以外は、とくに奇矯な主張をしているわけではないが、かえってそういう〝正史〟のせいか、これを読んでいろいろ考えることができた。

イエスは失敗した。それなのにキリスト教が創造できた。こういうことは、ゾロアスター、ブッダ、マニ、マホメット（ムハンマド）のいずれにおいてもあてはまらない。孔子も失敗したが、それは宗教の失敗というより政治の失敗である。登用されなかったにすぎない。そのかわり孔子はテキストを残した。イエスとキリスト教の関係はそういうものではない。何も残していない。組み立てはパウロ以降だった。

それにもかかわらず、初期キリスト教の最初の数十年における福音伝道には、歴史的にみて驚くべきものが創出された。このことは世界宗教史上最も解きがたい謎といってよい。運動の拡張のスピードという点でも異常だった。ユダヤ教も仏教もイスラム教も、初期はこんなふうに急速な拡張はしなかった。

最初の共同体はパレスチナのユダヤ教内に形成された。キリスト教史ではしばしばエルサレム初期共同体とよばれる。ペトロとヤコブとヨハネが中心にいた。このヨハネは荒野をさまよう洗礼者ヨハネのほうではなくて、ゼベダイの子でヤコブの弟である。のちに「ヨハネ黙示録」の著者とみなされたりはしたが、同一人物とは考えにくい。

それはともかくとして、かれらはユダヤ教の経典(旧約聖書)を読んでいた。テキストはそれしかなかったのだが、かれらはイエスの神格化をしたかったのだから、それで十分だった。かれらは既存のユダヤ教社会の一角で、勝手にイエスの「復活」と「高挙」(イエスを高く挙げて神の右隣りに祀《まつ》ること)を掲げて密談をくりかえした。そこがパレスチナであったということは、かつて預言者によってイスラエルに告知された「終末にはたらく神の霊」が動き出したことを感じさせた。

イエスが死んだあとのメンバーとシンパサイザーは、当初、二つのグループになっていた。アラム語を話す土着のユダヤ人(ヘブライオイ＝ディアスポラ)と、ギリシア語を話すユダヤ人(ヘレニスタイ)である。なかで最初に指導的な立場にたったのはヘレニスタイだったようだが、かれらは守旧派に追放された。守旧派たちは西暦四八年に使徒会議をひらいて、これからどのように福音するかの方針を決める。もっとも、この方針が初期キリスト教を創出したのではなかった。

謎を解くヒントは、最初に追放されたヘレニスタイたちにある。ヘレニスタイこそが新たなメシア思想と黙示思想を加えて初期キリスト教を広げていった。

広げるにあたっては、いろいろの道具やメディアが必要だった。ヘレニスタイの手元には『七十人訳聖書』というギリシア語聖書があった。このテキストを公用語のメディアにヘレニスタイを代表するフィリポとバルナバと、そしてパウロが伝道の中心になっていった。そこにイエスのことが語られていたわけではない。テキストはずっと以前のユダヤ教徒の教えしか語っていない。そこでパウロは『旧約聖書』のコンテキストとイエスの事績と語りとをさまざまに結びつけることによって、新たなキリスト教という新宗教の骨格をつくっていったにちがいない。パウロらはメディアづかいの天才編集者だった。

あまり知られていないこともおこっていた。初期キリスト教が〝無神論〟とみなされたことだ。このことは律法と割礼を認めないキリスト教徒を迫害に導くのだが、その一方で、律法と割礼に縛られない宗教心の持ち主を新たなキリスト教の動向に導くのには、すこぶる効果的だった。

初期キリスト者たちが、たくみに当時の皇帝のシンボリズムを活用したことも注目される。当時、ローマ皇帝たちは「皇帝は異教によって神聖化される」という思想にとりつかれていて、そのため一つの宗教に殉じることができないでいた。キリスト教はそこを執拗に、かつ堅実にゆさぶっていく。

キリスト教は根幹がシンクレティズム（混淆《こんこう》宗教）なので、異教との接触を怖れない。そのためどんな異教との融合をも通してみずからの栄養としていったのだが、そこが皇帝の総合性の目にとまったわけである。

こういうことをいろいろあげていくと、なるほど古代におけるキリスト教の創出という大計画の意図がかなりわかってくるのだが、そこにはさらに二つの徹底した組織的な工夫があった。たいていはこの努力がいいかげんで、多くの宗教団が挫折していくのだが、しかし初期キリスト者たちはここを徹底的に工夫した。そのひとつは「信仰生活」を確立するにはどうするかという組み立てにとりくんだこと、もうひとつは教理のための「神学論理」をつくりあげたことである。

信仰生活が確立できたのは、同じ確信（信仰）、同じエートス、同じ生活をともにする共同体のモデルを初期古代教会が着実につくっていったからだった。これは今風には、コミュニティや結社やクラブやコモンズがつくられたとおもえばいいのだが、その中心に断固として「失われたイエス」あるいは「挫折したイエス」を置いたことが、これらの共同体をふつうのものとはまったく異なる劇的なものに強化した。

特筆してよいのは、これらの共同体（古代教会）は地方・人種・風土によって適当な多様性と多元性をもっていても許されていたということだ。この信仰共同体のことをギリシア語では「コイノニア」と、ラテン語では「コムニオ」（「共有」が原義）という。これらの言葉はのちにはいずれもコミュニティ、コミューン、コミュニケーションの語源となったものであるが、初期には「聖餐《せいさん》を共にする」という意味と各地域の共同体（教会）が「交じりあう」という意味をもっていた。

この〝コム〟のルールが決定的だったのだ。キリスト教では〝コム〟は「共有し、分かちあうほどの親しい一致」を意味するようになったからである。

本書を読んで納得できたのは、一世紀以降、各教会のあいだでこうしたことをめぐって頻繁に書簡がやりとりされていたということである。九六年の『クレメンスの第一の手紙』は、その記録が残る最も有名なやりとりだ。そういう手紙が多角的に交信されたのである。これはいまならば各共同体の情報がウェブ上で発信されたり、メールでやりとりされたりしているようなもので、いずれの交信内容も「自分たちがどのような信仰生活をしているか」というものだった。古代ブログなのである。

これらのメールやブログが、パウロをはじめとする熱心で有能なエディターシップによって次々に、すかさず『新約聖書』化されていったことは、他の宗派ではとうてい思いつかなかったことだろう。何がされたのかといえば、ブログの交信記録のログが編集され、アップロードされて聖書化されたのだ。『ロマ書』（ローマ人への手紙）、『コリント書』（コリント人への手紙）とは、そうした交信記録を編集した束ということ、新約聖書はそのアーカイブ・ポータルだったということなのである。

このことに加えて、共同体の交信とともに共同体のなかの職制が確立し、それが時代を追って増加していったことも見逃せない。キリスト教は最初こそユダヤ教的な長老制であったのが、使徒・預言者・教師が分化し、さらに「奉仕する人々」と「一緒に働く人々」が伴走し、そこに監督者から司教へ、司教から大司教へ、さらには首都大司教（ニカイア公会議の承認）のコースが開いていった。

最後には司教区というトポスも出現した。いわゆる「初期カトリシズム」の確立だ。ここから〝ペトロの後継者〟としての「教皇」の出現まではあと少しなのである。

一方の「神学論理」の確立については、本書はやや弱い。いずれ別の本を通して考えたい。そのかわり本書は典礼に詳しく、古代教会において典礼が先立ったことこそが神学の確立に有効だったことを示唆している。

初期の典礼はテキストの朗読、説教とディスカッション、祈りあうこと、のちに讃美歌になる歌をうたうことなどで埋まっていた、そこまではどんな宗教グループにもよく見られることだろう。しかしながら初期キリスト教では、そこに十字架にかけられたイエスを記念するという意味が付与されていった。これによって、とたんに独自の発展をみる。そこに導入されたのが「洗礼《バプテスマ》」だった。洗礼は浸礼あるいは清めを本来とするのではあるが、同時にそれがキリスト教への入会許可であり、また入信記念であり、イエス・キリストとの一体化の開始となった。

ぼくはここに「代父」(保証人)という見方が発生したことに注目している。なぜならば、代父という役割は、入信者を「選ばれた者」として強調するのに欠かせないし、そこからただちに請願者や登録者といった制度をことこまかに発生させる歯車にもなったわけだし、なんといっても「教父」の存在を決定的にさせたからである。

いずれにしても、神学とはこれらの典礼の解釈から発していったものである。典礼のない神学など、最初はまったく意味がなかったのだ。

キリスト教の「理知」や「理性」とは何だったのだろうか。ロゴスで強化されたわけではない。テキストを読み合わせたのでもない。「祈り」が理知や理性になった。代父や教父がそういう理知や理性を、つっかい棒のように支えた。そして、そのつっかい棒のための道具立てがいろいろ準備されたのだ。

日曜日の設定、悔悛《かいしゅん》と懺悔《ざんげ》の制度の発想、破戒と破門の認知、異端審問の徹底などなどである。またその一方における殉教の重視、ホモウシオス(同質性)の追求、三位一体思想の提案などなどだ。

古代教会とは、こうしたものすべての容れものだったのだ。初期キリスト教が創出した数々のしくみには、その後の国家組織や軍事組織や企業組織が逆立ちしてもとうてい思いつけないようなものが目白押しなのである。

これらがすべて古代教会の形成過程であらわれたのは驚くべきことである。ぼくはこうした編集のすべてを認めるわけではないし、今日のキリスト教が充実しているとも思わないが、しかし冒頭に戻ってあらためて念を押せば、やはり「挫折したイエス」を見放さないで、そこから次から次へと典礼と教義と制度と組織とを連打していったその異例の奇蹟には、いまなお考えこんでしまっている。

第五三二夜　二〇〇二年五月八日

参照千夜

一七四夜：エリエット・アベカシス『クムラン』　三四五夜：オリゲネス『諸原理について』　一二九五夜：岡田温司『マグダラのマリア』　三七六夜：メアリー・ボイス『ゾロアスター教』　八九七夜：ノーマン・コーン『千年王国の追求』　一七〇六夜：フリードリッヒ・ヘーア『ヨーロッパ精神史』

「神の文法」をつくるには、
それぞれ自身のコンヴァージョン（登録変更）が必要だ。

アウグスティヌス

三位一体論

中沢宣夫訳　東京大学出版会　一九七五
Aurelius Augustinus: De Trinitate　421?

アウグスティヌスはアフリカ人で、途中の九年ほどはマニ教徒だった。ときには新プラトン主義者でもあった。しかし「回心」をした。その「回心」がキリスト教に神学をもたらした。こうしてアウグスティヌスは自身の内なる血と教えを、神なる血と教えに変えた最初の哲人となった。ラテン教父のなかの最大の神学者となった。

ウラジーミル・ナボコフは『ロリータ』（新潮文庫）を書いていたときにアウグスティヌスを読んでいた。性の純粋と神の純粋をつなげたかったからだ。バートランド・ラッセルは、アウグスティヌスが「性」に邪魔されたぶん「神の国」に近づいたと見た。ヴィトゲンシュタインはそうではなく、アウグスティヌスは「性」を回避したぶん「問題の当初に戻る」という論理を忘れた神学者になったと見た。

三人とも当たっていそうであるが、三人ともアウグスティヌスから遠のいている。たしかに『告白録』には性の問題について臆面もなく綴《つづ》られていた。ノヴァーリスの日記と同じく、自慰に耽《ふけ》ったともとれる記述ものこしていた。こんな記述を聖人が残したのは初めてのことである。それ以降も、ルソーの『告白』（岩波文庫）まではそんな例はない。現代の哲人や文人たちがここから「聖と性」の同床異夢を抜き出したくなったのは当然だったろう。

けれどもこういうことは、どちらかといえば父パトリキウスが観察した青年アウグスティヌスの素行だった。父親はキリスト教徒ではない。アウグスティヌスこそが異端者の側に立って自分を見る力をもった最初のキリスト者だったのだ。

アウグスティヌスほど誤解され、アウグスティヌスほど神聖化されている哲人はあまりいない。プラトンもオリゲネスもトマス・アクィナスもルターもロヨラも、アウグスティヌスにはかなわない。アウグスティヌスは自身が自身を誤解することを哲学し、自身が自身を神聖化することを哲学したからである。

たとえば、アウグスティヌスは身体の作用を「原因の作用」とみるよりは「送信の作用」とみなしていた。今日ならこれだけでもすばらしい認知哲学である。若いころのアウグスティヌスは、魂がその情報送信をうけもっていると考えていた。しかしアウグスティヌスはこれが誤解であって、アウグスティヌス自身の身体の過誤であり、知覚の過誤であり、さらには記憶の過誤だったと知った。そしてアウグスティヌスは魂が中継所にすぎないと理解した。真の送信者は神だったのである。その神をアウグスティヌスは実感した。送信された情報は福音だった。

このようなことがアウグスティヌスにはしょっちゅうおこっている。そこには、過誤と確信の両方を凝視し、異端と正統を激しく往復しつづける独得の哲学の尽きない魅力がひそむ。とはいえアウグスティヌスが「ヨーロッパの教父」と尊崇されてきたのは、そういうことにはない。

アウレリウス・アウグスティヌスは三五四年十一月十三日、北アフリカのヌミディアの小さな町タガステに生まれている。そこは帝政ローマの属州で、一家はベルベル族の一員だった。つまりアフリカ人だった。これらのことは、アウグスティヌスがギリシア語を話せなかったことや、ベルベル語とフェニキア語を一緒くたにしていたらしいことからも立証されている。

アフリカに生まれ育ったことはアウグスティヌスの思想の風土となった。キリスト教神学の起源と前衛は、まさに小アジアと北アフリカとにあったからだ。クレメンス、オリゲネス、ディオニシオスはすべてアレクサンドリアの教師であった。二世紀前後の北アフリカにテルトゥリアヌスが出現し、そのあとカルタゴでキプリアヌスが司教活動し、四世紀にアンブロシウスとヒエロニムスが博学多才な活動をしていたことは、アウグスティヌスの〝前歴〟になっている。

北アフリカには、オリエント支配を腹にもつローマ主義の帝国と、ヘレニズムこのかたの融合を胸にする都市国家と、原始キリスト教にひそむ魂をもつコミューンの、三つの混在力があったのだ。

こうしたなか、アウグスティヌスは好き勝手な言動を遊ぶ。とくにキケロに溺《おぼ》れ、ホルテンシウスを耽読《たんどく》する。哲学と言葉へのめざめはここに始まっている。やがて各地を訪れ、カルタゴでのマニ教と新プラトン主義への没頭が始まった。マニ教についてはかなり感じいるものがあったようで、司教ファウストゥスに食らいついている。その後、ローマに渡ってウェルギリウスの叙事詩も堪能する。ミラノでは司教アンブロシウスに出会う。こうしたマニ教徒としての彷徨《ほうこう》はざっと九年に及んだ。

しかしマニ教はあまりにもその内側に多様性を欠いていた。マニその人が聖霊の座に坐《すわ》りすぎていた。

若い日々のアウグスティヌスは北アフリカの戦闘的多様性で育った荒ぶる精神の持ち

主だった。ドナトゥス派とローマ帝国との闘いのことも、少年のころから知っていた。マニ教には戦闘性が欠けていた。こうして三八六年のこと、有名な「回心」(metanoia) が始まったのである。

直接のきっかけはアンブロシウスの後任司教シンプリキアヌスとの対話や哲人テオドルスの改宗だったようだが、アウグスティヌス自身が誤解からの脱出を決定したかったとみるべきだろう。それこそアウグスティヌスの〝conversion〟なのである。顧みれば、このような転向はすでにパウロにおいてもおこっていたことだった。アウグスティヌスは惧《おそ》れることなく〝conversion〟に向かっていく。

アウグスティヌスの遍歴は『告白録』(『告白』岩波文庫、『告白録』教文館「アウグスティヌス著作集」5) に詳しい。自伝としても物語としても興味が尽きない。遍歴の理由もわかる。しかしこの聖人の真の転換は『ソリロキア』による「瞑想《めいそう》」の発見と『神の国』(岩波文庫、教文館「著作集」11〜15) による「取り消し歌」の発見でおこったのだ。

ソリロキアは「一人で語りあう」(独白) という意味の、アウグスティヌスにとってはどうしても必要だった想像力による対話方法のことをいう。もうひとつの『神の国』は、理想を自身に課するために、すでに犯してしまった思索と言動を取り消すための方法を保障する仮想の国のことだった。

アウグスティヌスはこうして〝conversion〟の奥へ奥へと至っていく。なぜこれほどにアウグスティヌスが没頭し、転回し、前進できたのかといえば、おそらくアウグスティヌスが生涯にわたっての文法学者であったからではないかと思う。また、つねに記憶と時間の本体を見つめ、そこから自身を前方へ放り投げることによって想像力の空間を拡張しつづけたからではないかと思う。

さて、ぼくにとってキリスト教の三位一体論ほどわかりにくいものはない。今夜、アウグスティヌスの著述の一書をとりあげるにあたり、『告白録』でも『神の国』でもなく本書を選んだのは、そのわかりにくさを告白しておきたかったからだ。

三位一体(trinity)とは「父なる神」「子なる神」「聖霊なる神」が一体であるということをさす。父は生み出すもの、子は生み出されるもの、聖霊は発出するものである。しかしながら、一体である神がなぜにまたこのように三位に分かれているのかを理解するのが易しくない。高校時代に富士見町教会に通っていたぼくには、このことを得心するのが長らく苦痛だった。

さすがにアウグスティヌスには苦痛などはなかったのかもしれないが、本書が約二十年にわたって書き綴られていたこと、その執筆動機が友人や知人からのニカイア宗教会議で定式化された三位一体の信仰の知解に関する困難を解いてほしいという要望にあったこと、そのため本書の記述ではつねに反論や誤解を打破しながら進むという方針をとらざるをえなかったことなどを考慮すると、アウグスティヌスにして多少の苦難が伴ったのではないかと憶測させる。

そもそも三位一体のヴィジョンにギリシア定式とラテン定式があるというのが、ややこしい。

ギリシア定式では、「父なる神／子なる神／聖霊なる神」それぞれが自存者《ヒュポスタシス》で、そのうえで一つの実体《ウーシア》として合致すると見る。ラテン定式ではちょっとちがっていて、三位すなわち三つの位格《ペルソナ》それぞれに一つの本質があり、それで三位一体が成立していると見る。アウグスティヌスは後者に依拠するが、まことに面倒な考え方であるというしかない。

ひるがえって『旧約聖書』では「受肉」(incarnation)などという考え方はまだ芽生えていなかった。イエス・キリストなどいなかったから当たり前である。神はただ一つの絶対的な一者であった。ところがイエスが出現し、唯一の神に向かって「父よ」と呼びかけたのだ。

この呼びかけは旧約にはなかった新約的な「父」である。おまけにそのイエスは十字架にかかって死を迎え、そして意外なことに復活をした。イエスの祈りを継承するのなら、そこに復活した「聖霊」(spiritus)を想定するしかなくなってくる。

こうして新たな新約信徒たちはイエスに倣って「父よ」と祈り、そこに同時に「主の祈り」というものを感じたわけである。そうなると、神が父ならばイエスは子でなければならなかった。それなら聖霊は父からイエスによって派遣されたというふうにならなければならない。『ヨハネ福音書』などでは、この父・子・聖霊の三者がまだ入り乱れている。これは混乱だ。

そこで教父哲学が登場して神学的な思考実験が昂《こう》じ、この混乱を整理したくなったのであろう。それがオリゲネスに始まった教父たちの仕事というものだ。教父たちは、イエスはもともと先在する者（これが本来の意味のロゴス）なのだから永遠の昔から神の独《ひと》り子だったろうと解釈していたのだが、そこに新たな見方を加えた。時いたって受肉して、その受肉者イエスを通して父なる神が啓示されたのだというふうに整理したのだ。また、それとともに聖霊も父を根源とし、子を通して派遣されたのだというふうに解釈しなおした。そうとうに大胆な解釈だった。

ここで「受肉」（インカーネーション）こそは新たな神学的思想がつくりあげた傑作なコンセプトだった。日本のカトリック教会では「託身」「托身《たくしん》」とも訳していたが、いまは「受肉」としている。正教会では「藉身《せきしん》」とも言っていた。キリストがイエスという身を藉《か》りたことを能動的に言いあらわそうとした訳語だ。いずれにしても、万物に先立って父なる神のもとに存在した独り子イエスが人間となって地上に現れたことにより、救いそのものが出来事になったということ、それが受肉なのである。

一方、「聖霊」のほうはすでにクムラン文書にも芽生えていた観念で『新約聖書』以降では「神の霊」、さらには積極的に「復活したキリストの霊」として解釈された。

アウグスティヌス以前の教父たちは、ユダヤ教的一神論とギリシア的多神論およびグノーシス主義のあいだに立って、この三位一体の辻褄《つじつま》合わせに腐心した。ニカイア宗教会議の段階では、まずは父と子の同一本質《ホモウーシオス》関係を定式にした。アウグスティヌスが説明を求められたのは、ここからである。

こうしてアウグスティヌスの格闘が始まっていく。本書第一巻、アウグスティヌスは正直に「父と子と聖霊が、三つなる神ではなく一つなる神であると聞けば、諸君はこのことに困惑するだろう」と言っている。第二巻、聖書が父と子の同一性にふれていないこと、子と聖霊の関係が聖書に曖昧《あいまい》であるため、どうしても聖霊が従属的に見えることを引き受ける。そして、被造物が父祖たちに姿をあらわしたのは父においてなのか、子においてなのか、聖霊においてなのかを問うていく。

第三巻と第四巻は、このような三位の位格《ペルソナ》が動くとき、天使がどんな役割をもったのかを問題にする。なぜなら、三位一体論とはまず派遣が問題になるからである。アウグスティヌスは子の受肉こそが派遣の起源になりうると説いた。第五巻から第七巻まではアリウス派の議論への介入を通して論駁《ろんばく》に徹しつつ、そこで三位一体の問題こそわれわれがそれを考える知恵の問題に属しているのだという転換を用意する。そしてここからが独壇場になる。このあたりの文章は苦渋にみちているものの、それ以上に新哲学の香気を放っている。

第八巻、アウグスティヌスはついに「類比」という方法をもちだして、三位一体を問い求めることは「愛」を問い求めることに匹敵することなのだという独特の論法に入っていったのである。

そして第九巻、「愛」の三位一体にひそむ「似像《イマーゴ》」（イメージのこと）を分析しはじめる。それゆえ第十巻と第十一巻では、アウグスティヌスの主題はもっぱら「知と愛」になる。そこではなんと「記憶」「知解力」「意志」の三つが三位一体となる。まさに〝方法の三位一体〟だ。それをさらに説明するために第十二巻と第十三巻があって、知識と知恵との峻別《しゅんべつ》に分け入った。

アウグスティヌスによれば、知識は「時間的なものにおける理性的な精神の職務」にあたるもの、知恵は「観想すべき永遠なるものに専念する精神の職務」なのである。こうして第十四巻で、人間の精神の解明こそが三位一体の解明にあたると宣言をし、もはや父と子と聖霊に関する旧パラダイムには戻らないことを鮮明にした。

最終の第十五巻、この三位一体論が新たなパラダイムとしての人間論であったことを証《あか》し、その追求がないかぎり神の論理は今後一歩も前進できないことを告示する。これで証明終わり、QED。ついにアウグスティヌスは「神の論理を人の論理に」してしまったのだ。

なんとも三位一体論とは驚くべきものである。これは小声でいうしかないが、こんなことはむろんまったくのデッチ上げであり、それでいて最も神聖な論議を尽くした挙げ句の成果だったのである。いわば理性的な虚像なのである。アウグスティヌスはその作業をいっさい一人で引き受けたのだ。ぼくにはいまもって、一人でこのことの秘密を告白する勇気をもちえない。

そこでふと思うのは、これはとうてい神学では説きえないものなのではないかということである。もう少々わかりやすくいうのなら、神学が論理をもって説明するには、とっくに論理の範疇《はんちゅう》を超えてしまったのではないかということだ。だからこそアウグスティヌスの直系を自認するドゥンス・スコトゥスやルネ・デカルトにして、三位一体が三位一体を破壊してしまわないための新たな神聖幾何学ともいうべきを、「神の数学」ではなく「人の数学」の証明をもって用意する必要があったのである。

アウグスティヌスはロゴスの人だと称賛されてきた。しかしアウグスティヌスは類比の人であったのだ。アウグスティヌスは神に近づいたと敬われてきた。しかし、アウグスティヌスは自身の提示した言葉を自身の記憶から消すために、新たな記憶を人々に提供してしまったのである。
　こんなことは矛盾きわまりないことだ。けれども、そのことを無限に受容しつづけていくことが、きっと中世における神学の開示そのものだったのである。理性では説明できないことを、フルヴァージョンの理性らしさを動員して語ること、それがヨーロッパにおける世界理性のデフォルトをつくったのである。嗚呼《ああ》！　アーメン。

第七三三夜　二〇〇三年三月十四日

参照千夜

七九九夜：プラトン『国家』　一六一夜：ナボコフ『ロリータ』　八三三夜：ヴィトゲンシュタイン『論理哲学論考』　一三二夜：ノヴァーリス『青い花』　六六三夜：ルソー『孤独な散歩者の夢想』　三四五夜：オリゲネス『諸原理について』　一七四夜：エリエット・アベカシス『クムラン』　五三二夜：ノルベルト・ブロックス『古代教会史』

ヨハネの黙示録が「ミレニアムの罠」を用意して、
ヨーロッパ中世の土台がつくられた。

ノーマン・コーン

千年王国の追求

江河徹訳　紀伊國屋書店　一九七八

Norman Cohn: The Pursuit of the Millennium —Revolutionary Millenarians and Mystical Anarchists of the Middle Ages 1957

自称ヨハネという預言者が、小アジアの主要な七つの教会に書簡を宛てた。それらがいつのまにか「ヨハネの黙示録」として新約聖書の最後に付け加わった。黙示（apocalypsis）の原義は「隠されたものの覆《おお》いがはずされて暴かれる」である。神が特別に選んだ預言者に「秘密の暴露」が許され、その暴露を記した文書が黙示録とされたのである。それをヨハネが書いたという。それならヨハネは特別に選ばれた者ということになるのだが、けれどもヨハネが何者であるのか、いまもってわからない。

キリスト教社会とその社会に疎《うと》い者をともに悩ませ、ともに驚かせ、ともに深刻にさせた文書として、「ヨハネの黙示録」ほどあからさまなディスコースはあまり見当たらない。なんといっても終末が語られたのだ。キリストが再臨ののちに地上にメシア王国をつくり、「最後の審判」以前の都合一千年を統治するだろうという予告が書かれているのだ。それだけならたんなる幻想的な未来予告にすぎないはずなのに、それが全歴史の終末だと宣言されていたため、この黙示録は心を乱すほど千々に解釈され、多くの人々の想像力の軛《くびき》を引きちぎって、途方もない妄想をかきたてたのだった。

ミレニアム（millennium）とは千年王国のこと、地上最後の千年のことである。キリスト再臨後の一千年にわたるミレニアムは、終末に向かって悪魔《サタン》との最後の戦闘がおこって「最後の審判」になる。だから「悔い改めよ」と説かれた。

中世にはこの異様な千年突入の日々が「千年王国」と総称された。語られただけではなかった。十一世紀から十六世紀にかけて、千年王国は実際に地上に実現された。フランシスコ派、自由心霊兄弟団、トマス・ミュンツァー、タボル派、ランターズなどがその実現をめざした。

本書はヨーロッパにおける千年王国の地上における歴史的痕跡をかなり克明に追ったもので、早くから名著の評判をほしいままにしてきた。著者のノーマン・コーンはサセックス大学の中世精神史の研究者で、現代人にとってはセンセーショナルに映るような話題をまことにクールに歴史語りしてみせた。『魔女狩りの社会史』（岩波書店）、『ノアの大洪水』（大月書店）なども広く読まれてきた。

千年王国観（至福千年説）は「終末論」（eschatology）から生まれた。発端はそうとうに古い。古代バビロニア思想や古代ギリシア思想に新たなヘブライ思想が対抗したとき、その萌芽が見えていた。「神が歴史に介入して約束の共同体《イスラエル》を救う」という文明観にもとづいていたのだとおもう。

最初はエレミヤ、ホセア、アモスらの預言者たちが終末を予告した。出エジプトをはたしたモーセはシナイの地で異教バール信仰に出会ったのであるが、このときシナイ契約（旧約）によるユダヤの民の紐帯《ちゅうたい》を脅かされた。この出来事を知った預言者たちは、いずれ終末がおとずれてシナイ契約に代わる「新しい契約」（新約）が実現されると言い放ったのである。これをユダヤの民たちは「いずれ民族王がメシアとなってわれわれを救う」というふうに解釈した。実際にもダビデやソロモンがユダヤ民族の王として登場し、ユダヤは王国として栄えた。

王国が割れて、バビロンへの捕囚がおこると、今度はエゼキエルや第二イザヤがメシア王の登場を予告した。ついでダニエルやゼカリヤの時代となると、預言はしだいに黙示録的な色彩を強くする。

歴史を超越する神の場面が神話的宇宙論的な様相をともなって、一種のリアル＝ヴァーチャルな幻視像が黙示されるようになったのである。こうして終末論はこの世の栄華の滅亡を予告することと同義となって、ユダヤの民以外の民衆にも、途方もない影響をもたらしていった。

ユダヤ的終末観を先鋭化させたのは、おそらくクムラン宗団や原始キリスト教団や洗礼者ヨハネを代表とする洗礼派たちだったろう。ここにイエスが出現して、これらを「福音としての終末像」に仕立て上げた。

そのイエスが十字架にかかったことは、ペトロ、ヤコブ、ヨハネ（ヤコブの弟）をへてパウロらに新約思想を編集させた。どういうものだったのか。

イエスはその存在自身が終末的な出来事であって、それゆえイエスに従っていきさえすれば、そこから「神の国」があたかも種を蒔《ま》くように成長していくだろう、そのときのメシアはユダヤ的ダビデ的な民族王ではなくて、イザヤの苦難の僕《しもべ》に似た受難者であろう、それがつまりイエスなのであろう、そういう新約思想だ。

それでも「神の国」はまだ到来したわけではなく、いままさにサタンが追放されつつあるので、われわれは受難者イエスとともに、聖霊の力を確信して悔い改め、教会的共同体を強化していかなければならない、そういう思想だ。

これは復活のイエスに終末的現在を託した思想だった。ただし民衆には「終末が未来を約束している」という真意などわからない。「終わりが始まりだ」と言われているようなものだ。そんななか、この終末的現在性に始まる次の計画とでもいうべきを強調したのが「ヨハネの黙示録」だったのである。

黙示録は形式上は七つの教会（エフェソ、スミルナ、ペルガモン、ティアティラ、サルディス、フィラデルフィヤ、ラオディキア各教会）にあてられた書簡という体裁になっている。二世紀のムラトリ正典目録でオーソライズされた。だから緒言で七教会への挨拶があり、著者ヨハネに「終末におこるであろう出来事」についての啓示があったことが述べられる。

次に、神の玉座が封印されているのだが、これを解けるのは子羊だけであると言い、その子羊が開封した「七つの封印」が示される。いずれもシンボリックな表現になっていて、第一の封印は白い馬、第二の封印は赤い馬（戦争をもたらす）、第三は黒い馬（飢饉《ききん》をもたらす）、第四は青ざめた馬（死をもたらす）というふうに示され、第五を解くと殉教者が血の復讐を求めるさまが、第六で地震と天災がおこるさまが綴られ、そこに神の刻印を捺《お》されたイスラエルの子らと子羊の血で洗った白衣の大群衆があらわれる。

第七の封印が解かれると、しばしの沈黙のあとに祈りが捧《ささ》げられ、そこへラッパが七度にわたって響く。ラッパのたびに草木が焼け、海が血で染まり、太陽と月と星が暗くなり、第六ラッパでは四人の天使がこの世の者の三分の一を殺してしまうに及ぶ。やっと第七ラッパでこの世がメシアのものとなると、天の神殿が出現して契約の箱が見えるのだが、一方では天地の大戦闘の場面が展開される。サタンが投げ落とされ、赤い龍が海中からあらわれ、獣が上ってきて獣の刻印が付く。鎌が投げ入れられると、ここで神の怒りが頂点に達し、七つの鉢にそれぞれ地獄のような光景が渦巻いて、ハルマゲドン（メギドの丘）に諸王が集って、島も山も消える。

これらはバビロンの消滅を想わせる顛末《てんまつ》だったのである。かくして第一九章で、キリストによる千年王国の統治が始まっていくと、神とサタンの最後の戦いと裁きが叙述され、ついに場面が新しい天地に変わって、そこが新エルサレムであり、イエス・キリストの再臨が近づいたことが告げられる……。

想像を絶する天変地異がおこり、神もサタンも獣も人もすべてが巻き込まれるというストーリーが黙示録なのである。

呆《あき》れるほどに荒唐無稽《むけい》であるが、克明に読むと、こけおどしばかりとは言えない。その後のヨーロッパ二〇〇〇年に暗示されるべきこと、恐懼《きょうく》されるべきこと、宿命として受けとるべきことが、ことごとく列挙されている。

壮大なクロニクルの提示にもなっていた。そこには、旧来の時間たるアイオーンが終了する前に、メシアに対してサタン（あるいは終わりの日のアンチキリスト）による最後の闘いが挑まれ、それが闘いの果てに滅ぼされたときにやっと「新たなアイオーンを意味する千年王国」がくるのだという、まことに気を揉《も》ませる黙示的図式が描かれたのだった。だから千年王国は、悪の絶頂が極まった直後の戦闘ののちにしかやってこないと黙示したわけである。

あまりにも不安を募らせる「ヨハネの黙示録」の終末観を前にして、古代キリスト教会を代表する教父オリゲネスはさすがに新しい解釈を試みた。千年王国が絶対の時間や空間を伴うものではなく、信仰する者の心の中にあらわれるのだと説いたのである。アウグスティヌスも放ってはおけない。『神の国』において、メシア王国はすでにキリスト教とともに始まっているのであって、現在の教会の活動の裡《うち》に実現されているのだから、「ヨハネの黙示録」などはせいぜい心的な寓話《ぐうわ》として読むべきだと説いた。

なんとか時間の混乱を訂正しようとしたのだが、しかるに、このような楽観論はほとんど浸透しなかった。とくに貧しき者たちには自分たちの苦難こそが日々のものであったので、教会ばかりが「神の国」であるなどとはとうてい信じられない。こうして数々の終末論的千年王国をめぐる議論がめらめらと燃えさかっていった。

ノーマン・コーンはこれらの狼煙《のろし》を一つずつ検証し、千年王国運動が十一世紀には二つの切羽つまった状況に達していたと書いている。

切羽つまった事態のひとつは、メシア王国の聖地の中心となるべきエルサレム奪還のために組織された十字軍の活動だ。十字軍は「アンチキリストの軍勢」に立ち向かう第一弾ともくされ、長きにわたった十字軍運動は中世のメシア運動を刺激した。もうひとつは、コーンが「貧民のメシア主義」と名付けた貧しき民衆《パウペレース》の動向だった。かれらは「民衆十字軍」としてもしばしば隊列を組んだのだが、その一方で各地で新たな結社をおこし、教会にはその萌芽さえ見えない「神の国」を建設していこうとした。教会に満足しない修道士たちや各種の異端の活動家や農民や貧民がかかわった。

本書が主として検証しているのはこの後者のほうだ。一二五一年、三人の男が自発した「羊飼いの十字軍」をもって、無政府主義的第一歩が踏み切られたとのべている。のちに「牧童連」とよばれた動向だ。

中世ヨーロッパでの千年王国運動はいろいろあった。アッシジのフランチェスコやオランダのカルヴァン派宣教師モンタヌスもその嚆矢《こうし》に数えられている。

なかでも、フィオーレのヨアキムの終末論、ペスト流行とともに高まった鞭打《むちう》ち苦行運動、パリ大学のベヌのアモリの提唱で動きはじめたアモリ派、カタリ派やワルド派などの異端運動、ベギン派異端の自由心霊兄弟団の活動、ハインリッヒ・ゾイゼの思想、ジョン・ポールの思想、さらにはヤン・フスやトマス・ミュンツァーの農民革命を掲げた黙示録的な「神の国」の構想などが特筆される。

これらの歴史があったからこそ、ヨーロッパのキリスト教社会は宗教革命を迎えられたといってよいのだが、今夜はかつてぼくが気になった二つの動向だけについてふれておく。タボル派とランターズの動向だ。


タボル派というのはフス処刑のあとに勃興《ぼっこう》したラディカルな運動で、ボヘミアを中心に広まった。ルシュニカ河畔のタボルを拠点にしたのでこの名があった。かつて歴史上になかったほどローマ教会に正面から批判を浴びせて、神聖ローマ帝国（ということはドイツ）に反旗を翻した。

いまならただちに異端アナキズムともよびたくなるようなタボル派は、最初はワルド派の思想行動に似ていたが、すぐに過激になっていった。ときにプラハ近郊の要害の地に城塞を築いて、フス派のプラハ大学を占拠しようとしたり、学長に賛同を求めたり、ドイツ人とマジャール人の連合隊がボヘミア鎮圧に乗り出したときは剣をとり、またしばしば山上の城塞都市タボルで「メシアの祝宴」を開いた。一四二〇年にはタボル派全域の共同金庫を設立し、経済支援も始めた。「我がもの」と「汝《なんじ》のもの」との区別をいっさいなくすための共同体づくりにとりくんだのだった。

このタボル派から分岐してきた運動に、ピーター・カニスの指導下の、いわゆるボヘミア兄弟団こと「ボヘミアン・アダム」たちがいた。カニスはとても変わった思想の持ち主で、キリストが十字架でしか死ねなかったことを批判して、われわれは仲間のあいだでこそ受難すべきだと言いだした。協同受難を提唱したのだ。結局、かれらは火刑に処せられるのであるが、その多くが笑って十字架にかかっていったという。

ランターズは、ずっとのちのクロムウェル時代の自由心霊派の動向である。ランターズとは「狂躁派」(rantering power)の意味をもつのだが、その構成員たちは「高い知恵」(high attainers)と呼ばれた。

そもそもはジェラード・ウィンスタンリーが超自然的なめざめを得て、一六四九年にサリー州コバムに共同生活体を創設し、これを「真正水平派《ディガーズ》」と名付けたのが最初の目立った活動だ。イギリス全土に散っていたともロンドンに集中していたともいわれるが、そのコンセプトは「イノセント」に徹していて、非私有をモットーとした。

ぼくがランターズに関心をもったのは、ウィリアム・ブレイクがランターズの思想運動に示唆をうけているからで、以来、どこかでランターズについて何かの研究を読みみたいと思っていた。そうしたら、ノーマン・コーンの本書の一九七〇年版で大幅な付録がつき、それがランターズに関する文献紹介だったのである。本書の訳者の江河徹もブレイクとランターズの関係から本書に興味を寄せたという。

実際にブレイクがランターズの何に接触したかはまだ明確にはなっていないのだが、ランターズの運動に触れたのがジョージ・フォックスやジェームズ・ネイラーであったこと、その動きが初代のクェーカー教徒となったこと、ジョン・ホーランドの『地獄の煙』がランターズの主義主張の紹介だったこと、メアリー・ミドルトン夫人らの女性たちによるきわめて瀆神《とくしん》的な詩が神秘的反知主義の趣に富んでいることなど、やはりブレイクとのつながりは隠せない。

千年王国のリアル＝ヴァーチャルな動向はざっと一〇〇〇年にわたった。東洋にも「弥勒《みろく》の世」の到来観や「太平天国の乱」などに見られるような千年王国っぽい幻想はあったけれど、ヨーロッパほどの終末的審判観はない。

日本にも末法観はあったものの、強烈な終末論はない。地獄に堕《お》ちる不安はあったけれど、浄土教における末法思想には悪との対決はなかったし、受難の思想もなかった。日蓮とその後継者には受難思想がやや顕著であるけれど、日蓮宗派が文明論的終末論をもっているかというと、あまり見られない。また日本にもフスやミュンツアーの農民革命思想に近いものがあるにはあるが、それが過激な宗教運動やユートピア思想に結びついたのは、昭和の橘孝三郎《たちばなこうざぶろう》らの農本主義や白土三平《しらとさんぺい》の漫画や松本健一の隠岐島《おきのしま》コミューン論にわずかに見られる程度で、やはり定着していない。

ぼく自身は、黙示録的終末論と千年王国運動との多岐にわたる捩れのような関係をまだ理解しているとはいいがたいのだが、最近は、この捩《ねじ》れがヨーロッパ全思想の背景屏風《びょうぶ》の下絵になっていると確信するようになった。

黙示文書とは、ユダヤの民に向けて書かれた民族主義の賜物《たまもの》だったのだ。そこからはパトリオティズムや郷土回復運動が垣間《かいま》見えてくる。それゆえ黙示録的文書の多くを下層民衆が貪《むさぼ》り読んだのだ。文明の逆上とは、つねにこのような亀裂線からも湧いてくるものである。

第八九七夜　二〇〇三年十一月二六日

参照千夜

三四五夜：オリゲネス『諸原理について』　七三三夜：アウグスティヌス『三位一体論』　三三三夜：バーナード・マッギン『アンチキリスト』　七四二夜：ウィリアム・ブレイク『無心の歌・有心の歌』　一一三九夜：白土三平『カムイ伝』　一〇九二夜：松本健一『日本の失敗』

ガリアの地に入ったゴート人が、
中世精神に「様式」の付与をもたらした。

松谷健二

東ゴート興亡史

白水社　一九九四

これを書いている今夜も、一ヵ月前から開始されたアメリカによるアフガニスタン空爆が容赦なく続いている。このぶんではラマダーンに入っても執拗《しつよう》な空爆はやまないだろうし、アフガン難民のパキスタン流出もさらに波状化していくだろう。アフガニスタンはどうなってしまうのか。かつてはソ連の暴力的な侵攻を、八年にわたってムジャヒディンたちが耐えつづけたのに、いまではかれらが攻撃にさらされている。ぼくはこうした軍事攻撃のニュースをテレビの画面で遠くから見ているだけのことであるが、さすがに数年後のアフガニスタンがどんな状態になっているのかを予想せざるをえない。そのうち歴史の非情はたえずこうして国土を荒らし、不幸な民族を分断させ、新たな支配者や新たな分割者によってその姿を不断に作り替えていくのかという

〝定め〟めいたものさえ感じられてくるにちがいない。それが、しばらくすると物部氏や北条氏の宿命のようにも見えてくるにちがいない。

本書の著者の松谷さんも、民族の宿命や国家の運命というものに深い関心があるようで、すでに発表された『カルタゴ興亡史』や『ヴァンダル興亡史』（ともに中公文庫）でも、歴史のなかで何がおこって、何がおこらなかったかということを直截《ちょくせつ》に書いている。松谷さんは、すぐれた翻訳家でもあって、『エッダ』（平凡社）やレマルクの『リスボンの夜』（早川書房）を訳しているときすでに、そのカーソルが疼《うず》いていたのだろう。

いま、アメリカと中東とのあいだで何がおこっていて、何がおこっていないのか。日本はそのおこっているほうに加担するのか、おこっていないことに参画しているのか、この問いに答えるには日本の歴史的現在性というものを見る必要がある。それには歴史のなかの任意の現象を現在化する必要がある。

建国後たった数十年で滅ぼされてしまった東ゴート王国という歴史――。いわゆるゲルマン民族の大移動のなかで蜃気楼《しんきろう》のように立ち現れて、そして泡沫《ほうまつ》のように消えていった民族王国――。本書はこうしたはかない歴史を扱った。しかし、歴史の動向は最初から蜃気楼などめざしてはいなかった。

あのころ、東ゴート王国だけが勃興《ぼっこう》して滅亡したわけではなかった。スエヴィ王国も西ゴート王国もゲピデ王国もランゴバルド王国も短期間でなくなってしまったし、サクソン族やノルマン族やバルト諸族は王国も築けず、さまよっていた。うまく国土をせしめて居直った国もあった。今日のフランスの原型をつくったフランク族は、ライン左岸とローマの属州ガリアに侵入して、かつてはカエサルが征服した地の多数のケルト人やローマ植民者にのしかかり、少数者が支配するフランク王国を築いている。東ローマ帝国の軍事力ならこのフランクの簒奪《さんだつ》することもできたはずだろうが、そうはしなかった。フランクの拠点のパリに大軍を進めるには、アルプスを越えなくてはならなかったからである。

こんなことは現代の戦争ではまったく関係のないことかと、ぼくは思っていた。アルプス越えの困難など、ナポレオンの戦争でとっくに終わっていたのかと思っていた。少なくとも今日のミサイル時代では。けれどもアフガニスタンの山岳に散在遊走するタリバンに手こずるアメリカを見ていると、地勢と民族との深い関係はいまなお世界一の軍事力をも苦しめるのかと、そこに気がついた。

本書の内容を少しかいつまんでおくのは、なんだか今日のアメリカの軍事力やタリバンの抵抗がかかえる無謀を諌《いさ》めるようで、どこか示唆的に思われたのである。

紀元前一世紀、スカンディナヴィアと北部ヨーロッパの気候が冷えた。そのため、それ以前にそれらの地に住んでいたゲルマン人たちが温暖を求めて動き出す。武装難民の群れだった。その武装難民の一族にゴート人がいた。

かれらはバルト海を渡ることを決断し、いまはポーランドに入るダンツィヒ（グダニスク）に上陸した。ここはかつての「ゲルマニアの地」である。このときそこにいたヴァンダル族が蹴散《けち》らされ、のちのことになるけれど、なんとアフリカにまで渡って王国を築き、そして短い栄華を終えた。ヴァンダル王国だ。

ゴート人の武装難民のほうは南東に進み、ドニエプルの大河に着くとキエフを都として定着させて、南ロシアを版図とする王国をつくった。この前後でゴートは東ゴートと西ゴートに分かれ、それぞれが勢力を伸ばした。東ローマ帝国のコンスタンティヌス大帝はあわてて西ゴートと協定を結び、手なずけようとした。ところが、そこに時ならぬ大事件がおこる。

遊牧民フン族がおそらくは北東の大草原の寒冷化のためであろう、大挙して南下すると、ゴート人を追い散らしたのだ。フン同盟の族長はアッティラである。北東同盟軍ともいうべきを束ねている。アッティラの獰猛《どうもう》な指導のもと、フン同盟軍はヨーロッパを荒らしまわった。

やむなく東ゴートも南下する。西ゴートがアフリカまで行ったのにくらべれば持ちこたえたほうだが、それは東ゴートの新たな英雄テオドリックの軍事力によっていた。やがてアッティラのフン勢力が衰退すると、ここに東ゴートが復活してきた。

こうしてテオドリックの時代がくるのだが、それはあいかわらず戦乱と周辺有事だけが打ちつづく時代であった。この事情は周辺の〝外国〟にとっても同じことで、隣りあう西ローマと東ローマが東ゴートの挙動を警戒し、経済封鎖をしたり貢物交易を押しつけたり、辺境警護の〝防人《さきもり》〟としての地位を与えて懐柔に出たりした。アメリカがアフガンに経済制裁をし、ムジャヒディンに対ソ連の義勇軍としての地位を承認したのとほぼ似ていよう。

しかしテオドリックは攪乱《かくらん》されなかった。イタリアに複合軍を進め、ゴート人の安住の地づくりに乗り出していく。傭兵《ようへい》を集めたイタリア王オドアケルと激しく戦い、これを殺し、西ローマを圧迫して、ついにイタリア全土を支配下に収めた。これが歴史に名を残した東ゴート王国である。

けれどもテオドリックの王国は安定しなかった。東ローマ皇帝アナスタシウスはなかなか屈しなかったし（アフガニスタンに対するパキスタンのように）、すでに勃興しつつあったフランクの軍事力とも対抗しなければならなかった（ちょうどアフガニスタンがNATO軍にも対応しなければならないように）。それからまもなく東ゴート王国は東ローマ帝国（ビザンティン）によって滅ぼされることになる。四九三年にテオドリックが東ローマ皇帝によってイタリア王として認められてからわずか六十年ちょっと、一人の人生の消息すら感じさせて、ひとつの王国はあっけなく壊滅した。おもえば、北海から地中海におよんだ巨大旅団の死のようなものだった。

いったい民族国家というものは何なのだろうかと思う。エスニック・ステートはどこでネーション・ステートになるのだろうか。民族が国をつくろうとするのはあたりまえのことであるはずなのに、なぜ滅ぶのか。

東ゴートの六十年間の短命な盛衰を見ていると、こんな小さな民族の動向でも、それが過熱したとたんに周辺のありとあらゆる民族や王国との摩擦が大きく振幅しておこることが、よくわかる。「強さ」というものが周辺に極端な不安をもたらし、そこに相対的な安定をさぐる試みがまさに現代政治とまったく同様におこり、しかしそのいくつかが首尾よく進まないと、それらの相対しあう民族や王国はたちまちにして戦乱に巻きこまれることになってしまうのである。そしていつしか滅亡がくる。

これは宿命というものなのだろうか。宿命だとしたら、それは民族の宿命なのか、国家の宿命なのか。それとも歴史というものの「掟《おきて》」なのか。いろいろ考えさせる。しかし民族の王国が滅亡しても、なかなか消滅しないものもある。ゴート人の生き方や在り方というものは、民族国家の消滅によってなくなるわけではなかった。

東ゴート王国の出来事でいうならば、ボエティウスの『哲学の慰め』（岩波文庫・筑摩書房

『世界古典文学全集』26）もカッシオドルスの文治政策も、ゴート語訳の聖書も残った。カッシオドルスがいなければ、ヨーロッパはベネディクトゥスに始まる修道院文化をつくれなかっただろうし、あの写本室スクリプトリウムを生むこともなかったのである。仮にそういう文字による直接の影響が伝わらなかったとしても、時代をおいて、ゴート人の在り方は何度も蘇《よみがえ》ったともいえる。それが中世ヨーロッパを覆った「ゴシック様式」というものだ。ゴシックとは「ゴート人らしさ」という意味である。

ゴートは死してゴシックを残した。けれども王国が滅び、民族が四散して、そのモード（様式）とプラウジビリティ（らしさ）だけが蘇りつづけるというのは、なんとも無常を感じることである。

第四一六夜　二〇〇一年十一月八日

参照千夜

一二〇九夜：関裕二『物部氏の正体』　二四一夜：エーコ『薔薇の名前』　三六五夜：カエサル『ガリア戦記』　一〇九八夜：アンリ・フォシヨン『ゴシック』

フランク王国からヨーロッパ各国へ。
その転換期に再生されたゴシック世界観。

アンリ・フォシヨン

ゴシック

神沢栄三・加藤邦男・長谷川太郎・高田勇訳　SD選書（鹿島出版会）　全二巻　一九七六
Henri Focillon: Le Moyen Age Roman et Gothique 1938

Q：今日はどうしても松岡さんのヨーロッパ美術論の骨格を伺いたいんです。セイゴオ流の美術論の原点を。

A：そんなものはないよ。どうして？

Q：かなり東西にわたって偏愛するものが多いように感じるのですが、どのように流れを見ているのか、一度聞きたかったからです。

A：以前から言っているように美術史には強くないし、また美術史の成果に騙《だま》されてきたという気もしているからね。でも、それはどちらかというと東洋とか日本の美術史ね。ヨーロッパは立派ですよ。そこには「世界のあり方」「世界の見せ方」のタテ・ヨコ・ナナメの検討がある。なにしろヴァールブルク研究所が深みをつくったからね。それにパノフスキーがいる。もうちょっと痛快なものを知りたいなら、ぼくなんかに聞くよりマリオ・プラーツなんかを読んだほうがいいよ。

Q：マリオ・プラーツ？

A：『ムネモシュネ』とか『官能の庭』とか『ペルセウスとメドゥーサ』（いずれもありな書房）とか。ロマン主義からアヴァンギャルドまでびっしり応《こた》えてくれる。とくにヨーロッパにおいて想像力というものがどのような表象をとるのか、ピクトとかピクチャーとかピクトグラムの動きをもって理解できると思うけど。

Q：いや、近代前後とか現代芸術はいいんです。もっと以前の骨格を知りたい。

A：もっと以前って？

Q：ルネサンスとかバロックとか。

A：それもぼくが答える必要はないね。自分で分け入りなさい。ルネサンスについてはブルクハルトはともかく、ウィリー・サイファーがばっちり答えているし、マニエリスムやバロックならそれこそマリオ・プラーツもホッケも、バルトルシャイティスも若桑みどりさんや高山宏もいい。

Q：そうですか。じゃ、話になりませんか。

A：ならないね。君たちは自分で取り組もうとしていない。

Q：松岡さんにとって美術って何ですか。
A：なんだかふてくされた質問だな。
Q：ちょっとふてくされました。
A：ほんとうはね、美術とか芸術っていう言葉が嫌いなんだ。
Q：じゃ、何って言えばいいんですか。
A：クラナッハとか《モナリザ》とか、ターナーの《雨・蒸気・速度》というふうに言ったほうがいい。それを通して「世界のあらわし方」を見る。まさにアルスだね。そうじゃないとしたら、様式の発生と素材の変化に注目するしかない。「アルス・コンビナトリア」だ。編集工学の眼目はそこだよ。
Q：はあはあ、素材と作品と様式の相互編集ですね。じゃ、それを伺いたい。それを聞いてみたかった。
A：なんだか付け足しのような質問だな。
Q：いえ、そんなことないです。そのヨーロッパの秘密を聞きたかった。
A：ヨーロッパの？
Q：ええ、ヨーロッパの様式の秘密です。
A：だったらゴシックだねえ。
Q：えっ、ゴシックですか。

A：ゴシックが見えなければその前もその後もわからないでしょう。ヨーロッパがヨーロッパになるにはどうしてもいったんゴシックを通過するしかなかったわけだ。でもそのことだってウィルヘルム・ヴォリンガーの『ゴシック美術形式論』（岩崎美術社→文春学藝ライブラリー）をはじめ、いくらでも参考書があるよ。つまらないけどね。

Q：じゃ、やはりセイゴオ流で。

A：そうはいかないよ。

Q：ゴシックって建築様式ですよね。

A：建築であって空間であって、民族の記憶であって、リセプタクル（容器）であって、部品の組み合わせかな。かつ栄光や荘重というもののもとに、すべての要素を統合するための様式だよね。ヨーロッパを編集した最初の様式。西洋建築史でいえば、反古典主義な相貌《そうぼう》をもつ建築様式ってゴシックだけなんだね。

Q：なぜゴシックが出てきたんですか。

A：そこから話すの？　キリスト教社会が支配していたからだよ。

Q：だってキリスト教はその前からあったわけですよね。

A：そうだね。ただしその社会が空間を求めて極端に変質したのは中世の後期からだからね。その前はシナゴーグ（ユダヤ集会堂）やカタコンベ（地下教会堂）だからね。

Q：中世っていつからいつまでですか。

A：ふつうは四七六年の西ローマ帝国の滅亡から中世が始まったというね。あのね、ヨーロッパの原形がどこにあったかということが大事なんだよ。最初はプラトンやオリゲネスでしょう。次は東西のローマ帝国だよね。そのあいだに千年王国の幻想があって、そしてその次がフランク王国だよ。ゲルマン諸民族が次々に国をつくったときに、ガリアにブルグンド王国ができて、そこへ後からやってきたフランク族がクローヴィスを族長にしてフランク王国をつくる。そのときフランク王国がカトリックに改宗してラテン語を公用語とする。このとき滅亡したはずの古代ローマ帝国の様式と文化を新たに採り入れる。この入れ替えが今日のヨーロッパの原形だよ。

Q：それがゴシックになった？

A：いやいや、それはずっとあとのことで、まずメロヴィング朝やカール大帝（シャルルマーニュ）のカロリング朝ができて、そもそもは遊牧民だったフランク族の社会に定住と建造が始まるんだね。文化と様式というのは、だいたい遊牧的《ノーマッド》に動いてきたものが、どこかで定着して、そこにあった先行の習俗や服装や美意識とまじって形成していくわけですよ。移動中の遊牧民は様式なんて関係ない。〝定住遊牧民〟を自称しているナム・ジュン・パイクがつねに言っていることだ。遊牧民は「運べるもの」しか持たないからね。そうでないばあいは、どこかが吹きだまりになって、そこへ外から多様なものが入ってくる。このどちらか。京都とか東京とかソウルはこの吹きだまり型だね。

Q：フランク王国のばあいは？

A：アーヘンという都市なんかは、遊牧的なものが止まったほうです。かつてのバグダッドとかコルドバとかもそうだね。吹きだまりじゃなくて、ノーマッドな先頭の動きが止まった都市です。で、そのアーヘンでカール大帝が教皇のレオ三世から西ローマ皇帝の称号をもらって戴冠《たいかん》する。

Q：ええ、八〇〇年の有名な出来事。

A：そうそう、あれで東の大帝国だったビザンティン帝国に対して西の帝国の原形ができるわけです。初めて世俗権力と宗教権力が合体する。このフランク王国からフランスとドイツとイタリアがつくられる。これがヨーロッパですよ。いまのEUの原形。

Q：そのような出来事が建築とか美術の様式になるんですか。

A：なるんだな。アーヘンというのは森の中に強引につくった都市で、ゴシックというのは「森を石に変えてしまった建築」なんです。ただ、その前の歴史がある。カール大帝がアーヘンに築いた宮廷に礼拝堂が作られるんだけれど、その見本になったのはラヴェンナにあったサン・ヴィターレ聖堂で、これは八角形の基本プランで円《えん》蓋《がい》に覆われている。中はモザイク。それを見本に工夫した。まあ、蘇我氏が若草伽《が》藍《らん》や法隆寺を朝鮮の建物を見本にして飛鳥ふうに造ったようなものだ。引用による編集です。あるいは重源《ちょうげん》が焼け落ちた東大寺大仏殿をまぜこぜ方式で再建したけれど、ああいうものです。これがいわゆるカロリング様式というものになる。

Q：はあ。

A：で、これがいったん定着すると、フランク王国の分裂によって、その様式と文化が各地に散っていく。フランス型、ドイツ型、イタリア型、さらにイギリス型、スペイン型というふうにね。そこで今度はロマネスク様式というものがいろいろ出てくる。これは日本を例にすると小さすぎるけれど、奈良の都が終わって、恭《く》仁京《にきょう》や長岡京や山城京になっていったようなもので、どこにでもおこることです。

Q：いつごろですか。

A：なんだか歴史のお勉強みたいになるなあ。ロマネスクというのは十一世紀半ばからで、十字軍とともに始まったと思えばいいでしょう。ということは異教徒の恐怖が、できたばかりの原形ヨーロッパを覆った時期ということだね。やっとキリスト教国家のようなものを作ってみたら、すぐにイスラムの恐怖にさらされた。イスラムの恐怖というのはね、マホメット（ムハンマド）の恐怖じゃなくて、彌永信美《いやながのぶみ》さんが『幻想の東洋』（青土社→ちくま学芸文庫）という名著で書いているんですが、「プレスター・

ジョンの恐怖」というもので、東の方から巨大な怪物のようなものがいつかやってくるという恐怖。つまりチンギス・ハーンが噂になった恐怖ですよ。イスラム化したモンゴルの脅威です。チンギス・ハーンがユーラシアを一挙に征服したでしょう。いつその征服王の余波がヨーロッパにやってくるのか。そのイスラムの異質力に対する恐怖です。そこで、ロマネスクは巡礼型に発達するんです。漏電させるわけだね。

Q：巡礼型で漏電？

A：ディスチャージするわけだ。十一世紀と十二世紀というのは十字軍の時代で、ひとつはエルサレムに道が開いていくんだけれど、もうひとつは各地に放射状に巡礼道が延びていった。プレスター・ジョンの恐怖から各地がネットワーク型につながって守ろうとしたわけだね。逆にいえば、中心が破壊されることを恐れたわけです。このあたりのことについては高橋秀元君に頼んで編集構成してもらった『巡礼の構図』(NTT出版)という本に詳しく説明してあります。その巡礼地のひとつが有名なスペインのさきっぽのサンチャゴ・デ・コンポステーラで、その道々にロマネスク建築が造られていく。ルイス・ブニュエルが《銀河》というすばらしい映画でその道々のロマネスク様式を映していましたね。それを見るとわかるけれど、ここで従来の木骨天井が石造ヴォールトに変わるんですね。このヴォールト(vault)が次のゴシック建築の骨格になる。
Q：ヴォールトというのは？
A：蒼穹《そうきゆう》構造だね。例のアーチ状に天井がなっていくやつ。ロマネスクの身廊部は半円筒式・尖塔《せんとう》式・交差式など、いろいろ造られます。石の積み上げ幾何学の勝利ですね。ダラムの大聖堂とかピサの大聖堂なんてすばらしい。ダラムはすでにゴシックの肋骨《ろっこつ》蒼穹を先取りしていた。そういうことは、アンリ・フォシヨンの『ゴシック』になかなかうまく書いてありますよ。読むといい。とてもいい本でした。ヴォールトの変容こそヨーロッパの様式の骨格にあることなんですが、フォシヨンはそこを詳細に書いている。ぼくもそれでいろいろわかった。フォシヨン以外ではわからなかった。
Q：ロマネスクの意義というのはどこにあるんですか。
A：言葉通りだよ。ロマネスク、つまり「ローマっぽい」ということですね。いい？ヨーロッパというのは、何回も何回も古代ローマの「もどき」に戻るんです。その最初がカール大帝、次がロマネスク。そしてゴシックを挟んでルネサンス。そのつどローマを再編集してしまう。
Q：なるほど。そういうことですか。

A：日本が何度か古代王朝文化に戻ろうとしたのと同じだね。ロマネスクもそのひとつだ。しかし日本の王朝文化だって、平家の王朝趣味と足利の王朝趣味と光悦や宗達の時代の王朝文化が違っているように、ヨーロッパも次々に変化する。ロマネスクの時代では、その「ローマっぽい」という特徴の原型は修道院です。修道院にすべてあらわれる。次のゴシックではすべて大聖堂にあらわれます。で、ロマネスクではローマっぽいものを各地に分散させるという意味をこめて、各地にどんどん修道院を造った。だからロマネスクは修道院時代です。とくにシトー派とクリュニー派の修道会の時代。

Q：ロマネスクは建築様式ばかりですか。

A：いや、その建築の内部にたくさんの壁画や絵画が出現する。イコンと説話のオンパレードだね。それからもうひとつはカロリング朝以来の写本です。とても豪華なもので、書物というより工芸品に近い。これは《平家納経》の世界ですよ。文字のイリュミネーションですよ。あとはタペストリーかな。こうしてゴシックの大聖堂時代に入っていく。カテドラルの時代だね。

Q：ゴシックは「ゴートっぽい」という意味ですよね。

A：そうそう、東ゴート王国や西ゴート王国の、あのゴート。民族の名前です。

Q：なぜゴートっぽいものが建築様式になったんですか。

A：先鞭《せんべん》をつけたのはサン＝ドニ修道院の修復です。シュジェールという修道院長がいてね、この人が徹底して文化編集をした。そのとき「新しい光」(lux nova) という言葉をつくった。その改築サン＝ドニ修道院の一一四四年にできた内陣は尖塔アーチで、肋骨ヴォールトの交差蒼穹です。それとともに大窓にステンドグラスが嵌《は》めこまれた。

Q：ゴシックといえばステンドグラス。ステンドグラスといえばシャルトル大聖堂。

A：ステンドグラスだけじゃない。さっきも言ったように、ゴシックは森林をメタファーにした〝石の森〟だったんです。それとともに「石で読む聖書」「石による百科全書」を作ったのがゴシックです。パノフスキーが『ゴシック建築とスコラ学』(平凡社→ちくま学芸文庫) でその解読を試みていますね。これがいわゆる「大聖堂の時代」「カテドラルの時代」です。十二世紀末からがピーク。シャルトルだけでなく、ランスの大聖堂も、ブルージュ、アミアンのノートル＝ダム大聖堂、ボーヴェの大聖堂とか、イギリスのソールズベリー大聖堂やケルンの大聖堂とかとかね。それが約一〇〇年続く。のちのちヴィクトル・ユゴーやユイスマンスもこのカテドラルの解読にとりくんだ。

Q：そういうカテドラルがどうしてゴートっぽいんですか。

A：ゴート人の文化とかゴート人の様式というのではなくて、のちのルネサンスの連中が王朝回帰するでしょう。そうすると、前時代のものが野蛮に見える。たとえば「バサラ」はのちの東山文化から見ると野蛮だったし、「カブキ者」は後水尾《ごみずのお》の寛永文化から見ると粗雑だったと見えるわけで、そういう意味でルネサンス人が「ゴートっぽい」「ゴシック」という差別用語を使ったわけだよ。けれども、ゴシックそのものは野蛮なんてものじゃない。精神的には崇高すぎるほど崇高で、技術的にも圧倒的にすぐれていた。

Q：天高く聳《そび》えるから崇高なんですか。

A：神に近づくから、その証明に徹した意匠を作ろうとした。フライング・バットレスって知ってる？

Q：いや、知りません。

A：バットレス(buttress)というのは、壁体を強化するために、その壁に直角に突き出して作られた短い壁体部分のことで、よく体育館などにあるね。控え壁とか扶壁《ふへき》ともいいます。そういうバットレスは昔からあるんだけれど、これがだんだんその突出量を大きくしてヴォールトや屋根の水平力を支持する力をつけた。

Q：恐竜の蛇腹《じゃばら》みたいなもの？

A：その外部的なバットレスを、ゴシック建築ではアーチ状の構造物で補ったんだね。

いわば外部の構造を内部化させて、そこに徹底して部材を組み合わせていった。それがフライング・バットレスで、内側から見る外観は半アーチのように見えるんだけれど、実際には起点の高さが異なるアーチを上下数段に架け渡してあるんです。これがゴシックの大聖堂を神に近づけた。

Q：高いから神に近いというだけですか。

A：そうじゃなくて、構造のもつ力学が一点に集中したということだ。日本の建築は横に組み合わさって、たとえば寝殿造りのようになるわけなので、何かの力学が一点に集中するということがないのでわかりにくいんだけれど、ヨーロッパの科学と技術は一点集中をこよなく愛した。

Q：たとえば？

A：わかりやすい例でいえば一点透視の遠近法かな。ルネサンスになってブルネッレスキやアルベルティが完成させましたね。それに象徴されているように、ヨーロッパは一点に集中できるかどうかに美学も幾何学も道具論もかかっているんです。唯一絶対神をもった文化の宿命だよね。それをゴシックは立体的に、かつ階層的にやってのけた。

Q：はあ、はあ、なるほど。やっぱり一神教の成果ですか。

A：そういう面が強いね。ゴシック全体が「神が定めたもの」の再発見を編集したからね。その中心にあったのは「オジーヴ」(ogive) なんだ。ぼくはアンリ・フォションを読んで一番考えさせられたのは、このオジーヴのことだった。

Q：オジーヴ？

A：ヴォールトの負担を軽減するために、ヴォールトの下に対角線方向に架けられた補強アーチのことで、いろいろの形態があっていちがいに機能をいえないんだけれど、どうもロマネスクからゴシックにいたるすべての要素のなかで、最大の鍵《かぎ》を担っているのがオジーヴみたいだね。でも、このことはふつうのゴシック論ではあまり議論されていない。ジョン・サマーソンの『天上の館』(鹿島出版会・SD選書) もおもしろいゴシック建築論なんだけれど、「アエディクラ」(家と屋根の関係をあらわすラテン語) のことは詳しいのに、オジーヴまで言及していない。

Q：松岡さんはどうしてそんなことに興味をもつんですか。

A：きっと日本ではまったく考えられない問題だからだろうね。ぼくは日本が好きだけれど、それを鍛えるには、日本以外で発達した概念や様式や部分品やファッションに自分をさらす必要があると思ってきたんだね。君たちが各国の映画やロックに関心をもつように、建築にも目を向ければいいんですよ。

Q：そういう話を聞きたかったんですよ。それがゴシックのオジーヴになるんですか。

A：ほかにもいろいろあるよ。ありすぎる。

Q：たとえば？

A：ダンテもスピノザもジョン・ラスキンも。ユダヤ教もユークリッド幾何学も錬金術も。レンズ光学も蒸気機関車も紡織機も、ね。とくに写真術以降に世界に普及した技芸と技術はものすごい。でも、それらのヨーロッパ独特の技法の元をただしていくと、いくつかの扇の要が出てくる。そのルーツのルーツはやっぱりモーセの一神教でしょう。これは第八九五夜そのほかに、いろいろ書いた。もうひとつはピタゴラスの定理とオジーヴの発明じゃないかと思っている。でもオジーヴのことはまだ研究しはじめたばかりで、よくわからない。ただ勘では、ここにいろいろの鍵があると踏んだ。

Q：松岡さんはその歳になって、そんなことも研究するんですか。

A：何だよ、その言い方は。いつまでたってもわからないことだらけだよ。歳はカンケーない。ゴシックもまだ見えてこないし、オジーヴもわからないし、オリーブもわからない。オリーブだってヨーロッパの鍵を握っているからね。明治以前の日本にはなかったものですよ。

Q：そのオジーヴは結局何をもたらすのですか。

A：すべてをもたらした。たとえばジョットの絵はオジーヴだよ。ファン・アイク兄弟だってオジーヴだ。

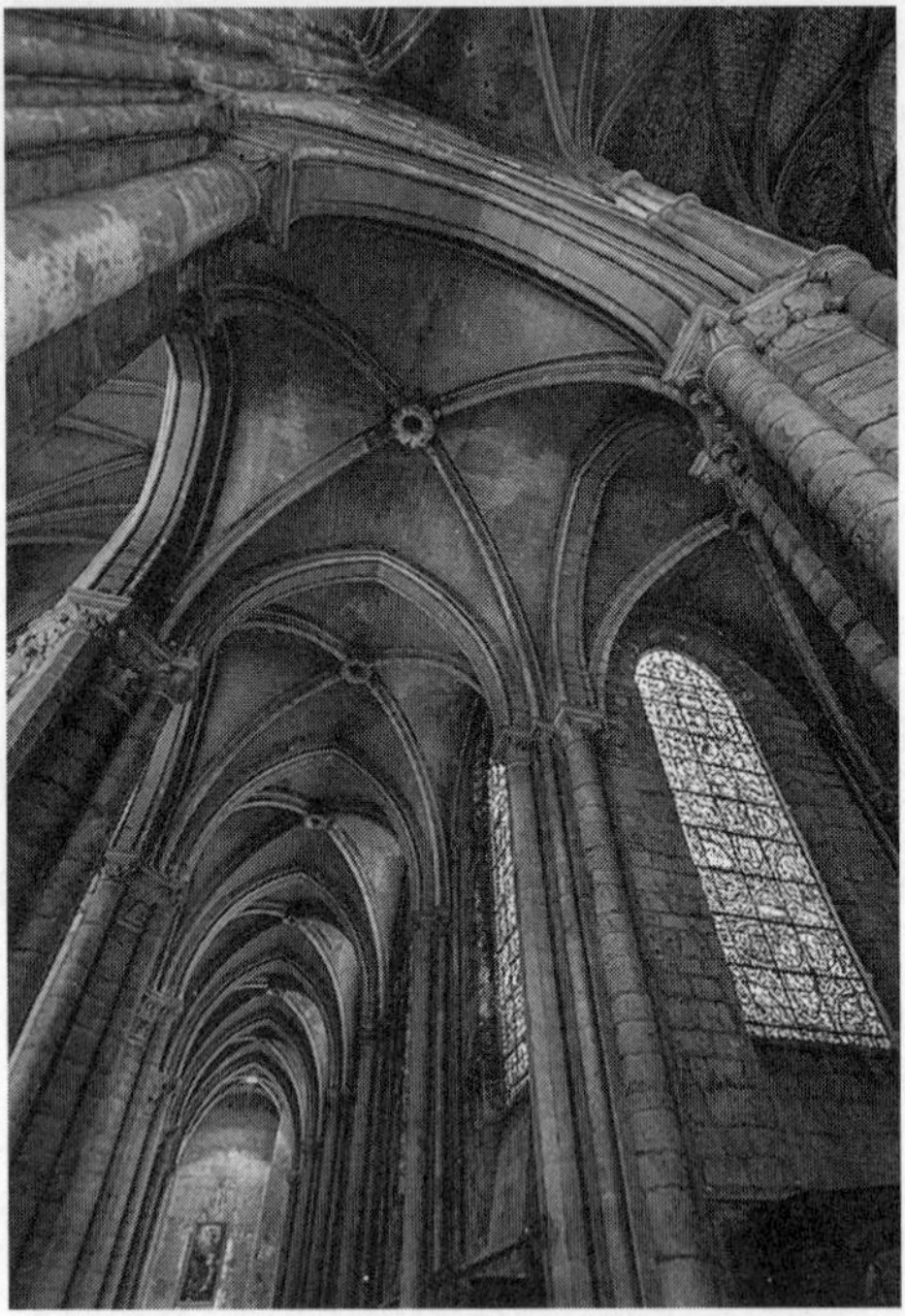

Cathedral Church Arches Architecture Stone Windows
撮影 : Ben Robson Hull Photography ／ゲッティイメージズ

ゴシック建築を代表するシャルトル大聖堂の蒼穹《ヴォールト》構造。シャルトル大聖堂は、幾度もの火災に遭い修復を重ねるなかで、ロマネスク様式からゴシック様式への変容を遂げた。バラ窓をはじめとするステンドグラスの壮麗さでも知られる。

Q：えっ、わからないなあ。

A：わからなくていいよ。どうせわかる気もないんだろうから。だって、ターナーが水蒸気を描いた理由とか菱田春草《しゅんそう》が朦朧画《もうろうが》を描いた理由をどうしても考えたいなんて思わないだろ？

Q：はあ。

A：ぼくは気になるんだね。同じように、フラ・アンジェリコが《受胎告知》でゴシック・リバイバルをしたこと、水を感じたくて水を抜いた枯山水のことが気になる。これらは両方一緒に考えなければならないことなんだ。枯山水とフラ・アンジェリコをね。

Q：そうですか。これはちょっとついていけないな。

A：ついてこなくて、いいよ。最初からついてくる気なんてないんだから。それに、こういうことは、夢中にやるしかないときがあるもんなんです。

Q：そういうもんですか。

A：そういうもんだ。そりゃそうだよ。しかも、そんなことしているのはぼくだけでなく、いっぱいいるよ。たとえば志野や備前の味をどうしても出したいとおもえば、ジョージア・オキーフがアイリスの色合いの変化を描こうとおもえば、それは一人でやる以外はないからね。

Q：オジーヴも？　松岡さんは建築家じゃないんだから、そこまでしなくともいいんじゃないんですか。

A：だってぼくは編集工学で、概念工事の専門《プロ》だからね。好奇心の研究者《アスリート》だからね。オジーヴもそうだけれど、滝沢馬琴が「甕襲《みかそ》」を出したことも、パースが「アブダクション」を提案したことも、みんな好奇心のための概念だからね。それならそういうものの編集を引き受けなければならないんです。

Q：うーん、そういうものですか。まあ、なんとなくわかりました。では、話を戻してゴシックのことですが、ゴシックはそうしたフライング・バットレスやオジーヴをもってどうなっていったんですか。

A：ゴシックはいろいろの焦点の準備をするんです。ステンドグラスもそうだし、タペストリーも。そういうものがどこで製作されたかによって、その後の歴史が変わるんです。タペストリーならフランドル地方が製作地で、だからのちにそこからフランドル絵画が出てきた。オランダ絵画のルーツははっきりいってタペストリーですよ。ルネサンス絵画のルーツは城内演劇としてのタブロー・ヴィヴァンです。書割《かきわり》舞台ですね。

Q：ああ、そういうことですか。なるほど。ほかにもそういう例はありますか。

A：たとえばゴシック聖堂の正面扉口に板絵が集中して発達した。これがジョットやファン・アイクの板絵になっていく。正面の板絵というところが大事です。

Q：ああ、そうか。それもそういうことだったんだ。それでゴシックはどうなるんです？

A：あとは自分でやりなさい。どんな様式もそうだけれど、ゴシックは拡散して各地に飛び火するわけで、それをふつうは国際ゴシック様式といっている。そのひとつがフィレンツェのサンタ・クロチェ聖堂になって、そこからじょじょにルネサンスが開花する。もう十四世紀ですね。ダンテの時代。

Q：絵画もですか。

A：キリスト教社会のお膝元《ひざもと》のアヴィニヨンの教皇庁の近くにゴシックが飛び火したのがシエナ派で、ここにはぼくの好きなドゥッチオやシモーネ・マルティーニとかが出ますね。あとのフィレンツェ・ルネサンスにくらべて格段に中世的ですよ。ダンテとジョットを結びつけるのはシエナ派だね。

Q：なんだか松岡さんがたのしんで、頭の中のハイパーリンクを辿《たど》っているような話ばかりになりましたね。

A：それは、そんなことをわざわざ聞くからだよ。ぼくはべつだん説明したいわけじゃない。それにヨーロッパの研究は、ぼくはほとんどの問題で入口にいるにすぎませんよ。

Q：でも、かなり気になることが多いようですね。
A：それは日本を知るためにも必要なんです。
Q：アメリカは参考になりませんか？
A：アメリカについては個人の才能を気にすればいいでしょう。大統領とか絵の値段とか株なんて気にしちゃ終わりだよ。どうしてもアメリカを気にしたいなら歴史や様式は関係ない。ジャズとロックを気にしたほうがいい。
Q：はあ、そういうことですか。
A：はい、そうです。では、おしまい。

[付] アンリ・フォションの『ゴシック』は、『ロマネスク』（鹿島出版会）の続篇で、原書では“Art d'Occident”という一冊にあたる。ほかにゴシック論は本文中にもあげたヴォリンガーの『ゴシック美術形式論』（岩崎美術社→文春学藝ライブラリー）やフローレンス・ドイヒラーの『ゴシック美術』（グラフィック社）、パノフスキーの『ゴシック建築とスコラ学』（平凡社→ちくま学芸文庫）、ジョン・サマーソンの『天上の館』（鹿島出版会）など、いくらでもあるが、フォションの一冊だけが断然に光っている。フライング・バットレスのことはたいていの建築書でもわかるが、オジーヴのことは建築書でもちゃんと言及できていない。これからの課題であろう。

第一〇九八夜　二〇〇六年一月二三日

参照千夜

九二八夜：パノフスキー『イコノロジー研究』　一〇一二夜：グスタフ・ルネ・ホッケ『迷宮としての世界』　一三夜：バルトルシャイティス『幻想の中世』　二九九夜：若桑みどり『イメージの歴史』　四四二夜：高山宏『綺想の饗宴』　二五夜：ダ・ヴィンチ『レオナルド・ダ・ヴィンチの手記』　七七八夜：ウィトルーウィウス『建築書』　一二二一夜：ジャック・リンゼー『ターナー』　七九九夜：プラトン『国家』　三四五夜：オリゲネス『諸原理について』　一一〇三夜：ナム・ジュン・パイク『バイ・バイ・キップリング』　六三夜：伊藤ていじ『重源』　四一六夜：松谷健二『東ゴート興亡史』　五七三夜：トマス・ブルフィンチ『シャルルマーニュ伝説』　九六二夜：ユゴー『レ・ミゼラブル』　九九〇夜：ユイスマンス『さかしま』　二二九夜：ジュリオ・カルロ・アルガン『ブルネッレスキ』　九一三夜：ダンテ『神曲』　八四二夜：スピノザ『エチカ』　一〇四五夜：ジョン・ラスキン『近代画家論』　八九五夜：フロイト『モーセと一神教』　一〇九六夜：ローリー・ライル『ジョージア・オキーフ』　九九八夜：滝沢馬琴『南総里見八犬伝』　一一八二夜：パース『パース著作集』　三〇九夜：ホルスト・ブレーデカンプ『古代憧憬と機械信仰』　一四〇夜：ルネ・ユイグ『かたちと力』

物語《ストーリー》が歴史《ヒストリー》になるために、
フランク王国がつくりあげた伝説の装置。

トマス・ブルフィンチ

シャルルマーニュ伝説

市場泰男訳　現代教養文庫（社会思想社）一九九四
Thomas Bulfinch: Legends of Charlemagne 1862

いったい歴史が物語をつくるのか、そもそも物語ができたから歴史を語れるようになったのか、しばしば思いに耽《ふけ》ることがある。世界観というものがどのように形成されるのかということを考えていくとき、この歴史と物語の相克の微妙に心を奪われる。

人間には理性と欲望が葛藤《かっとう》している。物語には理知の制御と拡張がはたらく。この両者のあいだの何かの「観念」の行き来から歴史的世界観が煮沸《しゃふつ》されていったにちがいない。プラトンやアリストテレスは世界観そのものに向かった。哲学はもともと世界装置の上に坐《すわ》っている。

神話や宗教も、もうひとつの世界の可能性を訴える。だから神話と宗教と哲学が世界観の下地をつくったのだろうが、しかし、ヘロドトスやトゥキディデスや司馬遷は出来事の歴史を綴って、世界を提示してみせたのである。

かれらは史人《ふひと》だった。出来事の情報を集め、並び方を組み立て、これを歴史（history）にしていった。そのヒストリーはストーリー（story）で構成された。そこには領域が特定され、登場人物が出入りした。出入りのあれこれを調べていくと「王」がいて「国」の恰好が見えてきた。世界は「神」と「王」と「国」によって語れたのである。

史人《ふひと》の前には語り部がいたはずである。また文字文化が発達してからは、文書や断簡や記録表があったはずである。交易品や装飾品もあった。これらはすべて「情報」だった。してみると、世界は語り部の言葉や交易記録や埋葬された装飾品から再構成されるべきでもあったのである。

これは宗教者や哲学者の情熱や理知からは生まれない。それでも、このようなヒストリーにストーリーを埋めこむ方法こそ新たな理性によるものだったのである。

トマス・ブルフィンチ（一七九六〜一八六七）のレジェンド・シリーズは、ずっと昔の野上彌生子《やえこ》さんの訳本でお世話になってきた。たしか最初は『ギリシア・ローマ神話』（原題「寓話《ぐうわ》の時代」）、ついでは『中世騎士物語』（原題「騎士の時代」）だったと思う。ブルフィンチがうまいのか野上さんの訳がうまいのかはわからなかったが、ずいぶん愉《たの》しませてもらった。ついでながら、ぼくがホメーロスに最初に遊べたのは野上豊一郎さんの案内による。豊一郎・彌生子さんは御夫婦だった。

だいたい神話や伝説というものは、なるべく子供のころや若いうちに聞き物語か読み物語として体験しておくにこしたことはない。ギリシア神話、ケルト神話、『聖書』『古事記』なども子供のころに読み聞かされていたかどうかで、ぐっと親密感が変わってくる。ぼくは鈴木三重吉の『古事記物語』（角川ソフィア文庫）など、もっと早く読めばよかったと思っている。それを松本信広や三品《みしな》彰英あたりから先に入ったために、つねに学説につきあわされてしまった。学問的な議論などは、子供のころに物語を知ったあとで好きに補給すればよい。

かつてこのことを倉橋由美子さんに諭されたことがある。ぼくが二四歳のころだ。そのとき倉橋さんは、ただちにホメーロスの『イーリアス』を薦めたものだった。高校生は早く神話を知りなさいというのだ。ぼくが「ハイスクール・ライフ」に倉橋さんが高校生に薦める一冊の本を頼んだときのことである。

またまたついでにいえば、中国の神話や韓国の伝説を小さいころから聞かされてこなかったことが、今後の日本人の〝隠れた病因〟になるような気もしている。

だから本書のような歴史啓蒙書を目くじらたてて議論するのは野暮だろう。ぼくはブルフィンチの『ギリシア・ローマ神話』をカール・ケレーニイやミルチャ・エリアーデよりずっとずっと前に読んだことを僥倖《ぎょうこう》だったとすら思っているのだ。それにブルフィンチは、こういう神話や伝説をまとめるのがべらぼうに、うまかった。建築家チャールズ・ブルフィンチの息子で、ハーバード大学を出てからはずっとボストンの銀行員をしていたのだが、五十歳をすぎてギリシア・ローマ神話のダイジェストに取り組んだ。それが大好評だったので、次々にレジェンド・シリーズを書いた。

語学に堪能で数ヵ国語ができたこと、生涯を独身で通したこと、他国の歴史を無視しがちなアメリカ人に伝説と歴史というものがいかに重要かということを知らせたいという使命をもっていたことなどが、ブルフィンチの集中力と文章力と編集力を高めたのだろうが、なによりも歴史の背景と物語の背景を混乱することなく交互に記述するのに長けている。

本書は「ロマンス」(romance)とは何かということをあますところなく伝える物語の解説で溢《あふ》れている。本来の意味でのロマンスの中心になっているのは、フランス語の「武勲詩」(シャンソン・ド・ジェスト)だったのである。

なかでも『ロランの歌』(岩波文庫)は歴史の一舞台を背景に、最も古くて有名な武勲詩になっている。ロマンスとはこの武勲詩におこる出来事をさす。それ以外のことはロマンスとは言わない。これがロマンスの原則だ。興味深いのは、これらの武勲詩がシャルルマーニュ伝説というかたちをとって伝承され、しかもそれが長らくフランス語で綴られてきたということである。もっとちゃんといえば、フランス語という言語はこの物語によってフランス語になったといってよい。それまでフランス語はなかったのだ。それは『アーサー王物語』が英語を、『神曲』がイタリア語を、『平家物語』や『太平記』が日本語をつくったこととよく似ている。

フランス語のシャルルマーニュはドイツ語のカール大帝のことをさす。森の中のアーヘンに宮都を建設したフランク王国の大帝だ。八〇〇年のクリスマスの日に、教皇レオ三世から西ローマ帝国の皇帝の位を授与された。シャルルがカールで、マーニュは「偉大な人」の意味だ。

おじいさんがカール・マルテルで、七三二年にトゥール・ポワティエの戦いでイスラム軍を破り、これによってヨーロッパはイスラム圏にならないですんだ。ヨーロッパの最後の一線を守った将軍である。いまでもヨーロッパ共同体「EU」の起源はカール・マルテル将軍が築いたと偲《しの》ばれている。マルテルはフランス語で「鉄槌《てっつい》」の意味をもつ。まさにそういう将軍だった。その子がピピン三世（小ピピン）で、そのピピンの子がカール大帝ことシャルルマーニュになる。

ヨーロッパ（とくにフランスとドイツとイタリア）でシャルルマーニュ伝説というばあいは、この鉄槌将軍マルテルとカール（シャルル）大帝とをごっちゃにまぜこぜ伝承することが〝常識〟になっている。イギリス人がアーサー王伝説の諸場面をいちいち歴史区分などしないのと同じことだ。日本でいえば道真伝説や将門《まさかど》伝説が各地にいろいろ跳梁跋扈《ちょうりょうばっこ》しているのと同じことだと見ればよい。

少し歴史の流れを追っておく。四七六年に西ローマ帝国が滅亡した。傭兵《ようへい》隊長オドアケルによる積極的画策だった。しばらくしてライン川東岸にいたフランク族が北ガリアに侵入した。サリ支族とリブアリ支族がいたが、サリの中のメロヴィング家の領袖《りょうしゅう》クローヴィスが一族を統合し、四八一年に北ガリアにフランク王国を建国した。メロヴィング朝である。

クローヴィスは他のゲルマン諸族がアリウス派のキリスト教に傾いたのに対して、改宗してアタナシウス派に帰依した。これが功を奏して、フランク王国とローマ・カトリック教会との紐帯《ちゅうたい》が濃くなった。クローヴィスがパリのシテ島で死ぬとゲルマン法の相続規定にもとづいて、王国は東北部のアウストラシア（中心はメッス）、中西部のネウストリア（中心はパリ）、東部のブルグント（中心はオルレアン）の三国に分割され、ここからは戦闘と陰謀と騎士のロマンがそれぞれの領土と森にめくるめく。

三分国のメロヴィング朝を統合していったのは、アウストラシアの軍勢をまとめたカール・マルテルだ。時まさにムハンマドの後継者となったカリフたちのイスラム軍がイベリア半島からフランク王国領土に攻め入ろうとしていた時期である。マルテルはトゥール・ポワティエにこれを迎えて撃破する。七三二年のことだ。以後、ヨーロッパがイスラムから守られたのは、この戦いによる。

カール・マルテルのあとはピピン三世（小ピピン）が継ぎ、メロヴィング家の王を廃して自身でフランク国の王位に就いた。カロリング朝のスタートだ。

このときピピンはローマ・カトリック教会の権威を引きこみ、「塗油の儀式」を教会様式に則《のっと》っていったため、これでカロリング朝はヨーロッパにおけるキリスト教的王権の政治的確立の規範となった。

ピピンが死ぬとカール一世（大帝）が即位して、カロリング・ルネサンスといわれるほどの宮廷文化力が発揮されるのだが、カール自身は分国の境界を拡張するための戦闘にあけくれた。その一方では、七八七年に第二回ニカイア宗教会議を開いて聖像破壊（イコノクラスム）をめぐる論争を優位に導いたり、七九四年にフランクフルト教会会議を設けたり、フランク王が教皇より上位にある可能性を知らしめた。

こうして八〇〇年のクリスマスの日、ローマのサン・ピエトロ寺院（聖ペトロ大聖堂）において、カール一世はカール大帝として、すなわちシャルルマーニュとして戴冠《たいかん》されるのである。「いとも清らかなるカルルス・アウグストゥス、神によって戴冠されたる、偉大にして平和を愛する皇帝、ローマ帝国を統《す》べ、かつ神の恩寵《おんちょう》によりフランク人とランゴバルト人の王たる者」という称号だ。

戴冠記念のコインには、ローマ様式の自像を刻ませ、印璽《いんじ》もコンスタンティヌス帝のものを模倣し、その裏側には「ローマ帝権の革新」(renovatio imperii) と刻ませた。古代ローマ様式の復興が宣言されたのだ。当然、古典ラテン語が重視され、アルクインらの文人が活躍するとともに、宮都アーヘンの建造物もローマ風を追った。カロリング・ルネサンスの名はここに浮上する。

カール大帝のフランク王国がその後どうなったかといえば、八四三年のヴェルダン条約で三分割された。ルートヴィヒ二世の東フランク王国、カール二世（禿頭王）の西フランク王国、イタリア皇帝のロタール一世の中部フランクが領土継承した。それぞれ、のちのドイツ、フランス、イタリアにあたる。

こうして「西欧としてのヨーロッパ」は、ここにローマ近辺の教皇領、北東ドイツのフランク王宗主圏、その他の蛮族の勢力圏に分かれて成立することになった。中世ヨーロッパの確立だ。

各地に中心都市「キヴィタス」(civitas：都市・国家・政治的共同体) が栄え、地方統治は「伯」

(英 Count／独 Graf／仏 Comte) に任され、政治色の強いコメスと官僚色の強いグラフィオが君臨した。なかでバイエルンなどがそうなのだが、広い土地をもち伝統を重んじる者は「侯」(marchio) となり、さらに広域の統治者となった者は「公」(Herzog) と称されるようになった。

さて、最近とくに感じていることなのだが、歴史学がやたらに発達し、アナール派の努力によってどんな細部の伝承も歴史に照らすことが可能になったのはいいのだが、どうもそのぶん「物語のなかで歴史を感じる」という習慣が頓《とみ》になくなってきたようなのだ。history は story から生まれたのに、なんだか母や叔父《おじ》に聞かされてきた歴史語りが生きなくなってきて、いちいち「それは史実とちがっている」という異議申し立てに耳を傾けざるをえなくなっている。これは少々つまらない。「物語で歴史に入っていく」のではなく「歴史が物語を解体する」というふうになりすぎた。

歴史学が正確な体系になっていくのはいい。しかしそれとはべつに物語として語り伝えられていく伝習は残ったほうがいい。司馬遷やヘロドトスの語りは歴史学ではなく、歴史物語なのである。ロマンスを騎士道や武勲詩とともに親しむのは、研究生活ではなく文化なのである。歌舞伎の大星由良之助は大石内蔵助《くらのすけ》ではないわけなのだ。

シャルルマーニュ伝説における騎士ロラン（イタリア語読みならオルランド）の活躍も、史実が物語を支え、物語が史実を豊かなものにした典型的な例である。歴史的にいえばカール大帝がイベリア半島のイスラム軍（物語ではサラセン軍、歴史上はザクセン人）を討伐遠征したときの一エピソードであって、史実をいうのなら七七八年にカール大帝の軍が帰路でサラゴサからピレネーを越えたとき、山中のロンスヴォーでバスク人の攻撃をうけた八月十五日の事件に取材しているということになるのだが、その戦闘で華々しく死んだ英雄ロランがシャルルマーニュ伝説全体では多様にふくれあがって、もっといろいろの場面で跋扈することになったのである。物語とはこうしたものなのだ。ヒストリーとストーリーは分かちがたいものなのだ。

ヨーロッパの武勲伝承は、各地のミンストレルやトルバドゥールやトルヴェールなどの吟遊詩人や語り部たちが伝えてきたことだった。そこには「たくさんの中心」というものがあり、その多中心性がおもしろい。なまじ史的な統一などしないほうがいいのは当然であるし、それに、これらの多中心性こそがのちに「文学」というものをつくった土壌なのでもあった。

ブルフィンチの本書も『ロランの歌』のような武勲詩だけを素材にしていない。十五世紀のマッテオ・ボイアルドの叙事詩『恋するオルランド』や十六世紀初頭のルドヴィコ・アリオストの異色作『狂えるオルランド』（名古屋大学出版会）という大作を下地につかい、そのダイジェストに武勲詩を結びつけている。これらはイタリア語によって武勲文学の劈頭《へきとう》を拓いたもので、たとえていうなら上田秋成が中国の白話小説を日本語にして和風化してしまったようなものだと思えばいいのだが、その文学的編集があまりにゆきとどいているために、ブルフィンチはそのシナリオを本書の下敷きに導入したにちがいない。

が、それでよかったのである。物語の紹介は、もともとの物語そのものを下敷きにして、そこへ新たに物語を加えていくという「物語が物語を生む」編集的方法によってこそ伝習されるべきものであるからだ。それが history と story のちがいになる。

シャルルマーニュ伝説自体は多中心にできている。なんといってもアーサー王の円卓の騎士や真田十勇士とまったく同様の十二人の勇士「パラディン」（あるいはピヤーズ）がいる。これらが入れかわり立ちかわり主人公になる。

十二勇士とはいえ、いつも同じメンバーではない。時と場によって入れ替わる。中心の騎士はロラン（オルランド）で、シャルルマーニュの想像上の甥《おい》として設定されている。ほかにロランの従兄弟《いとこ》リナルド、バイエルン公のナモ、ブルターニュ王のサロモン、大司教チュルバン、月に行ってしまったイングランドのアストルフォ（この伝説こそのちのシラノ・ド・ベルジュラックの月世界旅行などの先駆的母型になる）、魔法使いのマラジジ、デンマークの英雄として知られるオジエ・ル・ダノワ、裏切り者にされてしまったガヌロン、賢人ネイムスなどがいる。

これらの多中心型の主人公たちには、それぞれ極め付きがつく。たとえばロランの剣はデュランダル、馬はヴェイランティフやブリリアドロやバヤールの名馬、さらにこれにのちのロランの象徴となった魔法の角笛《つのぶえ》がつく。牛若丸といえば高下駄、弁慶といえば薙刀《なぎなた》、塩原多助といえば馬、『忠臣蔵』の定五郎といえば蛇《じゃ》の目《め》傘が付き物だというのと同じことである。このほかたくさんの道具立てがあるのだが、そのなかには魔術師マラジジが生み出す精霊アシュタロトなどもまじってくる。

物語では、妖怪《ようかい》も精霊も死者の亡霊も、紋章も馬も匣《はこ》も、みんな等しく登場人物なのである。さすがに歴史学では、これができない。

かくてシャルルマーニュ伝説には人物からも極め付きからも精霊からも、自在に出入りできるようになる。物語というもの、ぜひともこのような伝説構造を生かしたままで伝わったほうがいい。

［付］シャルルマーニュ伝説を構成する多様な素材はキリなくあるが、まずは『ロランの歌』（岩波文庫）である。背景の騎士道やロマンスについては、本書の姉妹版にあたるブルフィンチの『中世騎士物語』（岩波文庫）、堀越孝一『騎士道の夢・死の日常』（人文書院）、ヨアヒム・ブムケ『中世の騎士文化』（白水社）、ド・クランシャン『騎士道』（文

庫クセジュ)、シドニー・ペインター『フランス騎士道』(松柏社)、グラント・オーデン『西洋騎士道事典』(原書房)などが入手しやすい。シャルルマーニュ自身の歴史については、古典となったエインハルドゥス『カロルス大帝伝』(筑摩書房)、ブウサール『シャルルマーニュの時代』(平凡社)、フォルツ『シャルルマーニュの戴冠』(白水社)のほか、五十嵐修『地上の夢　キリスト教帝国』(講談社選書メチエ)が〝カール大帝のヨーロッパ〟の副題のもとかなり詳細な見取り図を提供してくれている。吟遊詩人のことが知りたければ、まずはアンリ・ダヴァンソン『トゥルバドゥール』(筑摩叢書)を薦めたい。

第五七三夜　二〇〇二年七月四日

参照千夜

七九九夜：プラトン『国家』　二九一夜：アリストテレス『形而上学』　九三四夜：野上彌生子『秀吉と利休』　九九九夜：ホメーロス『オデュッセイアー』　一〇四〇夜：倉橋由美子『聖少女』　一〇〇二夜：エリアーデ『聖なる空間と時間』　九一三夜：ダンテ『神曲』　四四七夜：上田秋成『雨月物語』

マキアヴェリ曰く、国も君主も誑《たぶら》かされる前に、相手を誑かしておきなさい。

ニッコロ・マキアヴェリ

君主論

黒田正利訳　岩波文庫　一九五九／池田廉訳　中公文庫　一九九五
大岩誠訳　角川ソフィア文庫　二〇一二
Niccolo Machiavelli: Il Principe 1513?

こんな話がある。ヘンリー・キッシンジャーは、インタビューをうけると十回に一回は「それであなたは、マキアヴェリの影響をうけたんですか」と聞かれることを、うんざりした口調で回想していたというのだ。そのつど、「どんな影響もない」と答えたようだ。

キッシンジャーが汗を拭《ふ》きながら、自分がマキアヴェリストではないことを抗弁している様子が目に浮ぶエピソードだが、ことほどさようにマキアヴェリズムという言葉ほど誤解されてきた言葉はめずらしい。「目的のためには手段を選ばなくていい」などと、マキアヴェリは一度も書いていないし、『君主論』のどこを読んでもそのような論旨が展開されているところはない。

マキアヴェリが仕えたメディチ家の当主たち、およびマキアヴェリが接したチェーザレ・ボルジアやマクシミリアンやユリウス二世に共通して欠けていたのは、どんな事態のなかでも発揮できる柔軟性だと、マキアヴェリは何度も口をすっぱくして言ったのである。

おそらくマキアヴェリズムと柔軟性なんて、ほとんど結びつかないと考えられてきたにちがいない。少なくともキッシンジャーをインタビューした連中においては。しかしマキアヴェリほど柔軟だった政治哲学者はいない。マキアヴェリほど君主に注文をつけた思想家もいない。

ニッコロ・マキアヴェリは外交官である。きわめてバランスがとれて、すこぶる理知的だった。とくにフィレンツェ共和国でさまざまな要職に就いた経験から学んだ。そこでマキアヴェリが結論づけたことは明快だった。

第一に、政治の目的はどんな状況下でも「国を維持すること」であると論じた。どのような国にするかというより、まずその国自体を維持することが重要で、そこに照準がないかぎり何をしても始まらないとマキアヴェリは考えた。

第二に、そのように維持されるべき国にとって最も重要な土台は「良き法」と「良き軍隊」だと説いた。ただしこのことについては急いで注文をつけている。「良き法」よりも「良き軍隊」のほうがずっと重要であると強調した。なぜならば「良き軍隊」がないところに「良き法」など育たないからだ。

第三に、国は二つの友をもたなければならないと強調した。すなわち市民の力（これは民兵になる力のこと）と、もうひとつは同盟国という友である。こういうところはマキアヴェリはとくに明快だった。

第四に、マキアヴェリが君主すなわち国のリーダー（国王・大統領・首相など）に要求したことは、ヴィルトゥ（ヴィルトゥース）、すなわち「力量」というものだった。君主は自身の力量を知らねばならず、民もまた君主の力量を判定しなければならない。ヴィルトゥ（力量）については、マキアヴェリはほとんど譫言《うわごと》に近い調子で、何度もその重要性をくりかえす。

第五に、君主は「良くない人間になりうること」を学ぶ必要があり、必要が命ずるときはそれを実行しなければならないと言う。このあたりがいわゆる「悪のマキアヴェリズム」と見られてしまうところだが、しかしマキアヴェリはここでも注意書きをつけたのである。それが核心的だった。それらの言動は決して不正と見えてはならないということなのだ。

マキアヴェリは善悪の判定などというものは周囲の観察や歴史の進行でどちらにも転ぶものだが、不正はリーダーの行く手を阻むものなのでちゃんと管理すべきだと喝破していたのだ。

第六に、マキアヴェリはこうしたことのすべてを包む力として「運命」（フォルトゥーナ）の重要性をあげる。このフォルトゥーナをめぐってマキアヴェリが何を考えようとしていたかということは、かつてからさまざまな議論が噴出してきた。しかし、「運命」や「宿命」がヨーロッパの宗教・哲学・文学のいずれをもつねに強圧的に覆っていたことをみれば、マキアヴェリの理想哲学にも「神の覗《のぞ》き穴」があいていたということなのだろうと思う。事態がきわまれば、もはや運命に任せなさいというのだ。

まだいろいろなことを書いてはいるが、絞ればマキアヴェリの主張はこのような点に立脚していた。こうしたことは『君主論』を読めばまちがいなく抽出できる政治哲学なのである。もっとわかりやすくいえば「政治の理性」なのである。

これを読みまちがえる余地はない。それなのになぜマキアヴェリが誤解されてきたかというと、おそらく考えられることはひとつしかない。世間では、とくに政治的な社会では、あからさまに行動の意図の真実を正当に評価しない仮面思考がまかり通っているからである。現実の政治社会では、偽善も偽悪も受け入れられる余地がないということなのだ。マキアヴェリが真実を語ったかどうかではなく、そのことを偽悪的に語ったことが気にくわないのだ。

しかしマキアヴェリは、偽悪どころか意図と現実のあいだで矛盾する問題をあからさまに語りあげてみせただけなのである。

ところが、政治的な社会にいる者たちはこのような表明に耐えられない。そういう社会ではありのままの真実を語ることはタブーなのである。とりわけ権力の意図を表明することは嫌われる。そこで、たとえばフリードリヒ大王などは、まさに反マキアヴェリ者としての君主像をめざした。

もうひとつマキアヴェリが誤解されてきた理由には、マキアヴェリが君主を「至高」に導こうとしなかったと見えるということがある。

キリスト教社会においては、そもそも人心は努力すれば向上し、汚れなきものに少しずつは進むはずだという共通の約束事のようなものがある。とくに君主は道徳的にも至高の者であってほしい。しかしマキアヴェリはそのようなことをあえて示さなかった。むしろ、そのような約束事が社会にあるにもかかわらず、社会というものは醜く争うものだということを前提にした。

これでは、マキアヴェリを悪の称賛者に仕立てるのは容易だ。『君主論』を称揚したのがクロムウェルやメッテルニヒやムッソリーニのような、図抜けて独断的な決断者たちだったことも禍いした。

他方、マキアヴェリの〝真実〟をはやくに指摘した者たちも少なくなかった。ドゥニ・ディドロやジャン＝ジャック・ルソーらがそうで、かれら啓蒙《けいもう》思想家たちは最初からマキアヴェリの構想を共和政治の理想とみなしていた。こちらこそ炯眼《けいがん》である。とくにマキアヴェリをまっとうに評価したのはフィヒテであり、ランケであった。歴史を深く見抜いている者は、たいていマキアヴェリを正確に読めたのである。


マキアヴェリは一四六九年にフィレンツェの旧家だが貧しい家に生まれた。高等教育は受けられなかったが、子供の頃からギリシア古典やローマ文芸に親しんだ。

マキアヴェリの青少年期のフィレンツェは大ロレンツォ（ロレンツォ・メディチ）の独裁ののち、メディチ家のフィレンツェ追放という異常事態がおこった時期で、いったんは支持を集めたサヴォナローラの狂信的な神権政治と、その失脚と処刑が眼前にくりひろげられていた。

マキアヴェリが最初の要職に就いたのは、ピエロ・ソデリーニ政権のもとのこと、第二書記局長というポストだ。二九歳になっていた。内政と軍政を所轄して、各都市との折衝にかかわった。このときピサ問題が浮上した。海をもたないフィレンツェにはピサの港湾を自由につかえることが重要な前提だったのだが、ピサが言うことを聞かなくなったのである。

そこで傭兵《ようへい》隊長だったパオロ・ヴィテッリをフィレンツェ共和国軍最高司令官にしてピサを攻撃したのだが、なかなかうまくいかない。司令官が迷い、攻めと撤退をまちがえたのだ。やむなくミラノを占拠していたフランス王ルイ十二世と同盟を結び、フランス王が次のナポリ攻略のために必要とする資金をフィレンツェが提供するかわりに、ピサ攻略のためのスイス傭兵五〇〇〇人を借りるというバーター取引きをした。ちょうど十六世紀が始まる一五〇〇年のことだ。

けれども、いざ進軍となるとフランス王からの援軍は命令系統がなっていない。南下すべきところを迂《う》回《かい》し、ピサに入っても破壊だけをして、取り締まらない。軍顧問の副官として動いていたマキアヴェリは呆《あき》れてしまう。こうしてマキアヴェリの進言によってフィレンツェは自国軍の創設に向かうのだが、問題は君主である。ソデリーニではまとまらない。一五一二年にジョヴァンニ・デ・メディチがトップになった政権でも、連携すべきハプスブルク家スペインに屈服してしまった。

マキアヴェリも反メディチの嫌疑で投獄され、特赦を得たもののフィレンツェ郊外での隠居をさせられた。そこで綴《つづ》ったのが『君主論』なのである。

いったい君主や兵士は何によって誑《たぶら》かされてしまうのか。では、誑かすとはどういうことなのか。マキアヴェリはよくよく熟考し、よくよく「国」と「君」のことを練り上げる。

マキアヴェリが理想とした国家は今日の用語でいえば国民国家にあたる。その視点がどこから出てきたかといえば、どうもルネサンスの人文主義的な秘密集会に根差しているように思われる。

そもそも『君主論』自体がマキアヴェリにとっては、一個の「作品」だったようなところがある。もっと正確にいえば、マキアヴェリにとっては「国家」もまた一個の「作品」なのである。それほどに愛《いと》しいものなのだ。のちにマキアヴェリは大著『フィレンツェ史』（岩波文庫）をへて、まことに幻想的な『マンドラーゴラ』（筑摩書房「全集」第四巻）という物語作品を書く。ぼくは『君主論』より先にこちらのほうを読んだのだが、たいへんよくできた神秘主義的な作品になっている。

それでかえってぼくなりのマキアヴェリ読みができたのかもしれないが、そういえば『君主論』にはどこか劇的なところがあるし、登場人物こそ振り当てられていないものの、全体としては「国家の演劇」のような印象があったのである。そこには国家が生活しているというサイズがない。透明だとは言わないが、現実のサイズがなく、むしろ「凝縮した政庁」のようなものが浮かび出てくる。つまりは、マキアヴェリは「君主政治の世界模型」を作品化したかったのではないか。そういう気がするのだ。

そこで、当時、ふと思いついていたことなのだが、これはひょっとすると、マキアヴェリは中世に芽生え、ルネサンスに育《はぐく》まれた秘密結社のルールに強い関心をもっていたのではないかということだ。

秘密結社は外部からその内実が見えないようにさまざまな意匠を凝らし、その統制をゆきとどかせるわけであるが、マキアヴェリの国家にもそういう面がある。共和政治の体制をとっているのに、外敵からはその本質が容易に見えない。つまりはマキアヴェリの国は「マンドラーゴラの国」なのだ。

そういう『君主論』の指摘に従った君主がいたとすれば、どんな君主なのだろうか。大きい国にはマキアヴェリストは似合うまい。日本でいえば関白や将軍ではいささか大きすぎるのだ。しばしば後白河法皇や信長をマキアヴェリストに見立てるが、これはマキアヴェリの望んだ姿ではあるまい。

むしろマキアヴェリの言い方でいえば、「運命」（フォルトゥーナ）をすぐに定めとして感じてしまう者がいい。そういう目から見ると、藩主や家元や創業者の息子たちの、日本でいえばいわゆる「世襲の者」たちこそが、正統派マキアヴェリストなのである。すでにそこに君主の演劇が進行していること、そこに着任すること、それがマキアヴェリストの条件なのではあるまいか。

とするならば、近現代史である程度の安定期をつくれた政治家は、その大半がマキアヴェリストだったということになり、むしろマキアヴェリ知らずの者が失敗ばかりしていたということになる。このあたり、ぼくは塩野七生さんの見方に賛成する。

なお本書は最初、中央公論社の「世界の名著」に入ったもので、それで初読した。今夜とりあげたのはその訳にさらに手が入ったもので、「新訳」と銘打たれている。

第六一〇夜　二〇〇二年九月二日

参照千夜

一八〇夜：ディドロ&ダランベール『百科全書』　六六三夜：ルソー『孤独な散歩者の夢想』　三九〇夜：フィヒテ『ドイツ国民に告ぐ』　八八六夜：モンテーニュ『エセー』　三二七夜：ジョン・ダワー『吉田茂とその時代』　七六九夜：佐野眞一『巨怪伝』　一一三四夜：加来耕三『日本創業者列伝』

第二章 理性による世界作成

フィリップ・レクリヴァン『イエズス会』
大木英夫『ピューリタン』
トマス・ホッブズ『リヴァイアサン』
ベルント・レック『歴史のアウトサイダー』
グスタフ・ルネ・ホッケ『迷宮としての世界』
フランセス・イエイツ『世界劇場』
バルーフ・デ・スピノザ『エチカ』
ゴットフリート・ライプニッツ『ライプニッツ著作集』
ジャンバッティスタ・ヴィーコ『新しい学』

カトリックの復権のために
イグナティウス・ロヨラが仕組んだソサエティの使命《ミッション》。

フィリップ・レクリヴァン

イエズス会

垂水洋子訳　知の再発見双書（創元社）　一九九六
Philippe Lécrivain: Les Missions Jésuites 1991

イエズス会はぼくがずっと気になってきたソサエティのひとつである。歴史上のソサエティであって、「世界観」を広げたソサエティであり、いまなお存続するソサエティだ。そのわりに深い理解がされていない。

ルネサンスの宗教改革によってプロテスタントが登場して勢いをもち、それに危機感をもったカトリック側が巻き返しをはかろうとしてイエズス会が生まれたという説明には、あまりにも解読の鍵《かぎ》がない。イエズス会はその程度の結社ではない。事績も興味深いし、それらに言及した書籍も見逃せない。ところどころぐんと深くなる。

たとえばエチオピアにおけるペドロ・パエスである。この宣教師はなんとエチオピア皇帝を改宗させた。たとえばロラン・バルトの『サド、フーリエ、ロヨラ』（みすず書房）である。そこでバルトはロヨラを記号文化で解読した。たとえば「インカルチュレーション」という造語である。これは日本に一九四〇年から二八年間滞在し、一九六五年から十八年間にわたりイエズス会総長をつとめたペドロ・アルペ神父がさかんにつかっていた言葉で、「インカーネーション」ではなくて、文化の受肉を意味していた。こういうような三つの事項をやすやすと結んで説明するものがイエズス会なのである。

いろいろ考えさせられるところが多い。

ひとつ、なぜイエズス会士はヨーロッパの伝統である神父や修道士の古い修行生活様式を捨て、苛酷《かこく》な世界への派遣士となったのか。ひとつ、なぜイエズス会士は異国での想像を絶する苦難や自己犠牲を惧《おそ》れないのか。また、その土地の王や皇帝や首長に向かえるのか。日本に来た宣教師たちも、すぐに大名や信長に会ったのだ。ひとつ、なぜイエズス会には完璧なドキュメントが残るのか。よほどに文書力があったのである。ひとつ、なぜイエズス会士は外国語にあれほど短期間に堪能になるのか……。

イエズス会の会員はフランシスコ・ザビエルの頃も現在も、そのあいだもずうっと二万人から三万人なのである。これはどうしてなのか。なぜ、ふえないのだろうか。臨界数でもあるのだろうか。それとも期せずしてそうなっているのだろうか。いずれにも関心がある。いずれの謎もぼくには解けないけれど、とてもチャーミングな謎なのだ。そんなこともあって、正直なことをいうと、ぼくは何度かイエズス会に潜伏したくなったほどなのだ。

この本は「知の再発見双書」というシリーズに入っている。原著がガリマール書店で誕生して半年後、ぼくのところにパリの知人から数冊ずつの単位で原書の新刊本が送られてきた。この知人は海外の稀覯本《きこうぼん》を探しだす本のジゴロでもあって、ダンテの『神曲』の〝骨董品《こっとうひん》〟が出まわるたびに知らせてくれた。それとともに新たなエンサイクロペディアものが刊行されると、その見本を届けてくれた。

案にたがわず、このシリーズも出来のいい編集だった。一種のミニ・エンサイクロペディアで、『文字の歴史』『マヤ文明』『化石の博物誌』『フロイト』『十字軍』『日本の開国』『ケルト人』『魔女狩り』など、おそらく一〇〇巻以上にわたっている。

こういうものは日本にも紹介されるといいなと思っていたところ、創元社から日本語版が刊行され始めた。この手を任せれば異能的なデザインを施す戸田ツトム君による造本設計もいい。そんなには売れることがないのだろうけれど、応援したい。

本書はそのシリーズのなかの一冊で、他のものと同様ふんだんに図版が掲載され、濃縮した解説に満ちている。後半に歴史上の識者や文書から引いた〝証言〟があるのも、本書の視線を構造的なものにしている。

イエズス会（ジェスイット会）はイグナティウス・デ・ロヨラが一五二二年から翌年にかけてマンレサの洞窟《どうくつ》で悶々と黙想していたときのヴィジョンに胚胎《はいたい》した。それはヴィジョンであって、まだソサエティではなかった。

それから十一年後の一五三四年八月十五日、ロヨラを中心に最初の同志六人がモンマルトルの丘で有名な誓願をし、さらにその六年後に教皇パウロ三世による正式認可をまってソサエティとして発足した。「イエズス会」（Societas Jesu）と名付けられた。準備に十八年かかっている。

創立当時の同志には、ディエゴ・ライネス、フランシスコ・ザビエル、ピエール・ファーヴル、ニコラス・ボバディリャ、シモン・ロドリゲス、アルフォンソ・サルメロン、パシャーズ・ブロエ、ジャン・コデュールらがいた。このときイエズス会がたてた誓願がその後のイエズス会の行動を決めた。

第一の誓願は貞潔、第二は清貧、そして第三の誓願が、会員たちは勉学を終えればすぐにエルサレムの巡礼に出発するか、教皇の命ずるままに世界のどんな僻地《へきち》にも旅立たなければならないというものだった。これがミッションである。それとともに従来の修道服の規定や歌唱祈禱《きとう》などの古い生活様式を廃棄し、軍務に等しい新たな規律と怯《ひる》まぬ伝道精神と、そして福音伝道のための学校設立の意志を確立した。

イエズス会の寡黙ではあるが徹底的な大計画は、当時の時代要請にぴったりあっていた。そのころヨーロッパ世界はポルトガル王とスペイン王によって支配されていたのだが、この二人の王がイエズス会士によるインドやアフリカへの宣教を期待したからだ。これには理由がある。

そのころキリスト教世界は教会保護権による境界線によって分割されていた。この境界線を決めたのは教皇アレクサンデル六世の勅書だった。その勅書が、ポルトガル・スペイン両国は新たに発見した土地に対しては福音を伝えなければならないということを義務づけていた。かくてイエズス会士は一人の教皇と二人の国王の期待を背景に、それぞれのミッションを心に秘めて世界に旅立った。

イエズス会が立ち上がる十七年ほど前、マルティン・ルターがヴィッテンベルクの教会の扉に九五ヵ条の教会批判の論題を打ち付けた（最近の研究では打ち付けたのは別人で、後日のことだったらしい）。引き金は教皇レオ十世が贖宥状《しょくゆうじょう》を発売したことにあったが、ルターの抗議をきっかけにその後のカトリック教会批判の連打となって、ここに抗議者（プロテスタント）による宗教改革（Protestant Reformation）の嵐が始まった。

ローマ・カトリック側は放置しておくわけにはいかない。対抗宗教改革にとりくむため、トリエント公会議を何度も開き、内部刷新に手をつけたものの、ついついプロテスタントに対する批判や破門が強調されて、うまくは運ばない。そこに立ち上がったのがカプチン会、ウルスラ会、テアティノ会と、イエズス会だった。いずれも教皇の認可を受けて動きだした。なかでロヨラは教皇を絶対視するほどで、ピウス五世のようにイエズス会を大いに支援した教皇もいた。

これらのカトリック側の改革は、かつては反宗教改革とか対抗宗教改革と呼ばれていたが、いまはもっと広く「カトリック改革」と名付けられている。たしかに反宗教改革や対抗宗教改革と言うよりはいいけれど、これではカトリック教義やカトリック組織の改革にとどまっているようで、全貌を眺めるには狭い視野になる。たとえばシクストゥス五世の時代の改革スピリットが、十七世紀マニエリスムやバロックに与えた影響なども大きいものだったはずなのだが、イエズス会の果たしたことも社会・文化・教育・文物の全般に及んでいたのである。

われわれは学校でそう教えられたからだけれど、イエズス会というと、あまりにもフランシスコ・ザビエルやルイス・フロイスを思い浮かべすぎるようだ。むろんザビエルの冒険とフロイスの『日本史』こそは日本の近世を一変させる地雷のようなものだったのだから、このことをいくら重視しても重視しすぎることはないのだが、しかし、こうした人物は何人にも何十人にも何百人にもおよんでいた。

ザビエルが日本に到着する前に、すでにコンゴ宣教、モロッコ宣教、ブラジル宣教が勇躍始まっていたのだし、ザビエルが客死し（一五五二）、ロヨラが死んだ（一五五六）前後にも、エチオピア宣教、モザンビーク宣教、エジプト宣教、フロリダ宣教、ペルー宣教、メキシコ宣教、フィリピン宣教、ベンガル宣教が連打されて、日本が信長だ秀吉だ家康だといっていたその同時代に、イエズス会士はまさに複数のザビエルとなって世界を変革していたのだった。

複数のザビエルたちは、その土地ごとにまったく新たな宣教文化の浸透と定着を工夫した。パラグアイにおける原住民教化集落《レドゥクシオン》のアイディアなど、キリスト教の全歴史にとってもきわめて特異なものだった。尋常な方法ではない。どんな困難も乗り越えるし、そのわりに迅速だし、おまけに土地の住民に新たな生きる意志を生むためのロールとツールとルールを提供している。

迅速ということからいえば、たとえばブラジルがカブラルによって「発見」され、ジョアン三世がスーザに代表政府をおいたときすでに、五人のイエズス会士が派遣されているのだが、かれらはまず沿岸地方を丹念に宣教し、そののちに内地に入っていったのである。その間、わずか三年だ。さらにノブレガがリオ付近とサンパウロに宣教団を設置したのが一五五四年である。エリザベス女王が即位したのはそのあと、日本では川中島に謙信と信玄が対峙《たいじ》していたころだった。

その後、信長が天下統一をとげたときには四〇人に近いイエズス会士がプロテスタントでカルヴァン派の海賊ジャック・スーリに殺害されるという宗教悲劇に見舞われるのだが、なんという不死身な連中なのだろうか、日本で関ヶ原の戦いがおこるころにはふたたび勢いを盛り返してブラジルに三つの学校を設立し、これらを拠点に先住民の宣教に乗り出していたのである。

イエズス会士の宣教活動を追っていると目が眩《くら》む。目が眩むとともに、その激しい犠牲の意志と多様な職業を一人ずつが担っていく開拓の闘志に痛ましさをおぼえる。

いったい何がこのような活動を支えているのだろうか。信仰力だろうか。その信仰力が理知と理性で裏打ちされていたからだろうか。それともそれらが鋼《はがね》の身体と鉄の意志で鍛錬されているからだろうか。実はイエズス会は一七七三年にいったん解散しているのだが、それが一八一四年には、ふたたび不死鳥のように組織も活動も復活させるのである。

何を想像してみても、そのような問題をわれわれは自分の周辺の言葉で推測することすらできなくなっている。ローランド・ジョフィの監督で映画になった『ミッション』ではないが、ただただかれらの奇蹟に感嘆するしかなくなっている。

これは現在のわれわれの感嘆だけではなかったらしい。すでにヴォルテールがこんなことを『風俗試論』に書いていた。「パラグアイでのスペイン人イエズス会員による居留地建設の壮挙こそは人類の勝利であって、それこそが初期征服者の残酷を贖《あがな》っているのである」と。

われわれは、イエズス会による理性世界拡張の近世精神の人類史があることを忘れてきたらしい。一人の聖フランシスコ・ザビエルに瞠目《どうもく》するのもいいのだが（もし本当に瞠目しているのなら、日本の映画界はそろそろ『ザビエル』とか『桃山の男』といった映画を制作するべきである）、世界におけるソサエティのありかたを考える日もきているのであろう。

ちなみにイエズス会による日本の学校設立と活動援助は、上智大学（一九一三）・六甲学院（一九三七）・栄光学園（一九四七）・エリザベト音楽大学（一九四八）・広島学院（一九五六）・泰星学園（一九三二）などにおよぶ。念のために付け加えておくと、イエズス会日本管区では一九九五年の時点で約三〇〇人の会士が〝ミッション〟をもって活動している。

イエズス会についての資料はわんさとあるが、やっぱりイグナティウス・デ・ロヨラの『霊操』（岩波文庫・新世社）がすべてに先立っている。そのロヨラについては『聖イグナチオ・デ・ロヨラ書簡集』（平凡社）が基礎資料になっていて、それらをもとに、たとえばフランシス・トムソンの『イグナチオとイエズス会』（講談社）、垣花秀武『イグナティウス・デ・ロヨラ』（講談社）などが参照できる。ソサエティ全体の通史としてはホアン・カトレットの『イエズス会の歴史』（新世社）、ヨゼフ・ロゲンドルフの『イエズス会』（エンデルレ書店）がわかりやすい。なかで際立っているのは、やっぱりロラン・バルトの『サド・フーリエ・ロヨラ』なのである。

第二二二夜　二〇〇一年二月二日

参照千夜

七一四夜：ロラン・バルト『テクストの快楽』　九一三夜：ダンテ『神曲』　二五一夜：ヴォルテール『歴史哲学』　六六三夜：ルソー『孤独な散歩者の夢想』　一七〇六夜：フリードリッヒ・ヘーア『ヨーロッパ精神史』

ルターでもカルヴァンでもない。カートライトの理性が新教徒を生み出したのである。

大木英夫

ピューリタン

中公新書　一九六八　聖学院大学出版会　二〇〇六

キリスト教社会には中世このかた「コルプス・クリスチアヌム」が覆ってきた。「キリスト教的社会有機体」といった意味だ。各個人に先行し、社会にアプリオリに存在する全体性めいたものがあるという見方だ。キリスト教社会にいる者はこの有機的全体性を破れない。そういう意味ではキリスト教の理性はまさに全体主義なのだ。エルンスト・トレルチの指摘である。

中世以来のこの「コルプス・クリスチアヌム」はやがて教会と国家の分離によって切断される。それがキリスト教西欧社会における「近代化」である。近代社会はそれまでの神との契約とはべつに、国家や会社との契約を発進させた。これによって個々の人間像がキリストの体や教会の壁にくっついた「浮彫的人間」から、社会の囲いのなかに立ち往生する「立像的人間」へと転換されることになった。

結果的にこの転換は強行されたのではあるが、当然ながらそこには容易に埋めがたい溝や矛盾があった。説教詩人ジョン・ダンや憂鬱《ゆううつ》哲人ロバート・バートンが綴《つづ》った「メランコリー」とは、まさしくその溝に悩む感覚のことをさす。そこで、この転換にはそれなりの宗教的な確信が必要になった。その溝を埋めるために、中世から近代に向かう転換期に登場したのがピューリタニズムである。

どうしてだかはわからないが、ピューリタニズムについて、日本人はあまり理解を示さない。たとえばぼくが語りあってきたポストモダン派の知識人や日本文化論者で、カトリシズムとプロテスタンティズムとピューリタニズムの決定的な相違や変遷をあらかた正確に理解していた人物はほとんどいない。とくに若い知識人や作家や政治家は大半がとんちんかんだった。

まだしも海外型のビジネスマンのほうに多少の理解がある。そのわりにかれらはヨーロッパ社会の近代化をめぐる議論やアメリカの絶対世界主義の議論だけは熱心にする。やたらに詳しいところもあるのだが、ただし説得力がない。近代における「コルプス・クリスチアヌム」の挫折《ざせつ》と転換と強弁が理解されていないせいだ。

いい本がないのかもしれない。ピューリタニズムについてはキリスト教関係の本をみればいくらでも説明があるはずなのだが、大きな研究書以外には、日本語による充実した適確な本が少ないのだ。

本書はそういうなかでよく書けていた。餡《あん》はピューリタンの発生と定着の歴史をかいつまんで書いているのだが、外側の皮に近代にひそむ転換意識と移行意識をかぶせて描いている。その視点が明快である。著者は東京神学大学学長をへて、いまは聖学院の理事長についている。そろそろ喜寿になられるはずで(二〇〇二年現在)、初期の『歴史神学と社会倫理』(ヨルダン社)や『終末論』(紀伊國屋新書)以来、一貫して近代の亀裂の意味を問うてきて、衰えるものがない。

ピューリタニズムはルターのプロテスタント宗教改革から五十年たったケンブリッジ大学トリニティ・カレッジに発祥した。世はエリザベス女王時代。最初の中心人物はトーマス・カートライトである。

当時、エリザベス女王はカンタベリー大主教パーカーに「アングリカニズム」(英国国教会の宗教姿勢)による国民的礼拝様式の統一と強化を依頼していた。アングリカニズムはヘンリー八世のイギリス的宗教改革によって生まれたもので、カトリシズムがユニヴァーサリズム(普遍主義)だとすれば、イギリス的なナショナリズム(愛国主義)と結合したものだった。いまもロンドンのウェストミンスター・アベイに入ると、そこがいかにイギリスの土着ナショナリズムで満たされているかが一目瞭然《りょうぜん》だ。イギリスが生んだ神武天皇や楠木正成にあたる聖人像や記念碑で埋め尽くされている。

ヘンリー八世がそのようなアングリカニズムを主張したのは、むろんルターやカルヴァンのプロテスタンティズムによってカトリシズムが脅かされたことに対する反発が動機になっているのだが、一方では、このままローマ教皇庁によるカトリシズムを守るだけではイギリスの宗教政治はやっていけないという二面作戦的な現実判断にもとづいていた。

それゆえヘンリー八世のアングリカニズムは次の三つの柱を強化した。ナショナリズム、国王絶対主義、受動的服従主義である。わかりやすくいえばカトリックとプロテスタントの中間に立とうとした。これをエリザベス女王が引き継いだ。

ところが、カートライトはこの三本柱をことごとく批判したのである。それはアングリカニズムが体制の思想であるとすれば、まさに反体制の思想であった。

カートライトの反体制思想は、もともとはジャン・カルヴァンのプロテスタントな宗教思想から出ている。

カルヴィニズムとは一言でいえば「ソラ・スクリプトゥラ」、すなわち「聖書のみ主義」である。ピューリタニズムは聖書が適用できないような「間隙《かんげき》」をけっして認めない。どんな隙間も聖書に書いてあるとする。逆に、ヘンリー八世のアングリカニズムはこの「間隙」を生かした国教だった。これに対して同じプロテスタンティズムでも、ルターのばあいは「ソラ・フィデ」、すなわち「信仰のみ主義」なのである。

しかし、この「ソラ・スクリプトゥラ」と「ソラ・フィデ」のあいだの差異はまだ思想上のことであって、この差異が目立った亀裂となるのは、社会的にはそこにメアリー女王時代（一五五〇年代）に迫害されてジュネーブやオランダに逃れた「エミグレ」がイギリスに帰ってきた事情が直結してからなのである。

エミグレはもともと移住者とか亡命者を意味するが、ピューリタニズムの生きた本質があるとすれば、まさにこの「移住すること」にある。その後の歴史上のピューリタニズムが、ついに「移住しつづける者の思想」となったのはそのためだ。そのきっかけは、カートライト自身が大学から追放され、エミグレとなったことにある。

ピューリタニズムはそもそもが外来的な思想なのだ。エミグレの移住宗教がピューリタニズムなのである。もうすこしはっきりいえば、ピューリタニズムは「人間をエミグレにする宗教思想」なのである。

キリスト教の教父思想は当初こそ宇宙論的な世界存在思想をもっていたが、教皇と国王があい並ぶにつれ、各地に都市国家ができあがるにつれ、しだいに歴史思想に転化していった。歴史の変化をうけいれるようになったのだ。それがダンテの『神曲』からミルトンの『失楽園』への変化というものだ。そこにはまだ、樹木のように自然のなかに育っている人間を想定しているところがあった。

それに対してピューリタニズムはそのような樹木のように植わっている人間を、近代社会に向けて脱出させたいという強烈な方針をもっていた。ピューリタン文学の代表作であるバニヤンの『天路歴程』にはそういう人間像が描かれていた。そのためピューリタンたちは「新しいエルサレム」への移住をどこかで希求する。

こんな宗教思想がエリザベス時代の社会体制にそのまま受け入れられるはずがない。そこでエリザベス女王はかれらに、表面上だけでもアングリカニズムに「コンフォーム」（服従）させるようにした。コンフォーミズム（conformism）とよばれる。順応主義とか体制保守主義とかの意味をもつ。

しかしピューリタンたちはそんな順応はしたくない。かれらは三つの活動に転進していった。ひとつは地下説教運動へ、ひとつは国外脱出《エクソダス》へ、ひとつは革命へ。

第一の地下説教運動の指導者となったのがカートライトである。クラシス（長老主義）運動という。第二の国外脱出に向かったのが有名なピルグリム・ファーザーズ（旅人なる父祖たち）である。最初は一六二〇年にプリマスからメイフラワー号で旅立ち、一六三〇年には大挙して新大陸に移って、かれらこそが「新しいエルサレムとしてのアメリカ」をつくることになる。そして第三の道がピューリタン革命（清教徒革命）になる。

ピューリタン革命にいたった経緯は省略したい。一六四二年にオリバー・クロムウェルによって仕切られた革命だ。本書ではそのクロムウェルに先行したジョン・リルバーンという興味深い自由人に宿ったクリスチャン・ソルジャーの感覚や、なぜ「王」（チャールズ一世）を殺すことがピューリタン革命の頂点にならざるをえなかったかということを、端的な調子で描き出している。ここではその頂点を説明する代わりに、この時期にピューリタニズムが派生させた決定的な価値観を、三つにわたってあげておきたい。

第一には、多様な「コングリゲーショナリスト」（congregationalist）が生まれたことである。日本では「会衆派」と訳され、その活動は独立派とか組合教会となって、それが新島襄の同志社系になっているなどと理解されているが、ここにはもうすこし重要な意味が隠れている。

かつてのカトリシズムが「回勅の宗教」であるとすると、コングリゲーショナリストは新たに「会議の宗教」をつくった。いまでも“the sence of the meeting”などとよばれて、アメリカ人やイギリス人と仕事をするとその思想が前面に躍り出る。日本人が欧米の真似をしておぼえようとしたミーティングのルールやディベートのルールは、ほとんどコングリゲーショナリズム（会衆派主義）にもとづいている。日本のビジネスマンがディベートの技法などをマスターするのはいささかお門ちがいなことになる。

第二に、このコングリゲーショナリズムの波及から、社会における〝人間向上のプログラム〟の変質が実質的におこっていったことがあげられる。それを簡潔にいえば、さしずめ「コンヴァージョン」(回心)から「エデュケーション」(教育)へという転換だ。これでだいたいのことの見当がつくだろうが、「信仰と会議と教育」はピューリタン精神のなかでは、ひとつながりのものなのであり、このひとつながりの途中にそれぞれ介入してくるのが「意思決定《ディシジョン》」というものなのだ。このことからも、宗教的信条に疎い日本のビジネスマンがやたらに「意思決定」の経営学などに耽《ふけ》るのは、どうかと思う。

第三に、ピューリタン革命がまさにそうだったのであるが、ピューリタンたちがいちはやくコモン・ローヤー(普通法学者)と結び、ピューリタニズムの社会のなかに契約社会をつくっていったことである。すでにメイフラワー契約にもそれはあらわれていたが、クロムウェルの革命そのものが契約革命の推進だったのである。このモデルをプロテスタンティズムに拡張し、さらにそれが資本主義の起源になっていると指摘したのがマックス・ウェーバーだった。

以上のごとく理性で武装したか、武装が理性宗教化したかに見えるピューリタニズムだが、その内実はたいへん妙な思想であり、運動であった。ピューリタンは清教徒とも訳してまさに「purify されている（清められている）人々」という意味なのだが、その起源には王を殺した宗教運動があり、その後はつねに「父を喪失した宗教思想」でありつづけているのだ。

たえず移住先を求めるし、どこかに定着したらしたで、移住者の再編成を課題にせざるをえなくなっていた。ノマドな思想に似ているようでいて、まったくノマドではない。脱出する地点が必要な旅立ちなのだ。しかも旅先には目的地があって、そこに〃建国〃と〃会議〃が待っている。

けれども、これがヨーロッパのキリスト教社会が「近代」を生むにあたってつくりあげた最も合理的な実験装置だったのである。それだけではない。その突きつめすぎたような合理装置からは思いがけないほどの副産物がもたらされたのだ。たとえば、ピューリタニズムこそが「霊的」（スピリチュアル）だという言葉に対して、初めて「内的」（カーナル）という言葉を持ち出したのだったし、「自由」と「デモクラシー」と「信仰」とを矛盾なき状態で実践する前提を拵《こしら》えた。

ジョン・ミルトンの『失楽園』、ジョン・バニヤンの『天路歴程』を嚆矢《こうし》としたピューリタン文学にも独得のものがある。教会に行かなかった『緋文字』のナサニエル・ホーソーン、鯨の奥に神を見た『白鯨』のハーマン・メルヴィルなど、どこか他を寄せつけない禁欲と衝動の両極を孕《はら》んだ到達点を示した。

付けたしのような話になるが、われわれ日本人がピューリタニズムをある程度は知っておくべき理由もある。それは日本の明治を動かした「ボーイズ・ビー・アンビシャス」のキリスト教がピューリタニズムそのものだったということである。われわれはピューリタニズムをもうすこし惧《おそ》れ畏れて、また怖れ懼《おそ》れて、知るべきではあるまいか。

第六二〇夜　二〇〇二年九月十七日

参照千夜

三四五夜：オリゲネス『諸原理について』　二二二夜：フィリップ・レクリヴァン『イエズス会』　九一三夜：ダンテ『神曲』　一四七四夜：ホーソーン『緋文字』　三〇〇夜：メルヴィル『白鯨』　一七〇六夜：フリードリッヒ・ヘーア『ヨーロッパ精神史』

国家は人工幻獣装置《リヴァイアサン》なのか。
それとも犠牲をつくらない国家はありうるのか。

トマス・ホッブズ

リヴァイアサン

水田洋訳　岩波文庫　全四巻　一九五四〜一九八五
Thomas Hobbes: Leviathan 1651

日本国憲法第二五条には、第一項に「すべて国民は、健康で文化的な最低限度の生活を営む権利を有する」、第二項に「国は、すべての生活部面について、社会福祉、社会保障及び公衆衛生の向上及び増進に努めなければならない」とある。生存権を国家が保障するという規定だ。

生存は譲渡不可能なものである。譲れないし、譲ってはならない。この譲渡不可能な生存を守るために、国家が成り立つ。これを破れば違法だ。だから誘拐犯は人質をとってその生存権を握ったまま金銭を要求したり、アナキストが「さあ、この命、もっていけ」と言ったり、テロリストが自爆したりする。誘拐犯やアナキストやテロリストは、譲渡不可能な生存権の原則を大幅にくつがえす。

しかしこれは反国家が平ちゃらな例外であって、一般の国家ではどんな個人の生存権も譲れないということが大前提になる。それゆえ自身の生存は自身で保つ以外はない。これが自己保存権である。ホッブズの政治思想はここから出発する。

けれども生存権は自立しきっていないし、存亡の危険にさらされる。心身の健全な個人が自己保存権を守りきろうとすれば、どこかでべつの個人の自己保存との摩擦や競争がおこることが避けられない。憎悪も対立も殺害もこのためおこる。また、個人の生存保存欲が個々ばらばらにつながれば、そのうち集団間での紛争や闘争や戦争にまで発展しかねない。これが「社会の自然状態」というものだ。

自然状態から生まれる対立と混乱を解消するには、自治体や自治都市などの管理力を想定することになるが、これを最大限に拡張すれば国家主権の設定になる。このとき個人に発生する人権と国家に発生する国権はどのような緊張関係をもち、どのような調整をはかるべきなのか。そこにどのような政治社会システムがあるべきなのか。

以上の問題に応じることがホッブズの『リヴァイアサン』という大著のテーマになった。このテーマは十七世紀のイギリスを舞台にしている。

ポール・オースターに『リヴァイアサン』（新潮文庫）という小説がある。一人の男が道端で爆死して、その死体が一五メートル四方に散乱した。この男ベンジャミン・サックスは、自由の女神像を爆破しようとしていたテロリストだった。アメリカには自由の女神が各地に何体も何十体もあって、いや一〇〇体以上あって、それをことごとく爆破しようというテロリストである。

男は何度かの成功で「ファントム・オブ・リバティ」（自由の怪人）を名のっていた。この男と作家である「私」は、ある朗読会で一緒になったことがあった。親密感もおぼえていた。それに「私」は彼の女房が好きだった。

それにしても、その男がどうしてテロリストなどになったのか。男はリヴァイアサンを追いつめたいのだと話す。いったいリヴァイアサンとは何か。「私」はその謎を追ってさまざまな人物たちに出会っていく。謎は深まるばかりだが、「私」は国というものの本質にどこかで触知したように感じた。そういう小説である。

リヴァイアサンは旧約聖書に登場する巨大な幻獣のことをいう。ヘブライ語ではレヴィアタン（ラテン語 Leviathan）になる。天なる神が天地創造の五日目に造作した怪物で、ベヒモスやジズと三頭一対をなす。その強大な力は『ヨブ記』にも詳しい。

ポール・オースターはホッブズの『リヴァイアサン』を下敷きにした。こちらは近代国家の先駆体としてのリヴァイアサンである。そこには絶対の権力が秘められている。どんな個人も、その根本の生存を追求すれば、いつかリヴァイアサンに出会うことになる。オースターはこの問題を二十世紀末のアメリカ社会に蘇《よみが》らせようとした。小説冒頭のエピグラムに、エマーソンの「すべての現実の国家は腐敗している」を引いているのも、オースターの言いたかったことを暗示する。プロットやテーマからして、映画にすればきっとおもしろくなるだろう。

ホッブズが『リヴァイアサン』で設定した問題は、国家が個人を圧殺する宿命をもっているということではない。ホッブズの時代の国家は王権時代の中にある。王権が主権であるような社会では、自然的な生存権を保障しようとするときにどういう問題がおこるのか。ホッブズはそこを考えた。

王権は臣民の生存保存権を保障しなければならない。そのためには人権は絶対視されなければならないが、ときには臣民に絶対服従をしてもらわなければ、王権下の人権は統制できない。しかし、王権が臣民の生命と身体を傷つけるようになるのなら、その者は絶対服従を解除されて抵抗または逃亡する権利があるはずだ。それが生存権というものである。

けれども、このように考えると、主権と人権はどこかでどうしても矛盾してくる。そこをどう考えればいいか。

ホッブズは、国家というものは人権が寄り集まって国家大のものをつくるのだと考えた。国家機構は、厖大《ぼうだい》な人間が集まってつくりあげられた巨大な〝人工人間装置〟のようなものではないか、それは幻獣リヴァイアサンのようなものではないかとみなしたのだ。このことは、『リヴァイアサン』の第一部で国家の諸機能を人体と比較していることにもよく象徴されている。

国家を人体に準《なぞ》らえるだなんて、あまりにアナロジカルな「国権―人権近似説」のように感じるかもしれないが、このような国家機構観はそれまでまったくなかったものだった。そのため、発表当時は次世代の理神論者やデヴィッド・ヒュームなどを除いてまったく理解されなかったのだが、やがて啓蒙《けいもう》時代がやってくると、ルソーやモンテスキューによって「社会契約説の先駆理論」として評価されるようになった。

ホッブズが幻獣国家リヴァイアサンを描いたのは、ホッブズがフランスに亡命していたときのことである。亡命したのは、クロムウェル率いる議会軍隊によってチャールズ一世が断頭台で処刑されるという前代未聞の市民革命のなか、ホッブズは陰謀をたくらんでいるとか無神論者だとかという扱いをされたためだ。それで十年以上の亡命生活になった。そこでホッブズは近代国家の怪物たるリヴァイアサンを〝発見〟する。

ホッブズがリヴァイアサンを〝発見〟したのは、社会に自然状態というフィクションを想定できたからだった。国家も法律もない社会に裸の人間をおいてみる。このフィク

ホッブズの指示で制作された『リヴァイアサン』初版の口絵の銅版画。上部には契約を結んだ無数の人間たちからなる胴体をもつ怪物が描かれ、「地上にはこれと並ぶものはない」というヨブ記の一節が付されている。

ホッブズ『リヴァイアサン』初版第２刷（London: Andrew Crooke、1651）
協力：丸善雄松堂株式会社

ションからスタートをして、何がおこるかというシナリオを考えた。

このシナリオでは生命原理がエンジンになっている。それが生存権にあたる。ただしこれでは一人一人が生存を賭《か》けて「万人は万人に対しての狼」になり、「万人の万人による闘争」に陥ってしまう危険性がある。危険を克服するには、個人はいったん個々の生存権をどこかにおあずけし、万人闘争を休止させる必要がある。

けれども、たんなるおあずけではみんなが承服しない。それでは封建制への逆戻りになる。人民の徒手空拳のおあずけを保障するなんらかの機構が必要である。ホッブズはそれがリヴァイアサンとしての強大な国家だとみなしたのだ。ルソーはこのおあずけに社会契約説の先駆性を見た。

リヴァイアサンとしての国家機構は、以上の理由からもわかるように、個々の生命と身体をすべて吸収したものである。そのため、国家機構のどんな部位にも個々の生命や身体の代理機関や代償部品がびっしり装着されることになる。そういう意味では、これは無数の人間を集合させた化け物なのだ。

そうなのだ。リヴァイアサンはちっぽけな人間を無数に集めて造られた巨大なトロイの木馬であり、人間まがいのチップを集積した巨大な回路であり、人体をばらばらに部分解体してこれを新たなプログラムで再生させた超大型マシーンであって、つまりは、フィリップ・K・ディックの『ヴァリス』あるいは大友克洋の『AKIRA』でもあったのである。

話を十六世紀に戻そう。スペインの無敵艦隊がイギリスを侵攻しようとしているという噂がもちきりの一五八八年、ホッブズはブリストル近郊に国教会牧師の子として生まれた。この一五八八年がちょっとした暗示的な年だった。

レギオモンタヌス（ヨハネス・ミューラー）の予言ではマリアの処女出産から一五八八年目に世界大混乱が到来し、メランヒトンによれば一五一八年にルターが教皇に反逆してから七十年目にアンチキリストが倒されて最後の審判がくだることになっていた。そういう一五八八年だ。こんな時代に生まれたホッブズは九一歳という長い生涯をおくった。ただし有為転変は激しいものだ。

ホッブズのキャリアの出発点はオックスフォード大学のモードリン・ホール（現ハートフォード・カレッジ）である。当時のオックスフォードはまだスコラ哲学一辺倒で、プトレマイオスやプリニウスの自然観と宇宙観が覆いかぶさったまま、むろんコペルニクスの天体回転論などまったく無視されていた。

ルネサンス期とちがって、このころの少数のエリート学生たちはろくに勉強をしていない。過渡期社会が来ていたことをあらわしていた。ホッブズもきっとつまらない学生生活を送ったと想われるけれど、そこへ小さな幸運が転がりこんだ。イングランド有数の名門キャヴェンディシュ家の初代ハードウィック男爵が長男ウィリアムの家庭教師としてホッブズを選んだのだ。ホッブズは長きにわたってキャヴェンディシュ家の庇護をもらえることになった。

もうひとつ、ふたつ、退屈なホッブズを変えたことがある。一六一〇年、ホッブズはウィリアム・キャヴェンディシュと大陸旅行をした。アンリ四世が暗殺されたフランスにも行った。このときホッブズはカトリックというものが狂暴になりうることを見る。宗教が必ずしも人民を統括していないことを知った。それが収穫だった。

旅行から帰ったホッブズは、大哲学者フランシス・ベーコンの秘書の一人になった。すでにベーコンはジェームズ一世の大法官になっていたが、スコラ哲学とは正面から対決しようとしていた。そういうベーコンに従事したことが大きかった。庭園を散歩しながら口述するベーコンの思想をずうっと筆記した。著述をラテン語に翻訳する機会も得た。ベーコンの指示でトゥキディデスの『ペロポネソス戦史』(岩波文庫)も訳した。ベーコンは幾何学にひそむ方法に深い可能性を感じていたので、ホッブズもユークリッド幾何学を初めて知った。

こういう機会を得て哲学や思想というものを歴史的に見るというバネと、幾何学的な方法で社会を見るというバネをつけたホッブズは、しだいに政治思想というものに関心を寄せていく。『リヴァイアサン』はベーコン流の社会幾何学を下敷きにした政治哲学書だったともいえる。

ベーコンはまたウィリアム・ハーヴェイをホッブズに紹介した。血液循環論のハーヴェイである。これでホッブズは科学にもめざめた。ガリレオやガッサンディなどともサロンで出会っている。ガッサンディはぼくが学生時代にのめりこんだ世界史上最初の唯物論的原子論者だ。ホッブズが『リヴァイアサン』で見せた一種の冷徹な客観主義は、こうした科学への共感にもとづいていた。

ロンドンのウェストミンスター国会議事堂へ行ってみると、正面にオリバー・クロムウェルの銅像が立っている。日本の国会議事堂の正面ホールには板垣退助と伊藤博文が立っているが、背広姿だ。一方、クロムウェルの姿は勇ましい。右手を剣の柄《つか》に置き、左手に聖書を携えている。

十七世紀半ば、イギリスに驚天動地の転変がおこった。一六四二年から六年間におよんだクロムウェルの革命、いわゆるピューリタン革命である。この出来事について、ホッブズは懐疑か憎悪かをもったにせよ、その動向の意味がよくわからなかった。

とくにクロムウェルという人物がわからなかった。なんといっても国王を処刑してしまった男なのである。いったい何がおこったのか。イギリスにおいても長らく評価が定まらず、最近になって市民革命の嚆矢《こうし》であったろうことが定説になってきたのだが、この見方にはいまなお納得できないところもある。ましてホッブズの同時代では何がおこっているか、納得はできなかったはずである。

そもそもチャールズ一世が一六四〇年に招集した議会が十一年ぶりのことだった。たちまち国王と議会が対立し、国王大権に対する徹底制限を求める抗議文が下院を通過した。ここで国王派（長老派）がこの危機に押されて逆に結集した。クロムウェルは議会派に立ち、鉄騎隊を組織してしだいに激化する対立を内戦に導き、チャールズ一世を捕らえるにいたった。

これで万事は一段落したと判断したクロムウェルが軍隊を解散させようとすると、兵士たちの反発が高まり、ここからクロムウェルは軍への懐柔と議会の強化の両方をハンドリングしていく。

その後、クロムウェルは権力志向を逞《たくま》しくして、とくに反議会派の拠点であるアイルランドやスコットランドの征圧をしゃにむに遂行してからは、自身を「護国卿」に任命すると、護国卿を頂点とする新体制を樹立することに邁進《まいしん》する。途中、一時はクロムウェルを国王にする動きもあったのだが、これは反対派に潰された。結局、広範な支持がないままに軍事独裁型の護国卿政権を維持して、一六五八年に死んだ。

こんな動向をホッブズは亡命先のフランスでじっと見ていたのである。チャールズ一世がルーベンスやヴァン・ダイクをロンドンに招いたことも（この招聘によってイギリスの芸術活動はこのあと隆盛期を迎える）、クロムウェルが議会軍の指導者として進軍していったことも、国王が処刑されたことも、クロムウェルの「章典」の発布の経緯も、また言論の自由を押さえる議会派に対してジョン・ミルトンが『アレオパジティカ』（岩波文庫）を刊行したことも、対岸からじっと眺めていた。ミルトンのものは、一部の権威が出版や言論の自由を奪っていることを告発したパンフレットだ。最近の研究によるとホッブズはかなりの情報を母国から取り寄せていた。

こうして、この、とうてい理解しがたい故国の動向の一部始終を凝視できたことによって、『リヴァイアサン』という反撃が執筆されたのだ。ぼくには、これはクロムウェルによる「血を見る革命」に対する「血を出さない国家」の提案だったとも思える。

ホッブズは人間の自然状態は闘争的であると見た。この「万人の万人に対する闘争」の状態を国家によって脱しようと考えた。その政治思想には「死への嫌悪」が漂っている。それゆえ『リヴァイアサン』は社会におけるタナトス（死の本能）の徹底排除もなしとげていた。

この姿勢は生命原理だけで環境社会を保護しようとしている今日の環境倫理思想に似

ていなくもない。ポール・オースターも登場人物の会話で仄《ほの》めかせていたことであったが、全体の健康や全体の保護を考えることは、ある意味ではビッグブラザーの強制力の発動に近いものでもあったのである。

同じことを稲垣足穂《たるほ》は「全体の病気を持ち出そうとする者ほど、病気にかかっている奴はいない」と書いた。ホッブズの提案は社会契約型の国家として啓蒙主義やフランス革命をへて近代国家のモデルになったけれど、そういう国家が一度だって出来がよかったためしなど、これまでなかったのである。

第九四四夜　二〇〇四年三月八日

参照千夜

二四三夜：ポール・オースター『ムーン・パレス』　四八七夜：『ヨブ記』　六六三夜：ルソー『孤独な散歩者の夢想』　八八三夜：フィリップ・K・ディック『ヴァリス』　八〇〇夜：大友克洋『AKIRA』　六二〇夜：大木英夫『ピューリタン』　八七九夜：稲垣足穂『一千一秒物語』

ユダヤ人、再洗礼派、心霊主義者、男色、私娼。バロック社会のマイノリティ事情。

ベルント・レック
歴史のアウトサイダー
中谷博幸・山中淑江訳　昭和堂　二〇〇一
Bernd Roeck: Außenseiter, Randgruppen, Minderheiten 1993

バロックの名は歪《ゆが》んだ真珠を意味するポルトガ語の「バロッコ」(barroco) から来ていると、ベネデット・クローチェは説いた。中世哲学者たちによる難解な論法のことをさす「バロコ」(baroco) に派生したとも言われる。

美術史のバロックは十六世紀の後期ミケランジェロが試みた建築様式、ルーベンスやカラヴァッジョやベラスケスが二つの焦点をもって挑んだ絵画様式に始まる。音楽史では十七世紀半ばにモンテヴェルディ、クープラン、バッハによるバロック音楽の盛期が出現したとみなされてきた。フラスカーティの別荘群やコルネイユやモリエールの演劇にもバロックは及んでいる。ジョン・ダンやミルトンの詩もバロックだ。ぼくはベルニーニにこそバロックが極まっていると見てきた。

マラヴィリア（maraviglia＝不思議さ）とヴィルトゥオーソ（virtuoso＝達人的博識）がバロックのめざましい特色なのである。ルネサンス様式が調和を重んじて円的な象徴力を達成しようとしたのに対し、バロックは楕円《だえん》的な二焦点や多焦点による動向を好んだので、見るも劇的なマラヴィリアや極芸的な職人芸が見せるヴィルトゥオーソが卓抜な技能を発揮したのだった。

しかし、こういう特色は多分に表現様式上のことであって、バロック社会のほうではカトリックとプロテスタントの両軸が同時に動き、中心のない社会の周辺ではさまざまな過剰と差別をともなう逸落がおこっていた。

それというのもバロック様式は、一五四五年からほぼ十年にわたったトリエント宗教会議で議論も検討もされたように、キリスト教社会ではあくまでカトリシズムがつくりあげた芸術全般のこととみなされていたので、その周辺での出来事はバロック現象としては抜き出しにくかったのである。

ヨーロッパの思想や哲学が神と人をつなぐ理性にもとづいて、プラトンとオリゲネスに注を付けるように発展してきたのは、その通りであった。けれどもその歴史には、グノーシスや神秘主義が隠秘されながらも脈動し、異端や魔女がみせしめの犠牲になってもいたのだった。いわば「アウトサイダーの歴史」があったのだが、それらの多くが隠されてきた。それがバロック社会では露《あら》わにならざるをえなくなったのである。本書はそこを注視した。

バロック社会を覆っていたヨーロッパがどういう歴史に属していたかといえば、十六世紀から十七世紀にかけてのヨーロッパが三つの領邦圏によってつくられ、守護されていたと見るとわかりやすい。最もキリスト教的な「国王の国家」(フランス)、最も獰猛《どうもう》で意欲的な「カトリック王の帝国」(スペイン)、ローマ教皇から最も神聖だと認定されている「ペテロの諸都市群」(ドイツ)だ。

本書は、この三つの領邦にまたがる時代背景のもとに出現した(あるいは出現させられていた)代表的な周辺集団をひとつずつとりあげ、その特質を独自に叙述し、歴史がつくりだした差別問題とマイノリティの問題とジェンダーの問題を扱った。バロック社会の芸術や思想だけでも複雑なのに、そのなかのマイノリティとジェンダーに分け入り、それを三つの領邦で検討しようというのだから、これはひたすら読みこむしかない。たいへん刺激的だった。すでに阿部謹也その他の功績によって、われわれは中世社会におけるマイノリティの問題をどのように受けとめればいいかの薫陶をうけているわけではあったけれど、その後の近世的なマイノリティの変更をうまく掴《つか》みそこねていたような気がする。それが本書では十七世紀前後の社会に食らいついて、高速で概括的ながらも、俯瞰《ふかん》できるようにしてくれた。素材にも富んでいるし、ハンス・マイヤーの名著『アウトサイダー』（講談社学術文庫）とともに考えさせられるところが多かった。

まずユダヤ人である。

ユダヤ人の系譜にアシュケナージ（離散したユダヤ人のうちドイツや東欧に移住した民）とスファラディ（スペインに移住した民）があることを説明抜きに前提にしていうと、すでにユダヤ人は十三世紀には儀式殺人と聖体冒瀆《ぼうとく》をする連中だとみなされていて、はやくも五〇〇〇人がポグロム（大量迫害あるいは集団殺戮《さつりく》）にあっていた。

そうでなくともユダヤ人は、ツンフト（手工業者のギルド）の利益のために都市社会から締め出され、保護税と特別税を納めるという差別を強いられていた。そこへもってきて、ユダヤ人には「イエスを真のメシアとして認めずに見殺しにした」という非難が被《かぶ》せられていた。そのためアシュケナージはポーランドに移住せざるをえなくなり、それができないユダヤ人はヴェネチアがそうなのだが、ゲットーに入れられた（一五一六）。ゲットーは一説によるとイタリア語で鋳造工場という意味で、そんなふうな呼び名がついたのは、最初の軟禁地区に鋳造工場があったからだったと言われる。

こうして拭《ぬぐ》いがたいスティグマを捺《お》されたユダヤ人たちは、黒死病（ペスト）の犯人扱いや魔女狩りによるユダヤ人差別が終わっても、なお迫害を受けつづけた。ヨーロッパの帝国の領邦制の確立のためには、ユダヤ人を迫害することこそが領邦を均質化する最も効果的な政策だったからである。だからたいていはユダヤ人条例というものをつくり、書籍没収、追放、経済活動の制限を明記した。

中世近世型のこのようなユダヤ人迫害に新たな変化が見られるのは、重商主義政策の必要とともに「宮廷ユダヤ人」が登場してきたことによる。それは一方で、下層ユダヤ人、いわゆる「放浪ユダヤ人」や「乞食ユダヤ人」をヨーロッパ全域にふやしていくことにもなった。

次に再洗礼派や心霊主義者たちがいる。

かれらはさまざまな意味からのルターの宗教改革に対する反発者ではあるが（だからプロテスタントもカトリックもまじる）、そこには、ツヴィカウの予言者として知られるダーフィット・ツヴィリング、ルターと対立してザクセン選帝侯領を去ったアンドレーアス・ボーデンシュタイン・フォン・カールシュタット、再洗礼派の急先鋒《きゅうせんぽう》となったトマス・ミュンツァーなど、いちがいに一括《ひとくく》りにはできない流派が並び立った。

ここにはどこかアンチキリストに対する最終戦争をしなければならないのだというような終末論が共通して渦巻いていた。アンチキリストについては第三三三夜を参照してもらいたい（→千夜千冊エディション『文明の奥と底』）。その過激なあらわれが「新しきエルサレム」としてのミュンスター再洗礼派王国の実験や、メノー・シモンズのメノー派の結成となり、あるいはヤーコプ・フッターのフッター派兄弟団による共同生活などになっていった。

これらの動向（そこに心霊主義や魔術師の動向も加わるのだが）を、総じてオカルティズムとして片付けるのは容易ではあろうが、著者はそうではなくて、ここに帝国確立のシャドー部分として、マイノリティの過補償がおこったとみなしている。再洗礼派たちは、包囲され緊張を強いられていたために、過激化をうながされたのである。

差別は蔑視《べっし》からというよりも、規則の例外から生まれた。これは「国王の国家」（フランス）や「カトリック王の帝国」（スペイン）や「ペテロ世襲領」（ローマ教皇領）において、しかるべき「規則」が普及すればするほどに必要となる「変則」の規定だった。

規則が確立するのに最も必要なこと、それは、変則を明示することである。すなわち例外を目に見えるかたちで規定することだった。マイノリティとはその「規則」と「変則」の境界線の告示のためにつくられたといってよい。

身体的な特徴ばかりが差別されたのではなかった。精神的な障害も同様の差別の対象だった。差別されたのは「狂気」と、そして「メランコリー」である。メランコリーはヒポクラテスが四体液説を唱えて黒胆汁が憂鬱の正体だとみなして以来、ひどく誤解された解釈のもとにあった。中世以降は憂鬱質（メランコリア）という体質だとみなされ、その影響が言葉づかいや想像力や行動に出るとみなされた。体質にも規格外があり、差別されたのである。

しかしそうした体質がしばしば貴族や民衆から「奇蹟」を期待されていたことも奇妙な〝反対の一致〟ともいうべき事実で、メランコリーの持ち主も、その才能が天才的な表現力を示すならば、それはそれで喝采《かっさい》をうけたのでもあった。ルネサンスがメランコリーと天才の両方を輩出していることが刻印された背景には、こういう事情もあった。クリバンスキーとパノフスキーとザクスルによる『土星とメランコリー』（晶文社）などに詳しい。

いささかわかりにくいのはユグノーの迫害である。なぜなら、ここには「マイノリティの勝利」があるかのように見えるからだ。

プロテスタント宗教革命がフランスに波及して生じたユグノーは、多様な宗教避難民集団ともいうべきもので、ナントの勅令廃止が確定した一六八五年に逃亡したフランスのカルヴァン主義者だけをさすのではない。ワルド派、スペイン領ネーデルラントからのワロン人、フラマン系ネーデルラント人、ロマンス系スイス人、ブルゴーニュ低地のカルヴァン主義者たちのいずれもがユグノーだった。

かれらには共通点があった。自分たちを「亡命者」とよんでいたこと、各領邦ではユグノー政策はことごとく移民政策の代名詞となっていたということだ。この移民政策の対象者としてのユグノーは、実は今日にいたる資本主義の〝隠れた歯車〟になっていたというふうに見られているところがある。かれらが高級な嗜好品《しこう》の生産や流通に従事したことがその主な理由なのであるが、著者はユグノーを「資本主義の先兵」や「ブルジョアの先駆者」とみなすことには慎重になっている。

それよりもむしろ三十年戦争によるヨーロッパ人口の急速な減少がユグノーを「マイノリティからの変容」に発展させたのではないかという視点をとった。

このほか本書では、刑吏《けいり》や皮剝《かわは》ぎ職人や糞尿《ふんにょう》処理人などの「名誉なき人々」、正統と異端を告示するための「非嫡出の人々」、さらには男色者、公娼《こうしょう》・私娼、カストラートなどのマイノリティあるいはアウトサイダーをとりあげて、かれらがいかに近代を準備する「神の帝国からのはなはだしい逸脱」という特徴をもたらされていたかを、ざっとスケッチする。

著者はまじめな学者らしく、売春によるジェンダー差別については遠慮がちな慎ましいスケッチしかしていないけれど、マリア・テレジアのウィーンでは女帝自身が貞潔協会を設置したにもかかわらず、一万人以上の並の娼婦と四〇〇〇人の高級娼婦が活動していたことがわかっているように、売春とマイノリティの問題はこのような研究の中央に位置すべき問題だと書いた。これは江戸文化を華々しく論じようとすればするほどつねに付きまとう問題に似て、いまだにごった煮がおこりにくいものになっている。フェミニズムに片寄るか、歴史学としてあまりにもお粗末になるか、そのどちらかなのだ。本書もその点では旧範を脱してはいなかった。

ヨーロッパがつくりあげた世界観はもともと歪んでいたのだろうか。それともヨーロッパは中心の世界観と周辺の世界観をたえずコントロールしていたのだが、そのコントロールがバロック社会とともに効かなくなったと見るべきなのだろうか。

世界観の出来ぐあいはともかく、そこから派生した制度観や価値観はかなり歪んでいたと言うしかないだろう。コントロールしていなかったかといえば、コントロールは試みていた。しかし、それも宗教革命以降にアンダーコントロールになった、本書はそう見たのである。

本書が最後に提示した視点には見るべきものがひそんでいた。それは、総じて差別とマイノリティの問題は、次の啓蒙《けいもう》主義の時代の活動や結社や思想のなかでどう扱われたのかということから、すべてもういちど検討されざるをえないのではないかというものだ。まさにそうなのだ。もしわれわれが今日なおマイノリティの問題の大半に展望を見いだせないでいるのだとすると、それは、啓蒙主義や民主主義というものが実はそうとうに「あやしいもの」だったということになるからなのである。

第六九三夜　二〇〇三年一月十六日

参照千夜

一四九七夜：宮下規久朗『カラヴァッジョ』　一五二三夜：ポール・デュ＝ブーシェ『バッハ』　一〇三四夜：石鍋真澄『ベルニーニ』　七九九夜：プラトン『国家』　三四五夜：オリゲネス『諸原理について』　九四六夜：アーサー・ケストラー『ユダヤ人とは誰か』　三三三夜：バーナード・マッギン『アンチキリスト』

マニエリスムの発生は、古代ギリシアが封印した
「小さなアジア」の再生に始まった。

グスタフ・ルネ・ホッケ

迷宮としての世界

種村季弘・矢川澄子訳　美術出版社　一九六六
Gustav Rene Hocke: Die Welt als Labyrinth 1957

こういう本はさかしらに批評するものではない。したくもない。そう言っていいのなら、批評などしてはいけない。できるだけこのテキストに惑溺《わくでき》するのがよい。そして、コンチェッティスモ（綺想異風派）、クルティスモ、コンセプテュアリスモ（感覚派）、ユーフィズム、ゴンゴラ派、マリノ派、プレシオジテなどの、まるでイメジャリーな抜刀術ともいうべきマニエラ（方法）の列挙に自身が酔うしかない。

それがマニエリスムにふれるということの真骨頂なのである。お節介なことをいうなら、グスタフ・ルネ・ホッケがそのことを該博な言葉と華麗な文脈において体現できる稀有《けう》な観察力と省察力をもった表現者であったことに感謝するべきだ。

少なくともぼくは、そう読んだ。大学を出たばかりのころ、神田の美学校で一度だけ講義を聞いた種村季弘《すえひろ》が翻訳した〝迷宮のような大著〟が刊行されたらしいというだけの噂を知って、とびついたのだ（矢川澄子が共訳者だったことはあとで知った）。一読、もちろん目が眩《くら》んだが、そのまさにカイヨワのいう眩暈《イリンクス》ともいうべき読中感で得たものはその後のぼくの想像力のための三番目くらいのエンジン気筒となったのだから、これは、この本を読んだか読まないか、その一点のもつ分岐力だけが重大だったということを告げたのである。

ホッケ以降もマニエリスムの解読はすすんだ。たとえばアーノルド・ハウザーの『マニエリスム』全三冊（岩崎美術社）、マリオ・プラーツの『官能の庭』『綺想主義研究』『ペルセウスとメドゥーサ』（いずれも、ありな書房）、若桑みどりの『マニエリスム芸術論』（ちくま学芸文庫）などがめぼしいところだが、ロバート・エヴァンズの『魔術の帝国』（平凡社）やカルロ・ギンズブルグの『ベナンダンティ』（せりか書房）やワイリー・サイファーの『ルネサンス様式の四段階』（河出書房新社）なども含蓄があった。だから、日本語で読める文献だけでも、そこそこ充実してきたのだが、それでもホッケの本書と『文学におけるマニエリスム』（現代思潮社）が一番なのである。

マニエリスム（仏 Maniérisme　英 mannerism）とは、ある時代の割れ目に向かって決定的な精神の変動をおこそうとした者たちが気がついた「方法の自覚」のことであり、その自覚された方法《マニエラ》(maniera)の体現のことである。

マニエラあるいはマニエールの意味は、英語の語源探索ならマナーとかマニアとかマニアックという言葉にもつながるし、ごくごく一般的には「手法」と訳されるけれど、たんに手法主義というのではマニエリスムの意味はまったくつかめない。マニエリスムというときの方法《マニエラ》にはもうちょっと深い魂胆がある。

たとえば、われわれには「原身振り《ウルゲベルデ》」というものがある。この原身振りはふつうの挨拶や会話をしているときにも、隠そうとしてもしばしばどこからか滲《にじ》み出てくる。本人はふだんは気づかない。他人の目には目立っている。これを抽出するにはよく知られた手法によるならカリカチュアを用いればよい。だから凝った人物表情に長《た》けているマンガや似顔絵は、ことごとくマニエリスムの一種なのである。このように、マニエリスムには、当事者やその事態にひそんでいる特徴を他者の目によって引き出すという方法意識が旺盛なのである。

マニエリスムは表現に遊んだばかりではなかった。そのように表現する目的と思想をもっていた。そこには神秘を暗示したいという衝動が渦巻いていた。神秘を扱いたいというだけなら宗教者も宗教画家たちもオカルティストも、あるいはドイツ・ロマン主義に代表されるような文芸者たちもみんな神秘を扱っているのだが、マニエリスムにとっての神秘はそうではなく、絵画的技法あるいは文芸的修辞そのものが神秘の暗号であるような、いわばそれだけを見たり読んだりすれば決して神秘の賛美とは見えないようなもの、すなわちアンチ・クライマックスと見紛《みまが》うばかりの神秘なのである。

かつてはそれをヘルメス学とよんだりグノーシスとよんだりしたものだった。マニエリスムにもそのような要素や作用がないとはいえないが、それよりそのヘルメス学やグノーシスの知をも一幅のタブローや一枚のエンブレムや一冊の文章によって衒奇《げんき》的にツイストさせ、歪曲《わいきょく》させ、幻想の遠近法のひだひだやけばけばの裡《うち》に変換してしまうのがマニエリスムの特異性なのだ。

マニエリスムを古典主義との比較でいえば、少しはわかりやすくなる。古典主義が神秘という秘匿されたものを悟性的に昇華された自然において描きだそうとしたのに対して、マニエリスムは「秘匿されたもの」を「寓意《ぐうい》によるイデア」のうちにあらわすべく、それが歪《ゆが》んでいくことをほとんど警戒せずに、神秘の多くを人為にひそむ内部の力の開花に託していったのである。

いいかえれば、神秘を描くのは神ではなく人間であって、その人間にはありとあらゆる欠陥が噴き出ていることを認めたのであった。神秘を「隠された人間像《ホモ・アブスコンディトゥス》」に向けてあらわしたというふうにもいえる。

それゆえ、マニエリスムは自然ではなく人工であり、堆積《たいせき》ではなく逆流なのである。決議論ではなく懐疑論であり、アポロン的ではなくディオニソス的な、敬われるのではなく呪われ、一方的でなく可逆的で、能動というよりいっさいの受動なのだ。またマニエリスムは、男性や女性が明示されるより早く両性具有をあらわすもの、極端と放縦と倒錯と複合神をそこかしこに寓意させるような、親しみよりもわかりにくさを比喩《ひゆ》するものの集合体なのである。

ホッケはこのようなマニエリスムの特質が、ラファエロの死からパスカルの回心にいたる一五二〇年から一六五四年のあいだにいくらでも発見できると序文に書いた。しかし、あらかじめはっきりさせておいたほうがいいことがある。ホッケはマニエリスムの美術史などを書こうとしたのではないということだ。ホッケはクルティウスやプラーツと同様、むしろ「近代人とは何か」「近代には問題がある」ということを解明しようとしつづけたのである。このことがわからないと、マニエリスムの発見が現代人にとって新たな衝撃になったという意味がわからない。

ヨーロッパにはどう見ても変則的なヨーロッパというものがある。アウトサイダーも異端もいる。そこからは「隠された人間像」がいくらでも発見できる。それが近代ヨーロッパのなかで消し去られたとはいわないまでも、徹底して軽視されてしまったことはあきらかだ。ときには規格にあわないものは排除された。

それはおかしいのではないか。それでは「もうひとつのヨーロッパ」がまったく見えてこないのではないか。もし真のヨーロッパを継承したいというなら、むしろこの「隠された伝統」をこそ照射すべきではないか。これがホッケの主張なのである。

こうして「変則的なヨーロッパの隠れた伝統」の解明が進んだのであるが、ここに重大な問題が待っていた。そもそもクルティウスやプラーツやホッケらが解明しようとした当のものが、すでにルネサンスにおいてもそれ以前のマグナ・グラエキア様式の復活時代においても、いや、それ以前のゴシックにおいてもロマネスクにおいても、ヘレニズムにおいてさえ早々に隠秘されてきたということである。ホッケはこうした隠された伝統は、あえて隠されてきた理由をもっていたと見る。

たとえば、十七世紀のアタナシウス・キルヒャーは隠秘されたものを「地下世界」と命名し、世界の内部はすべからく迷宮になっていることを示唆していたし、ロバート・フラッドは暗い世界と現実の天界をふくめた明るい世界との両方で、やっと「両界」というシステムが成り立っているのだと主張していた。変則的ヨーロッパには隠れた伝統ではなく、わざわざ隠した伝統があったのである。

そうだとすると、マニエリスムの起源はルネサンスとバロックのあいだにあるのではなく、もっとずっと古いところから始まっていたと言わなければならなかった。そこに着目してホッケの古今を縦断する旅が始まるのである。

　ホッケが特色を与えたマニエリスムの背後には、意外にも原アジアに結びついている見方があった。

　結論からいえば、ホッケは古代から発展と変遷をとげてきた修辞学的な表現世界のありかたを「アッチカ風とアジア風」として対比的に振り分け、アッチカ風を「適確・集中的・簡潔・精巧・本質的」に、アジア風を「過剰・多義的・非本質的・凝り性・饒舌《じょうぜつ》」などに割り当てたのである。

　これはもともとはエドワルト・ノルデンが試みた分類を踏襲したもので、必ずしも新しい見方ではないのだが、それがマニエリスムにハードウェアとソフトウェアの摺《す》り合わせのごとく応用されたところが斬新だった。ホッケの方程式は、古典主義や擬古主義はアッチカ風で調和的・保守的であり、マニエリスムはアジア風で非調和的、近代的でかつヘレニズム的であるとみなしたのだ。

　アッチカ（Attica）風というのは、アテナイのあるアッティカ半島文化風ということだ。紀元前二世紀の思想者や表現者たちが紀元前四〜五世紀のツキディデスやリュシアスやデモステネスにさかのぼる趣向を起源としている。その理念は「ミメーシス」（模倣）にある。アジア風は、一世紀のクインティリアヌスがサモスのテオーンなどにひそむエトルリア的な「ファンタジア」に注目し、これをアッチカ風から区別するためにアジア風と見たところに始まった。

ここには起源における「ミメーシス」と「ファンタジア」の対比がある。しかしこの説明だけでは、なぜこれがアジア風なのかということはわかりにくいし、それがマニエリスムにつながるだなんてことはもっと理解しにくい。少しばかり古代ギリシアの基本思想をおさらいする必要がある。ぼくなりの解説も加えなければならない。

そもそも古代ギリシアでは「ウラノスとガイア」の一対と「コスモスとカオス」の一対が先行していた。正確には、最初にカオスが生まれ、ついでガイア（大地）↓タルタロス（地底）が生まれ、そのあとでウラノス（父の役割としての天）が生成する。ここまではあきらかに母系的である。

このガイアとウラノスの子にクロノスが生まれた。ここからギリシア独得の物語になって、クロノスが母ガイアと手を結んで父ウラノスを倒し、そのクロノスがレイアと結婚して、あろうことかレイアが生んだ子供たちを呑《の》みこんでしまうというふうに展開する。物語は一人ゼウスだけが併呑《へいどん》の難を逃れて新たな神々の軍団を組織化し、いよいよ父なるゴッドファーザーとしての天界のリーダーになるところで最初の頂点を迎える。ゼウスの一派がいわゆる「オリュンポスの神々」という軍団だ。

すぐに察知できるように、当初の「ガイア↓レイア↓ゼウスの多妻たち」という母系の進行に対して、ここには「ウラノス↓クロノス↓ゼウスの絶対化」という父系による劇的な逆転がおこっている。一般にヨーロッパ思想の中核というものは、この「クロノス↓ゼウス」のところで逆転がおこっていることをどう認証するかという議論とともに発達してきた。それは二十世紀においても変わらない。フロイトからドゥルーズまで、みんなこの逆転の問題を考察しつづけた。

さて、ゼウスが古代ギリシアの神々のシステムを統治したということは、ここに「秩序」（オルド）が生まれたということである。これが古代ギリシアでいう「コスモス」だった。注意するべきなのは、このときはコスモスこそが人為的な秩序であって、「カオス」のほうがナチュラルな根源をあらわしていたということだ。

続いて、このコスモスとカオスのあいだに社会生活が挟まれる。社会生活はカオスから吹きすさぶ自然の猛威を防いで、そこに安定した日々をおくるための社会と制度をつくる。これが「ノモス」（法）である。ノモスはコスモスの統轄者たる天なるゼウスの、その人工的秩序の、しかしコズミック（コスモス的）な原器を反映して制定されたものとみなされる。

ノモスによって律せられた社会生活は、二つの領域に分けられた。ポリス（都市）とオイコス(家庭)だ。しかもここが重要なところなのだが、都市空間ポリスは地上の明るい世界で、家庭空間オイコスは地下の暗い世界だとみなされた。なぜポリスが明るくて、オイコスが暗いのか。

これを理解するには、もともと古代ギリシアが小アジアを背景に、先行するアジア的な野生世界を伐採して、そこに石造りの都市空間をつくっていったという経緯が反映している。つまり「野蛮なアジア的な空間」の上に「開明的なポリス的な空間」をつくりだしたんだ、われわれはそこから上方に向かって出発したんだという見方が、ここに始まったわけである。ちなみにこの見方はのちにヘーゲルによってもっと根本的な文明史観にまで高められた。

ポリスがアジア的空間を封印して形成されたということは、ポリスという理念には天上的なコスモスの秩序があるということになる。逆に、そのように封印されたオイコスには地下的な世界がつながっているということになる。

このようなポリスは、各オイコス(家)の家長が一人ずつ選出されてポリスのメンバーになることによって成立する。これが直接民主制の基本だった。オイコスは「ギリシア空間に残された最小のアジア」という単位だったのだ。だから、ノモスに律せられた社会生活のための基本的な生産力は、このオイコスから送り出される。オイコスはつねにポリスの不足を埋める装置だったのである。いわばオイコスが「負」を充塡《じゅうてん》し、ポリスが「正」を謳歌《おうか》する。そういう宿命的な関係があった。

こうしてポリス（polis）から「政治」（politics）という概念が、オイコス（oikos）からは「経済」（economy）が派生した。ヨーロッパにおいては、経済とは「オイコスの成果をポリスにふさわしくノモス化したもの」なのだ。

それでは、この「アジア風」にどうしてグノーシスやマニエリスムが対応できたのだろうか。グノーシスは、とりわけマニエリスムは、古代ギリシアのポリス的ノモスによって封印された地下世界につながるパンドラの函《はこ》をこじあけたのだ。

ポリス的ノモスには、当然ながらあらゆる秩序がまとわりついている。黄金比率もそのひとつだし、美の完成の追求もそのひとつ、また文法も修辞も秩序を構成するためのものだった。

けれども、こうした比率や美や文法や修辞に従ってばかりいては、オイコスのリゾームは発見できない。マニエリスムはだからこそこのすべてに逆転と歪曲と誇張をもたらしたのである。ただしそのこじあけは、神聖ローマ帝国とフランク王国とカトリック・システムというノモス的秩序によって構築されつつあった巨大ヨーロッパ社会では、あからさまに許容されてはいなかった。異端も魔女も男色も、変質も異常も伝染病も白日のもとに持ち出せないようになっていた。

こうしてマニエリストたちがひそかな活躍を始めることになった。隠しつつ暴いていったのだ。また、暴きつつ隠していったのだ。たとえばミケランジェロはその楕円《だえん》においてデューラーはそのメランコリア（憂鬱）において、パルミジャニーノはその凸面鏡において、カラヴァッジョはそのキリストやヨハネの足において、アルチンボルドはその顔貌《がんぼう》の要素において、それぞれのノモスの打破をコンチェット（綺想）としてあらわしてみせたのだ。かれらはバロック化していったのだ。

ヨーロッパは「東」を封じて「西の世界観」を築き上げてきた。それは古代ギリシアの手法の踏襲だった。封じた「東」は隠されてきたのだが、そこをこじあける方法をマニエリストたちが磨いていった。かくしてヨーロッパの正体はバロックとともに露出したのである。

グスタフ・ルネ・ホッケは美術史の研究者でも美学者でもない。ブリュッセルで生まれ育ち、ベルリン大学でクルティウスのラテン全集的な著作に出会って仰天し、ボン大学に転学してルクレティウスの研究に傾注はしたのだが、大学を了《お》えるとジャーナリストになった。しばらく「ケルン新聞」で編集に携わって、伝統と近代のあいだに喘《あえ》ぐドイツ国学を問う「現代の精神」というシリーズを企画構成した。続いて、モンテーニュからジロドゥにおよぶエッセイ集を手がけて話題を集めると、一方で『精神のパリ』を執筆し、他方でその後のホッケを一変させる出来事に逢着《ほうちゃく》する。

それは南イタリアに旅行したときに、往時のエレア学派とピタゴラス学派が交差するように思索を展開した「マニエラ・グレカ」（イタリア的ギリシア主義）の光景を目の当たりにしたことだった。このことはのちに『マグナ・グラエキア』（平凡社ライブラリー）に書いている。以降、ホッケはギリシアとイタリアを結ぶ地下洞窟《どうくつ》から全ヨーロッパ文化の謎を解きつづけることになる。その解剖のメスがマニエリスムなのである。

本書は、このようなマニエリストたちの古今にわたる試作と冒険の大半をたいそうイメジャリーにまとめあげた記念碑である。ヨーロッパ世界を地下的アジアから逆照射してみせたのが圧巻だった。

セルバンテスやゴンゴラらの文芸的なマニエラの冒険については、このあとに書かれた『文学におけるマニエリスム』のほうにたっぷり網羅されている。個々の作品例についてはこちらにあたられるのがいい。作家名と作品例の多さに驚くだろう。

最後に一言、こんな感想がいまだに残響する。当時はむろん、いまでも半分はそう感じているのだが、ホッケが案内してくれたマニエリストたちは、その多くがなんとも工人ダイダロスっぽくて、ということは仕掛けのあるサイボーグかロボットめいているのに、そのくせやたらにギャラント（伊達《だて》）で、マルチスピリチュアル（多精霊的）であったということだ。種村季弘がぞっこんになった理由が、よくわかる。

第一〇一二夜　二〇〇五年三月十日

参照千夜

五九一夜：矢川澄子『反少女の灰皿』 八九九夜：ロジェ・カイヨワ『斜線』 二九九夜：若桑みどり『イメージの歴史』 一五九〇夜：ロバート・エヴァンズ『魔術の帝国』 五六夜：ギンズブルグ『闇の歴史』 四四二夜：高山宏『綺想の饗宴』 七六二夜：パスカル『パンセ』 八九五夜：フロイト『モーセと一神教』 一〇八二夜：ドゥルーズ&ガタリ『アンチ・オイディプス』 一四九七夜：宮下規久朗『カラヴァッジョ』 八八六夜：モンテーニュ『エセー』 一七〇六夜：フリードリッヒ・ヘーア『ヨーロッパ精神史』 六九三夜：ベルント・レック『歴史のアウトサイダー』 一一八一夜：セルバンテス『ドン・キホーテ』

ジョン・ディーとイニゴー・ジョーンズが、「世界」を舞台に再現できると確信したのです。

フランセス・イエイツ

世界劇場

藤田実訳　晶文社　一九七八

Frances Amelia Yates: Theatre of the World 1969

いまではジョン・ディーやロバート・フラッドを知らないまま、エリザベス朝の文化やシェイクスピア時代の演劇を議論することなんて、とうていできっこないことはよく知られているが、ということは「バロックの世紀」の開幕をディーやフラッドを外して語れないということなのだが、フランセス・イエイツが一連の研究書を発表するまでは、そんなことはごく一部の好事家か、神秘主義にとりつかれている者の戯《ざ》れ言《ごと》だと思われていた。

その一連の研究書というのは、『ジョルダーノ・ブルーノとヘルメス教の伝統』（工作舎）、『記憶術』（水声社）、そして本書『世界劇場』（晶文社）だった。

一八九九年、ハンプシャー州ポーツマスに生まれたイエイツはロンドン大学卒業後に大英博物館で学芸研究をしたのち、エドガー・ヴィント、エルンスト・ゴンブリッチとともにヴァールブルク研究所に移って、熱病に罹《かか》ったように「ヘルメスの知」に惹《ひ》かれていった。ヨーロッパ中世から近世にかけて「隠るるもの」がどのような符牒《ふちょう》と暗合をもって記述されていったのか、その秘術に挑んだのだ。その記念碑的な労作が、この三冊だった。

このあともイエイツは魔術的ルネサンスと宇宙的エリザベス朝の研究を続け、その一冊ずつが瞠目《どうもく》すべき成果をあげていった。だから初期の三冊だけを、ましてや『世界劇場』だけをとりあげるのはしごく勿体《もったい》ないことであるけれど、本書一冊だけでも存分にイエイツの真骨頂は発揮されているので、以下はその思いきった紹介に努めたい。「思いきった紹介」と書いたのには、多少の理由がある。ぼくがフランセス・イエイツに会いに行った最初の日本人らしいからである。

そのときロンドン大学のヴァールブルク研究所別室にいたイエイツ女史は、ぼくと村田恵子とをしっかりと見て、「ねえ、ゆっくり話しましょうよ」と言って自宅に招いてくれた。

すでに八十歳をこえた上品なおばあさんになってはいたが、シェイクスピアの世界劇場と世阿弥の能舞台との関連について、とりわけその音響的空間性についての話になると、すぐさま魔法使いのおばあさんのように眼を輝かせ、その場で東西の文化の探究をはじめたものだった。

その、白髪をときどき搔《か》きあげながら、まっすぐぼくの眼を見つめて喋《しゃべ》る口調には、まさにイエイツ女史が研究書で駆使してきた幾多の〝推理力のエンジン〟というもの、また〝判断力のドライヴ〟とでもいうものが生きていた。ぼくは、その過日の雰囲気のもとでのイエイツの口調を、以下にもちこんでみる。

では、どうぞ。ざっとはこんな感じなのである。

まずなんといってもね、一五七〇年にユークリッドの『原論』（共立出版）が英訳されたことが大きかったのです。ヘンリー・ビリングズリーの訳で、序文をあのジョン・ディーが書いたのね。

この序文は、それから三五年たってフランシス・ベーコンが書いた『学問の進歩』（岩波文庫）より、ずっとずっと重要な意味をもっています。ベーコンが数学を評価できなかったのに対して、ディーは数学を究めることこそが科学と文化のあらゆる発展にとって意義のあることを見抜いていましたからね。でも、ディーがのちのち怪しい人物だとみなされたのにも理由があります。それはディーに『ジョン・ディー博士と、聖霊との間に多年にわたり起こりたる事の真なして忠実なる物語』という、とても奇怪な著書があるためね。これはカバラ的な数秘術で天使を呼び出そうという魂胆の書で、実際にもディーがエドワード・ケリーと試みたことについての本です。

では、ディーはどうしてすごい数学の本の序文と神秘的な本の両方を書いたかというと、もとはといえばアグリッパの『隠秘哲学』が原因なのね。この本はディーの蔵書目録に何種類も入っているもので、これを読めば、なぜ同一人物が数学者であって魔術家でもありうるかということがよくわかります。

それにしてもね、ディーがいかに、ダンテからパラケルススまでの、ルルスからカミッロまでの、ヘルメス学からネオプラトニズムにおよんだ夥《おびただ》しいルネサンスの書物を集めていたかということは、それはそれはほれぼれするくらいです。

そしてその蔵書の中に、ユークリッドの『原論』とともに、かのウィトルーウィウスの傑作『建築書』(東海大学出版会)があったのね。私がそれを発見したんです。すでにウィトルーウィウスの驚くべき比例的世界観はアルベルティやデューラーらのルネサンス人によって復活されていたのですけれど、それはイギリスには届かなかったのね。当時のイギリスという国は建築や美術ではとても地方的な沈滞したところで、あのエリザベス女王ですら、大きな宮殿や庭園をまったく造らなかったでしょう？　そこにディーが現れたんです。

ディーがウィトルーウィウスを紹介し、世界の記憶が数学的比例性によって構築される可能性を示してから六年後だったかしら、この世界劇場の構想に影響をうけたジェームズ・バーベッジがショアディッジに木造の「劇場座」を建てるんです。ね、このことだけでもディーがいかにエリザベス朝の空間沈滞を破ったか、おわかりでしょう。

でも、話を急いではいけません。ロンドンに「地球座《グローブ》」をはじめとする世界劇場が林立するには、もう二人の人物の関与を見ておく必要があるのです。一人はロバート・フラッド、もう一人はイニゴー・ジョーンズです。ちなみにジョン・ディーは一六〇八年に亡くなります。レスター伯ロバートの紹介でエリザベス女王の側近になって、それから外国へ行くのですが、晩年は不幸だったようね。

ディーの世界観を引き継いだのは偉大なロバート・フラッドです。フラッドもヘルメス学やカバラに夢中になった人で、ロンドンではパラケルススふうの医業も開業しています。しばしば薔薇十字団員だともいわれていますが、なぜかフラッドは否定しています。いずれにしてもフラッドはディーの著作に出会って大きく変わるのね。その影響が溢《あふ》れるほど盛りこまれたのが、何度見ても見飽きない『両宇宙誌』です。ジェームズ一世に捧げられました。

この大著はそれはそれはウィトルーウィウス的で、しかもディー的な主題の大半を継承し、発展させています。両宇宙というのはマクロコスモスの宇宙とミクロコスモスの人間ということね。フラッドはこの両宇宙の双方が「技術誌」をもっているという考えで、その両者にウィトルーウィウス的な比例関係があると見ました。そうやって構想したのが「音楽の殿堂」です。とてもすばらしいものです。私は、この「音楽の殿堂」が次の時代の世界劇場ブームを先駆けたと思っています。

一方、少年時代に指物師の修業をしたイニゴー・ジョーンズは、フラッドとはほぼ同世代の、一言でいえば意匠設計家ですね。まあ、デザイナー。海外旅行もたくさんしています。機械技術や空間設計にも関心をもっていたようで、そこがディーやフラッドの技術誌的世界と結びつきます。

こうしたジョーンズの体験と関心がジェームズ一世の宮廷で仮面劇の演出に携わったことで、一挙に開花します。ジョーンズは機械技術を奇跡的な演出効果に使ったのね。ファンタスマゴリア（幻燈術）ね。劇場魔術よ。それとともに劇場空間のありかたを革新するんです。そのとき、さっきのフラッドの「音楽の殿堂」が新しい姿で実現していくの。ほら、ジョーンズが描いた一六一〇年の仮面劇『妖精王オベロン』の宮殿場面のスケッチがあるでしょう、あれこそはまさしくフラッドの殿堂ですよ。

ですからね、ディー、フラッド、ジョーンズの三人はいわば「パンソフィ」（万有学）を地上で実現しようとしていたということなのです。そういうふうに考えるべきですね。それがユークリッドの幾何学とウィトルーウィウスの建築学によって可能になった。パラディオがフィレンツェやヴェネツィアで試みようとしたことが、ロンドンで新たな形で開花したんです。そしてその試みが、テムズ河畔の世界劇場になっていくんです。

そのころのロンドンには、同時代のほかのヨーロッパの都市には見られないひとつの特徴がありました。それはパブリック・シアター（公衆劇場）がたくさんあったということです。

そこへ一五七六年にバーベッジの劇場座ができて、ついでカーテン座、薔薇座、白鳥座とできて、そして一五九九年にピーター・ストリートらによって地球座がバンクサイドに出現します。みなさんよく御存じのシェイクスピアが座員だったロード・チェンバレン一座の劇場ですね。ここに、イニゴー・ジョーンズが記憶術をいかして発案した「ピクチャー・ステージ」（絵画的舞台性）と「パースペクティブ・シーン」（遠近的場面性）が導入されるんです。

けれども、そのようにジョーンズの成果をまとめるのはまだまだ表面的な見方なの。私はその舞台構造にはフラッドの記憶術が二つ組み合わさって投影されているだろうと考えました。ひとつは方形術、もうひとつは円形術です。方形と円形にさまざまな象徴的なポイントやアドレスを潜ませておいて、それを記憶の再生に、すなわちドラマの展開に投影させるというものです。

実はジョーンズはストーンヘンジの研究者でもあったんですよ。なんだかいろいろな暗合を感じるところよね。ねえ、あなたの国の世阿弥だって三本の松や目付柱やシテ柱をそのように使ったはずですね。シェイクスピア時代の劇場では、そこに天体の動向図を使いました。そして、能舞台がそうであるように、舞台の床下にはいくつもの共鳴箱が埋めこまれたんです。なんと、すばらしいことでしょう。

第四一七夜　二〇〇一年十一月九日

参照千夜

六〇〇夜：シェイクスピア『リア王』　一一八夜：世阿弥『風姿花伝』　九一三夜：ダンテ『神曲』　七七八夜：ウィトルーウィウス『建築書』

オランダのマラーノの哲人による、
神を幾何学的に論証する仕方とは、どういうものだったのか。

バルーフ・デ・スピノザ

エチカ

畠中尚志訳　岩波文庫　全二巻　一九五一
Baruch de Spinoza: Ethica 1677

おぼえやすいだろうから言っておくのだが、スピノザと画家フェルメールは同じ年の一六三二年にオランダに生まれている。ついでに言えば、レンブラントもスピノザの近くに住んでいた。

しかし重要なのはスピノザとフェルメールが同い歳だということではなくて、スピノザは生まれたときからのユダヤ教徒で、マラーノだったということ、日常会話はポルトガル語あるいはスペイン語が多くオランダ語は堪能ではなかったらしいこと、そして、ユダヤ人学校（タルムード・トーラー学院）でヘブライ語を学んで旧約聖書の研究に打ちこんではいたが、あとは学校には行かず独自の思索に耽《ふけ》ったため、ラテン語は独学だったということ、そのスピノザが一六五六年にアムステルダムのユダヤ共同体から異端として破門されたということ、こちらのほうである。
これらのことは難解なスピノザ哲学を解く鍵束《かぎたば》の一部になっている。『エチカ』は冒頭が「自己原因」という概念の定義から始まっているのだが、そしてそれが『エチカ』全体の魅力になっているのだが、その「自己原因」はスピノザの思想から生い立ちまでを含む問題の大半を象徴的に解こうとしているかのようなのだ。

ぼくにとってのスピノザは、かつてはそうとうに近しい哲人だった。かつてというのは、学生時代と二十代半ばまでのことをいう。岩波文庫の『エチカ』だけを読んでのことではあるが、まことにすらすら読めた。それればかりか、神を考えるのはこういうふうでいいんだという実感さえ細かく掴《つか》めたような気分になっていた。デカルトを読んでいたせいだろうとおもうが（スピノザはデカルト研究に時間をかけて幾何学的論証性を身につけた）、むしろデカルトより読みやすく、不遜《ふそん》な言い方になるけれど、もし自分が中世の神学やスコラ哲学になじんでいたら、そう、そう、こういうふうに神を論証するんではないかとさえ感じた。それがいつしかスピノザが遠のいた。以下にその理由を臆測しておく。

ひとつには工作舎時代にライプニッツが身近にあった。身近といっても下村寅太郎さんの影響だけれど（というよりもぼくが好んで影響下に入ったというほうがあたっているが）、工作舎をつくってからはほとんどライプニッツにばかり加担した。とくに『単子論』（岩波文庫）がおもしろく、これを『モナドロジー・ダイジェスト』というふうに全文を勝手に書き変えて、そこから「思考の方法」のようなものを導き出そうとしていた。

この試みは半ばで挫折するのだが、それが工作舎では新たな広がりとなって下村さんを中心とした『ライプニッツ著作集』という壮大な企画になっていった。十川治江が仕掛人だ。こうなると、いくら同時代とはいえスピノザとライプニッツではあまりに対照的すぎた（スピノザが十四歳年上である）。ライプニッツは一六八三年のある書簡の中で、スピノザのことを「鋭敏ではあるが宗教心のない学者」とか、その形而上学を「最も質の悪い学説」と書いていた。

またひとつには、こう言っていいかどうかはわからないけれど、いつしかスピノザに惧れを抱いてしまったということがある。学生時代に『エチカ』を身近に感じていたにもかかわらず、これはあとで説明するけれど、スピノザがマラーノであることを知ってからというもの、スピノザが光輝に満ちた複雑怪奇な暗黒神のように見えたのだ。マルクスやカフカにおけるユダヤ人問題ならまだ手がかりがある。けれどもマラーノはわからない。マラーノとしてのスピノザが「神」と「自己原因」を問うたのだから、これはお手上げなのである。安易に近づいたり理解したつもりになったりしてはよくなかろうという気になった。

こうした惧《おそ》れを抱くのはめずらしかった。むろん畏怖する思想家や作家やアーティストはいくらもいるけれど、それを避けるなどということはめったにしてこなかった。それなのにそのころから二十年間ほどは、スピノザを避けた。ヨーロッパがかかえる最も複雑な神の問題を避けたのである。

ついでにいえば同じころから、ニーチェも避けるようになっていた。それゆえさらについでに書いておくのだが、この両者を徹底して研究していたジル・ドゥルーズのような思想家には、どこか頭が上がらないという気にもなっていた。

スピノザについて書かなかった理由ではなく、なんとなく書きにくかった理由にもうひとつ、スピノザをめぐる周囲の騒音が誇大に多すぎるということがあった。

すでにフィヒテの知識学が「整合的な哲学は二つしかない」として、ひとつは「我あり」とするデカルトの哲学で、もうひとつが「我」の外なる実体としての神を出発点とするスピノザの哲学であるとしていた。

同じように、ヘーゲルは「スピノザは近代哲学の原点である。スピノザ主義か、いかなる哲学でもないか、そのどちらかだ」と言っていた。ベルクソンは「すべての哲学者には二つの哲学がある。自分の哲学とスピノザの哲学である」と書いていた。スピノザとほぼ同時代の大批評者ピエール・ベールですら、はやくも「宗教心がほとんどなくて、それをあまり隠さないのであれば、誰もがスピノザ主義者なのだ」と囃《はや》したてていた。レッシングは「スピノザ哲学以外の哲学はない」とまで決めつけた。

ようするにスピノザについて発言することは、たちまち全ヨーロッパの知との関係を問われるか、さもなくば自分の哲学を問われるということなのだ。まさに「西の踏み絵」なのである。全ヨーロッパの知を賭《か》けた踏み絵として、スピノザは位置づけられてきたわけなのだ。だからこそ、そこがプラトンを批判して全ヨーロッパの知を問題にしたニーチェとつながる畏怖ともなってくる。こういうスピノザでは、ぼくでなくとも引っ込み思案にもなろう。

こうしてスピノザが遠のいていったのだが、あるときスピノザのマラーノとしての歴史境遇にまつわることの意味が少し見えてきて、やはりスピノザを避けては（そしてニーチェを避けては）、ヨーロッパにおける神の問題の根幹は何も発言したことにはならないと、思い知らされた。イルミヤフ・ヨベルの大著『スピノザ 異端の系譜』（人文書院）を読んだのがきっかけである。ようやく概略が見えてきた。こういうことはいくらスピノザを読んでも見えてこないことだったのである。

最初に書いたように、スピノザはフェルメールと同じ年にアムステルダムで富裕な貿易商の家に生まれた。生まれるとともにユダヤ人マラーノの血と知を継いだ。フェルメールがスピノザの近所に住んでいたレンブラントを継ぐ油彩画家になったように、スピノザはユダヤの血と知を継いだのだ。そこからスピノザの汎神《はんしん》的でありながら、かつ無神的な独創も出た。

マラーノはその多くがスペインからポルトガルやオランダに脱出してきた「改宗ユダヤ人」ともいうべき一群である。宗旨上は「コンベルソ」（キリスト教への改宗者）という。マラーノはその蔑称《べっしょう》になる。モンテーニュにもマラーノの血が混っていた。スピノザ一族のばあいはポルトガルからオランダにやってきた。

マラーノはスペインの国土回復運動やイスラムとの対決を経験した歴史の土と血をもっている一群で、しかもそこを脱出することで、表向きはキリスト教社会に入っていながらも奥ではユダヤ人でありつづけられたという「突出」と「同化」の宿命を背負っていた。その発端は十四世紀にあった。やがてマラーノはヨーロッパに溶けこみ、アムステルダムにも住みこみ、シナゴーグで祈りを捧げるヨーロッパ人になっていくのだが、この背景には「スファラディ」という滔々《とうとう》たるユダヤの血があった。

誤解の多いユダヤ人についていささか注意を促しておきたいのだが、現在一五〇〇万人とも二〇〇〇万人ともいわれるユダヤ人は大別すると、「アシュケナージ」と「スファラディ」に分けられる。アシュケナージが約九〇パーセント、スファラディが約一〇パーセントを占める。
アシュケナージは西アジアや黒海・カスピ海近辺や東欧にいたハザール（カザール）系の民族で、モーセが「約束の地」を求めたときに集まった十二支族とはまったく異なる血の流れにある。モーセの十二支族のほう、すなわちのちにディアスポラの憂き目にあったユダヤ人はスファラディのほうだった。

このスファラディはユダヤ純血型で、しだいに追われて中世以降はほとんどスペインに入っていた。それが十四世紀から十五世紀にかけてスペインをも追われた。

決定的なのは一四九二年にグラナダが陥落し、スペインが国土回復運動をおえてキリスト教社会になっていったことである。ここでスファラディは改宗するか、移住するかを迫られる。こうして一部はポルトガルやアフリカへ、一部がオランダなどの中部ヨーロッパに流れこんできた。ともかくもこのとき、すでに混血も始まっていたスファラディの流れに、表向きはキリスト教に改宗した改宗ユダヤ人、すなわちマラーノが混じったのである。スピノザのルーツはここにつながっていた。

スピノザは生まれながらにして皮膚の外側がキリストの、皮膚の裏側がユダヤの血で縫いとられていたのである。「血」だけではない。「知」としての言語も二重化三重化されていた。オランダ生まれのスピノザがポルトガル語あるいはスペイン語を喋《しゃべ》っていたというのは、以上のような事情からも重要だ。

ここからがもっと複雑というか、難問になるのだが、こうした改宗ユダヤ人としてのスピノザが、ユダヤ共同体から異端として破門された。無神論だと烙印《らくいん》を押された。一六五六年、スファラディになろうとしているマラーノのなかで、聖書研究（ユダヤの神の研究）に打ちこんでいたスピノザが異端とされたのだ。まるで複雑骨折である。スピノザはこれ以降、生涯をかけて『エチカ』を断続的に書きつづけることになるけれど、その出版は死後のものとなる。

これはどういうことなのか。どういうことなのかを、スピノザが『旧約聖書』の神に「自己原因」を問うことで、問うた。

その神はユダヤの神であって、ユダヤの血を決定づけている。ここまでは神もユダヤも「一にして全」である。スピノザにとってはそのように認識できることが本来の倫理《エチカ》というものだ。スピノザはこのことは幾何学をもっても証明できると確信した。けれどもそのスピノザの血と知が異端だとみなされたのである。あまつさえユダヤ共同体によって無神論だと烙印を押された。なぜなのか。

真相はよくわからない。いまもってスピノザが破門になった理由を示す資料がないままなのだ。おそらくは過激な言動か、表向きの話と裏向きの話が取り違えられたか、あるいは書きかけの草稿などが見つかってしまったのだろう。

異端視されても仕方のない潜在条件は揃っていた。そもそもマラーノには、たぶんに二重信仰状態があった。表向きはキリスト教社会で活動しながらも、血の共同体としてはユダヤ社会に属するという二重性である。それに加えてスピノザは二重言語状態ないしは三重言語状態にあった。これらの認識と表現にまたがる多重性は、生活者としてながらえるだけならそんなに問題はおこらない。プロテスタントや隠れキリシタンやアーミッシュの例もある。

しかし、神の名前を証明しようとしたり、その本性を語ろうとしたりしたとたん、この多重性はたいへん矛盾に満ちてくる。

ともかくも、スピノザが思索し、表現しようとした神の弁証というものは、こうした交錯した二重信仰・多重言語の渦中で開花していったのだ。そのため『エチカ』を読んでいてもしばしば感じることであるけれど、あまり説明もなく平気で概念の意味を変えて使うようなところもあったのだ。

スピノザはキリスト教社会からでなく、神の血を司《つかさど》るはずのユダヤ共同体から追放されてしまったのである。それは神による放逐にも等しい仕打ちである。スピノザの内心とはまったく違った現実が強要されたのだ。

きっとスピノザの神があまりにも抽象性をもちすぎ、あまりにも自己の本性との関係を追いすぎ、語りえないものを語りすぎたのである。しかし、この複雑骨折ともいうべき状況が、かえってスピノザを奮い立たせ、その堪能な多重弁明力を神の証明と認識の解明にあてさせたともいえる。それこそは、『エチカ』が冒頭に「自己原因」という概念の定義をおいた理由ともなってくる。

遠まわりばかりしてしまったが、ぼくにとっての『エチカ』を語ろうとすると、こういう迂回路《うかいろ》をいくつも辿《たど》ることになってしまうのだ。

スピノザは「無神論者の濡衣《ぬれぎぬ》」を着せられた稀代《きたい》の汎神論者だった。汎神論(pantheism)という用語はギリシア語の「すべて」(pan)と「神」(theos)の合成語で、十八世紀の神学者のトーランドやウォーターランドが命名した。

訳語の汎神論の「汎」も「すべてにあまねく」ということである。この世界に存在するすべてのものは神の一部であるというのが汎神論で、こういう見方は多くのアミニズムにも、ヒンドゥイズムや日本の神祇神道《じんぎ》にもあった。ただ、そこには「すべてのものは神が創った」ということと「すべてのものは神の一部だ」という見方がごっちゃになっている。

「すべてのものは神が創った」というのは、神がすべてのものより先にあったということで、神は論証など必要としない超越者になる。「すべてのものは神の一部だ」というほうは、「神すなわち全」（ヘン・カイ・パーン）ということで、世界と神とは「一にして全」ということになる。これはひょっとすると証明可能である。

スピノザの汎神論は神を超越者とみなさず、神がどのようにして世界そのものであるかを論証しようとしたものだった。スピノザの考え方が「神即自然の汎神論」と言われてきたのは、このためだ。こんなことに挑んだ汎神論はなかった。スピノザは世界像の絵柄から超越神を削除したのである。

超越神がいないなら、どうなるのか。神は「自己原因」によって神という自身を作出《さくしゅつ》したということになる。のみならず人間も当然ながら「神の一部」なのだから、神の自己作出のプロセスには人間の自己形成が含まれるということにもなる。スピノザはこれらを論理的同時に証明しなければならない。こうして『エチカ』すなわち『幾何学的秩序によって論証された倫理学《エチカ》』が書かれたのである。

とんでもない挑戦だ。ページを開いてみればすぐわかるが、文章はユークリッドの『原論』のように次々にQED（証明終わり）を告げて進むようになっている。とんでもない挑戦ではあったが、幾何学的であるということは、公理や用語の定義があれば、それなりに進捗《しんちょく》する。ぼくが当初はするすると読めたのは、このためだ。

スピノザが用意したのは、まとめていえば「神」「実体」「属性」「様態」などを論証するための「思惟《しい》」や「延長」といった分類原理と、「性質」や「集合」をはたらかせるための機能原理だった。

この二つの原理をいじって、神の自己作出を説明し、それが人間の認識にも重ねあてはめるようにしなければならない。どうするか。ここに神＝人間をダイナミックに動かすための受動力（passio）と能動力（actio）を作用させることにした。これが後世、「認識の三区分説」として取り出されて有名になった仮説だ。

「認識の三区分」はこういうものだ。スピノザはまず、受動力として「表象知」（imaginatio）を想定して、これを第一種認識とした。われわれが知覚によって作動させる「漠然とした経験」や「言葉や記号による認知」がこれにあたる。ここでは精神は他律的で、観念には秩序《オルド》はない。精神はみずからの能動力によって諸々の観念を説明しようとはしないのだ。

能動力のほうは第二種認識の「理性知」（ratio）と第三種認識の「直観知」（scientia intuitiva）に分けた。公理として扱ったのは「理性知」である。ここには「共通概念」（notiones communes）が埋めこめるからだ。第三種の「直観知」はわれわれの観念を充塡《じゅうてん》させるものとした。神との合致感を得るには「直観知」がはたらくのである。いささか乱暴なところもあるが、スピノザはこうした神と人の自己作出のためのプロセスはコナトゥス（意志の努力）が作用して自己保存の傾向をもたらすと考えた。もってスピノザ流認知科学というべきだ。

スピノザの汎神学説は、古代このかたの神のための論証の幾何学という恰好《かっこう》をとってはいるが、実は神と自己とを分かたず、精神と自然とを分かたぬ認識に入ることを倫理《エチカ》とするための論証だったのである。スピノザは「神」と「神ならざるもの」の両方に自己原因が発露していく姿を追ってみたかったのである。

『エチカ』ではその全貌が「概念の構成のための手順の提示」であって、また「知性によっていかに神に酔えるのか」という「方法の提示」になっていた。

驚くべき作業だ。「神に酔いしれた哲人」と言われたのも当然だ。しかし、正直な感想をいえば、そこにはスピノザ独特の「概念の意味」の読み替えがあり、スピノザが得意の多重言語のなかに神を引きずりこんだという印象もある。

ぼく自身はそれをかつては編集的技能として読んだために、きっとわかりやすかったのであろうけれど、あらためて考えてみると、その読み替えを含めて異端者を超える論証性を一貫させようとするスピノザの概念操作には、やはり鬼気迫るものがあったとも感じる。

ところで、そういうことを棚に上げていうのなら、ぼくがかつて読んだ『エチカ』のなかで最も影響をうけたのは、第二部「精神の本性および起源について」の「延長」をめぐる議論のところであった。ぼくは三十代に入ってアルフレッド・ホワイトヘッドを知ることになるのだが、それはほとんどこのスピノザの「延長」概念から手を伸ばしてホワイトヘッドの果実を食べさせてもらったようなものだった。いつの日か、今度はホワイトヘッドからスピノザへという回路をめぐりたい。

第八四二夜　二〇〇三年九月三日

参照千夜

三九〇夜：フィヒテ『ドイツ国民に告ぐ』　一〇九四夜：アンソニー・ベイリー『フェルメール』　九九四夜：ライプニッツ『ライプニッツ著作集』　七八九夜：マルクス『経済学・哲学草稿』　六四夜：カフカ『城』　一〇二三夜：ニーチェ『ツァラトストラかく語りき』　一〇八二夜：ドゥルーズ&ガタリ『アンチ・オイディプス』　一二一二夜：ベルクソン『時間と自由』　七九九夜：プラトン『国家』　八八六夜：モンテーニュ『エセー』　九四六夜：アーサー・ケストラー『ユダヤ人とは誰か』　九九五夜：ホワイトヘッド『過程と実在』

ぼくがアルス・コンビナトリアという「知の方法」に惚れた理由を、今夜は明かしておきたい。

ゴットフリート・ヴィルヘルム・ライプニッツ

ライプニッツ著作集

下村寅太郎・山本信ほか監修　原亨吉・佐々木能章・佐々木力ほか訳　工作舎　全十巻　一九八八〜一九九九

Gottfried Wilhelm Leibniz: Opera Omnia 1666–1715

数学には記号がつきものだと思われている。そんなことはない。数学記号がないころから数学はさかんだったし、数式が言明しているメッセージ内容には必ずしも記号は躍っていない。

数学的能力と記号的能力も、まったくべつものである。記号の力を借りない数学的思考はいくらでも可能だし、既存の数学に対応していない記号的思考はいくらでもある。急に引き合いに出すけれど、三浦梅園やウンベルト・エーコには記号的能力はあろうが、数学的能力はほとんどないだろうし、ニュートンやホイヘンスは記号言語力に頼る必要がないほどに数学的能力に長《た》けていた。

しかしいったん記号が定着し、それがしだいに体系性をもっていくと、数学的思考と記号的思考のあいだの峻別《しゅんべつ》はあいまいになっていって、記号や言語というものがどれくらい実体を指示しているかという議論や、思考はどれくらい記号の助けを借りているかという議論をしているうちに、記号的数学こそが数学だという観念をどこかに押しやることができなくなっていく。とくに代数学が記号で表現されてからは、この問題は、大きな謎とも人間思考の本質を解く鍵とも、逆に、思考を阻む壁とも見えてきた。

こうした問題を考えようとするとき、つねにその中央にあらわれてくるのがライプニッツである。

もともと代数学と記号化とは関係がなかった。アル＝フワーリズミーの代数学、いわゆるアルジェブラ（アラビア数字）には記号がまったく使われていなかった。代数学の呼称のルーツとなったアルジェブラが、プラス・マイナス記号もアラビア数字も使っていないということは、そのころはまだ文章上のレトリックの記号メモとして代数を綴っていたということになる。代数は思考の文法に所属していたのだ。

それがラテン世界に入ってきて、これを写本するプロセスで省略記号を考案しているうちに、いわゆる代数記号に発展していった。佐々木力が紹介していたのだったと思うが、たとえばアラビア語で一次元の未知数はシャイといい、それをラテン語ではレースというそうだが、その頭文字のRを独特の筆記文字で書くうちに代数記号になっていったという例が、記録上でも明確であるらしい。

考えてみれば、文法や文体に所属する代数ならば、地域や国や民族や風習によって変わっていくはずだった。しかしそれを記号化していくとなると、共通性や共有性が問われる。距離と温度と質量をつなげる数学が必要になり、ポンドとドルと円には交換の計算が必要になり、それらを交ぜても計算できる説明が必要になる。

話を戻してルネサンス以降、こうして未知数がだんだん記号になっていくと、代数学にとりくんでいたフランソワ・ヴィエトが既知数も記号化して、幾何学的な解析はすべて記号代数学で展開できるようになった。ヴィエトは十六世紀後半の数学者だ。これを継承したのがデカルトで、そこでは代数によって思考も方法も精神規則も説明できるというふうに主張されるようになった。

以上のような代数思考をライプニッツが批判するところから、数理哲学思想史上の「思考と数学と記号」をめぐる巨大な幕があく。「知のバロック」の開幕である。

ライプニッツが数学と記号のあいだに立っていたとき、その目は先行するデカルトに注がれていた。

デカルトは『方法序説』（岩波文庫）で幾何学を重視したのだが、この文章は読みにくいだけでなく、ニュートンが指摘しているように誤りも多いものだった。しかしその訴えるところにはまことに大きなものがあった。そこで、このデカルトの幾何学論には当時からいくつものコメンタリーがつき、フランス語版からラテン語版にも次々に移し替えられていた。そのあいだに、デカルトが考えていることは「普遍数学」(mathesis universalis) というものだという定説ができあがっていった。

ライプニッツが目を注いだのはデカルト的普遍数学の、定まりきらない雄叫《おたけ》びのようなものだったのである。デカルト自身はそこまで考えきってはいなかったのだろうが、ライプニッツはデカルト的普遍数学に挑み、そこに量概念しか機能していないという欠陥を見いだした。たとえば、代数的な離散量と幾何学的な連続量をそのままごっちゃにして扱っているという欠陥だ。

ライプニッツは、もし「普遍数学」というものがあるのだとしたら、そこには量だけではなくて、もっと広くて多様なカテゴリーが扱われるべきだと考えた。「質」や「関係」だって扱われるべきだという見方をとったのだ。

マテマティカ (mathematica) とは「学ばれるべきもの」という意味をもっていた。その原形には、第七九九夜や『遊学』のプラトンの項目に書いておいたように、マテーシスがある。マテーシスやマテマティカは、想起されるべきすべてのものを学習記憶するための方法である。

そうだとすれば（まさに、そうなのだが）、そのマテーシスやマテマティカはいったん記号の森を通過して、そのうちから最も適切な記号群を連れ帰ってもよかったのである。そういうことをしても平気なはずなのだ。ライプニッツは当時の普遍数学の欠陥を前にしつつそこに記号をもちこみ、これを普遍記号学として確立する構想をもった。

一六六六年、ライプニッツはまだ二十歳だが、この年『結合法論』（デ・アルテ・コンビナトリア）を執筆した。その後の構想がいろいろなかたちで発露していた。こんなに独創に富んだ論考は、当時も今日もめったに見られない。

ついでライプツィヒ大学でアリストテレス哲学とユークリッド幾何学を学ぶと、すでにいくつもの問題が対比的に自分の前に聳《そび》え立っていることに感づいていた。「神の語り方」と「人間の語り方」の対比、「普遍の論理」と「個別の論理」の対比、「名前をもつ力」（唯名論）と「そこに物事がある力」（実在論）という対比などである。

これらを前にしたライプニッツは、そのころすでに二人の教師からすばらしいヒントを引き出していた。哲学のヤーコプ・トマジウスからは幾何学と精神の関係と「モナド」の意味を、数学のエアハルト・ヴァイゲルからは哲学と科学の和解の方法とその和解のための論証の方法を——。

青年の胸中には、新たな「普遍学」を確立するという思いがいっぱいに膨らんだ。キーワードは「コンビナトリア」。すなわち「結合」である。こうして哲学の修士・法学の学士を得たライプニッツがつづいて哲学の教授資格のために書いたのが、「結合に関する算術的論議」という論文と、それを一冊の書物にまとめた『結合法論』（工作舎・著作集第一巻）だった。ここに、「人間思想のためのアルファベット」という卓抜なアイディアが開花する。

　この新構想にとりくもうとしていたライプニッツに一番大きな示唆を与えたのは、ライムンドゥス・ルルスの「アルス・コンビナトリア」（結合術）だった。ルルスはこれを大いなる術《アルス・マグナ》とよんでいた。ライプニッツもそれを新しく作り変えたい。

　ルルスは十三世紀のカタロニアで神秘体験をした学僧である。ムスリムなどの異教徒をキリスト教に転信させるため、「アルス・コンビナトリア」（ars combinatoria）という思索連合術のような方法の開発にとりくんだ。六系列からなる一種の範疇《はんちゅう》表を作成して、そこにBからKまでの九個の文字を用いて、絶対的述語・相対的述語・問い・主語・徳・悪徳などのプラトン的な九個の範疇《カテゴリー》を図形的に動かそうとしたのである。

　そのうちの絶対的述語と相対的述語は字母Aと字母Tの円に配当されて、概念が主語から述語へ、述語から主語へ置換できるようにした。驚くべきは、第四図と称されたクアルタ・フィグラが三つの同心円で構成されていて、そのうちの内側の二つの円が回転することによって、三個ずつの文字のすべての組み合わせが得られるようになっていることだ。

ルルスが開発したのは、限定されたいくつかの用語《テルミニ》をつかっての、あらゆる問いに応じ、そこから各種の学を構成することが可能な「ローギッシュ・マシーネ」(論理機械)だった。思考改進のための演算器とでもいえばいいだろうか。論理術にも普遍術にも記憶術にも使えそうなものだった。

ルルスの「アルス・コンビナトリア」の噂はしだいに拡まっていった。多くの学術と神秘思想と記憶術に採用された。とりわけニコラウス・クザーヌス、ピコ・デラ・ミランドラ、アグリッパ、ジョルダーノ・ブルーノ、カンパネッラ、パラケルスス、ヨハン・ハインリヒ・アルシュテート、アタナシウス・キルヒャーに特有された。この顔ぶれでわかるように、「アルス・コンビナトリア」はしだいにスペインからイタリア・ルネサンスへ、フランス・イギリスへ、そしてそれらが濾過《ろか》され尾鰭《おひれ》をつけて、ついに最も濃いものがドイツへと波及していったことが見てとれる。

ドイツの思想史にルルスが色濃く波及したのは、ひとつにはクザーヌスの『知ある無知』とアグリッパの『学の不確実さと空言』のあいだで「アルス・コンビナトリア」をめぐる熾烈《しれつ》な論争があって、それが新たな「ローギッシュ・マシーネ」として議論できる素地をつくっていたからだろう。

もうひとつ大きかったのは、おそらくルルス主義がカバラ思想と結び付いたことである。カバラでは、もともとセフィロートというフォーマットによって神の知の流出の組み合わせの可能性を追究していたし、そこではヘブライ文字のローテーションによる「文字と瞑想《めいそう》との対応関係」も重視されていた。それがもともと文字を重視するドイツの風土で新たな可能性への転換がはかられる契機ともなっていった。

一方、ルルスに対する容赦ない批判もあった。ブルーノのばあいは九個の文字が不足きわまりないとして三十個の文字を持ち出し、それをギリシア文字とヘブライ文字の混合セットにしたくらいだから、批判というより批判的継承をしたほうであったけれど、ベーコンとデカルトになると批判は痛烈になっていた。

とくにデカルトは自身で普遍数学を標榜する気になっていたところだったから、ルルスのような〝魔法〟には断固として与《くみ》しようとしなかった。そんなとき、若きライプニッツが『結合法論』をひっさげて登場してくるのである。

ライプニッツはすでにデカルトの普遍数学に限界を感じていた。「普遍」の名にふさわしくないとも見ていた。「申し上げておきますが、私はデカルト主義者ではありません」と書いている。では、ライプニッツは何をめざしたのか。アルス・コンビナトリアを論理学まで高め、そこに普遍的な記号代数を関与させ、「発見の論理学」ともいうべきを確立することをめざした。それが「人間思想のためのアルファベット」というアイディアだったのである。

さてところで、さきほどからぼくは、こうしたライプニッツが提示した知の、バ、ロ、ッ、ク、の周辺についての何かの感想を書こうとおもって、書棚から取り出した工作舎の『ライプニッツ著作集』を机上に置いて、あれこれ考えをめぐらしていたのだった。

一冊開いてはまた次の一冊を開き、そこでちょっとメモをとり、また一冊を開いて読んではまた次の一冊を読む。そんなことをしていた。そのうち、この著作集にちりばめられたライプニッツの思索の痕跡や草稿に残響する手の痕跡などが、造本やページネーションの隅々から潮騒《しおさい》のような音を立ててせりあがってきて、はからずもこの著作集に遠い日にかかわった記憶が蘇《よみがえ》ってきて、いささか感傷的な気分にもなっていた。

そこでここに、この著作集の誕生をめぐるエピソードをごく少しだけだが、挟んでおくことにする。それはずっとずっと以前、逗子《ずし》の下村寅太郎さんの居宅にお邪魔していたころのことである。

そのころのぼくは〝日本の偉大な祖父たち〟に出会うことを自分の仕事の課題のひとつにしていて、すでに龍膽寺雄《りゅうたんじゆう》や野尻抱影のところ、あるいは湯川秀樹、林忠四郎、早川幸雄《さちお》のところ、白川静や福田恆存《つねあり》のところを訪れては、その話を聞いていた。それとともにロジェ・カイヨワ、ディラック、ファインマンのところにも出掛けていた（もし、ライプニッツが新宿か仙台にでもいたら、会いに行っていたにちがいない）。

何が世界や思想や人間を見渡し見通す視野になるかということについての、それぞれの独得の言葉による示唆や叱正《しっせい》を受けたかったのだ。そういう話を祖父たちから受信したかったのだ。下村さんもその一人だった。一九〇二年の生まれだから、七三歳をこえていた。

ぼくに下村さんのところへ行くといいよと背中を押したのは、そのころはまだ京大の教授をしていた田村松平さんだった。量子力学者で、中世のスコラ哲学にも明るい先生だ。その松平さんがこう言っていた、「もう下村さんだけかな、ギリシア語もラテン語もできて、西田（幾多郎）と田辺（元）の両方の精神を受け継いでいるのはね」。

下村さんは最初は数理哲学と科学史を専攻していたのだが、その後は宗教にも美術にも日本文化にも研究領域を広げた。冒険もした。河上徹太郎の司会で、亀井勝一郎・小林秀雄・三好達治・林房雄らが呼ばれての大座談会になった昭和十七年の「文學界」掲載の『近代の超克』では、ただ一人、機械をめぐる精神についての発言をしていたのが下村さんだった。そのほか、アッシジのフランチェスコやレオナルド・ダ・ヴィンチの研究にもとりくんだ。日本哲学会の会長も引き受けている。

そういう下村さんに会うのだから、何かのきっかけがいる。「遊」にルネサンスについての原稿をお願いすることにした。こうして逗子に伺うと、家中が書棚と本なのである。ほとんどが戦前の書籍と洋書であった。瘦身《そうしん》で小柄だったから、下村さんはまるで書棚の隙間から話しかけてくるソフィアの森の老人のようだった。

ついつい読書や書籍の話題になった。話はたちまちギリシア科学やラテン哲学の話に、西田哲学や科学の歴史の話題などに飛び火して、ある夜に、夫人手作りの食事をいただきながらのライプニッツの話になったのである。その食卓で、いつかライプニッツ全集が日本でも出るといいですねと言ったところ、「君ねえ、本場のドイツでもまだ百年くらいかかるんだよ、そんなこと無理だよ」と笑いながら言われてしまった。

ぼくはこうした祖父たちとの出会いを、帰ってくるとスタッフにもあれこれ話すようにしていた。スタッフもその話をたのしみにしてくれていた。その夜かその翌日だかも、下村さんの話を工作舎の十川治江《そがわはるえ》にした。十川の目が輝いていた。

そのころの彼女はバートランド・ラッセルの階梯《かいてい》理論を読み終わっていて、ぼくの勧めでラッセルとホワイトヘッドの『プリンキピア・マテマティカ』とヴィトゲンシュタインの論理学を読んでいた。もともと早稲田の吉阪隆正さんのところで建築を学んだのだが、数学がめっぽう好きで、そのころよく巷《ちまた》に出回っていた「これが三日で解けたら、あなたも天才」といった矢野健太郎出題の数学パズルを半日か一時間ほどで解いてしまう女性だった。その後、工作舎を訪ねてきた広中平祐が彼女の数理能力に感嘆したこともあった。

それなのに彼女は建築よりも数学よりも、ずっと編集が好きだったのである。建築や数学を編集してみたかったのであろう。あるいは論理や記号による編集コンビナトリアをやろうとしていたのかもしれない。ぼくが工作舎時代をたっぷり科学や数学で遊べたのは、一に彼女のこの才能を目の前にしていた僥倖《ぎょうこう》によっている。

そのうち、その十川治江が「松岡さん、やっぱりライプニッツは著作集にしてでも出しましょうよ」と言い出したのである。無責任なぼくはそいつはいいやと相槌《あいづち》を打ったけれど、話はそのままになっていた。それからの十川は何度もそういう会話をぼくにぶつけながら、ついに『ライプニッツ著作集』の設計図にとりかかったのだ。

こうしてわれわれが数年にわたって秘めてきた計画は、彼女がほぼ自力で実現した。工作舎はぼくが出遊させた編集集団だったけれど、『ライプニッツ著作集』は十川治江が編集出産したものだった。かくて第一回配本から十年がかかり、そのあいだに下村さんは亡くなられ、ぼくも工作舎を退くことになってしまった。それだけに、この著作集を眼前にしていると、説明できない感慨がこみあげる。

全十冊の『ライプニッツ著作集』は、シリーズの造本からエディトリアルデザインまでを杉浦康平さんに委《ゆだ》ねた。いつまでも胸騒ぎが去らない知層の脈絡そのもののような造本造頁は、いまこうして見ていても緻密《ちみつ》で品格のある動乱をおこしそうな気配に満ちている。

タテ組の一冊もヨコ組の一冊もあり、一冊のなかでタテ組とヨコ組が配置されていることもある。アルス・コンビナトリアをひっさげて登場したライプニッツの、その日本語化を企てた著作集にふさわしい。ドイツ・バロックが秘めた数理的本来の完成と人間が到達できそうな思索の光陰の速度と、その「ライプニッツ日本語化計画」を下村さんの旗のもとに参集して、翻訳の細部を知の装甲車のように充塡《じゅうてん》していった人々の、吐息のようなものが結晶していた。

それがいま、稠密《ちゅうみつ》華麗な函《はこ》入り十冊としてぼくの書斎の机上にさっきから列坐《れつざ》しているのである。ついつい個人的な話をしてしまったけれど、ぼくにはこのことがなんだか奇蹟のように感じられてしまうのだ。

では、話を戻すことにする。

二十歳のライプニッツが『結合法論』で提案した「人間思想のためのアルファベット」は、せいぜい二五、六個くらいの単純概念の記号化によって、ありとあらゆる「発見の論理学」を湧出《ゆうしゅつ》させるシステムがつくれるのではないかという構想である。

工夫があった。ルルスのように円盤の上に概念や記号を置こうとはしなかった。円盤を動かすのではなく、概念や記号そのものを動かすこと、すなわち「計算」によって複雑な複合概念をつくりだすことを考案した。円盤の構造は、その動きの集積によって与えられると考えたのだ。

いま、『結合法論』やその後に書かれた『普遍的記号法の原理』などを見てみると（いずれも著作集第一巻）、数をあらわす数字と概念（名辞）をあらわす数字を区別していること、定義のメンバーにクラスをつくり可付番集合にしていること、いろいろの情報概念を分母の上に乗せてその総和が一定になるようにしていること、冠詞のないラテン語にギリシア語からの借用をおこしていることなど、独得の工夫をしていたことがわかる。

いかに先行する成果を点検したうえでのこととはいえ、よくぞそんなことまで考えたものだ。とくに思考や論理を「計算」の対象にしたことは、ライプニッツにおいてこそマテーシスが（そして今日に至ったコンピュータをめぐる計算技術思想が）、ここに初めて自立したと言いたくなる洞察だった。概念の結合のために円盤を動かすのではなく、概念を動かすことが結合を生むのだという着想は、そこでギイッと音がして、全ヨーロッパの思索の歴史の転換がいままざまざとおこったかのようである。

ところが、「思想のアルファベット」は実行に移されなかったのだ。ニュートンと競った微積分やパスカルのものより性能が高い四則演算器を作成したライプニッツが「アルス・コンビナトリア」のための実装システム設計に着手しなかったのはまことに残念である。若すぎて気移りしたのかもしれないし、ルルスの延長では限界があると感じたのかもしれない。また批判的であれ、これ以上はデカルトにかかわりたくないと思ったのかもしれないが、ひょっとするとライプニッツにはニュートンやパスカルのような対抗者や好敵手がどうしても必要だったのかもしれない。

そう感じたくなるのは、その後のライプニッツはまるで新たな好敵手を探すかのようにして、ジョン・ロックに正面から対抗して『人間知性新論』(著作集第四・五巻)を書き、また晩年には、なかなか出会えなかったバルーフ・スピノザに自ら近づき、その接近の度合に応じて大胆な神学的形而上学を次々に仮説していったからである。

しかしながら、では、これでライプニッツが発見論理学や普遍記号学を捨てたのかというと、その逆だ。多様な領域でこの実現に向かっていく。

ライプニッツの全思索のなかでつねに一貫していたのは、人間の本性や知性に合致した認識というものがあるとすれば、それは直観的認識だけでできあがっているのではなくて、必ずや記号的認識を随所に交えているものであるはずだということだった。たしかにわれわれには、幼児のころからピクトグラムや記号図形や絵本の中の数に心を傾けるクセがある。

青年期のライプニッツは「人間の知は神の知に近づこうとしている」という確信をもっていた。人間は神のような直観的世界像をもったままでいられるはずだとも想定したはずだ。人間は神に近寄るためにアルス・コンビナトリアとしての道具を使ってでも、その可能性に向かうべきだと考えた。だから、当初のライプニッツにとっては「思想のアルファベット」は道具にすぎなかった。記号は援用されるべきものだった。

ところが一六七二年から四年にわたったパリ滞在期において、ライプニッツは大きな転換をとげ、さらに長駆躍動する。かの「微積分の発見」をしたのもこの時期だ。パリ滞在期のあいだのどこかで、記号法が普遍数学や普遍論理学になりうることを一挙に悟ったようだった。

もうひとつ、ライプニッツが躍動したことがある。百科全書についての構想が芽生えたのだ。

ライプニッツには当初から、「人間が世界のなかでふれうる全知」を通過する方法を確立したいという普遍計画のようなものがあった。それを百科全書の実現への計画というなら、ライプニッツはずっとその計画の手を休めたことはない。

実際に百科全書の構想がどのようなものかを提示したのは、パリ滞在以降のことである。『プルス・ウルトラ』という計画書も書いている。それは、われわれが知るチェンバーズやディドロが編集構成したような百科全書ではなかった。百科全書のアーキテクチャーそのものが、「思想のアルファベット」に対応できるエンジン機能をもつような、そういうエンジン付きのデータベース構造の提案だった。

計画は、第一部門が「普遍学の基礎」として、第二部門が「普遍学の範例」として機能するようになっていて、のちの『普遍学の基礎と範例』や『普遍的記号法』（ともに著作集第十巻）を読むとわかるのだが、「知の目録」と、それを使う「方法」と、その構造全体が見せる「枠組の意味」とが、相互に対応できるようになっていた。それぞれの要素はつねに記号対応をはたしているというようなものだった。

ここにおいてライプニッツは、今夜の冒頭に書いておいた数学的思考と記号的思考の「あいだ」を、半ば埋めきったのである。少なくとも、どうすれば埋めきれるかを読みきった。ライプニッツが構想した百科全書とは「方法の知」のためのエンサイクロメディアの構造だったのだ。この「方法の知」は、一九三八年に著された下村寅太郎の『ライプニッツ』では、「それは一つの領域ではなく世界の、ある存在ではなくすべての、存在の原理の探求なのである」と書かれている。

ライプニッツは一六四六年のザクセン地方のライプツィヒの生まれだ。ルター派の父親はライプツィヒ大学の倫理学の先生だったが、六歳のときに亡くなった。時代はようやく三十年戦争が終わって、バロックの世紀の謳歌《おうか》に入っていた。

学業には驚くほど貪欲でどんな機会も逃さない青年だったようだ。ニコライ学院、ライプツィヒ大学、イエーナ大学、アルトドルフ大学を渡って、数学・哲学・史学・法学の博士や修士になった。だから本を読めば新しいことを書くという日々をおくっていたはずだが、その知が連続的に起爆したのは前述したように二六歳のときにパリやロンドンに行き、四年ほどの滞在をしたころである。一方では流率法（微積分）の着想から数学思考を高速化し、他方ではホイヘンスに会ってニュートン力学の周辺を探索し、そのうえでデカルト、パスカル、スピノザ、マルブランシュの解釈に一気にとりくんだ。

ライプニッツには政治的才能もあったらしい。とくにマインツ侯やハノーファーのカレンベルク侯に気に入られ、外交官や顧問官や図書館長などを務めた。ルイ十四世にエジプト遠征を進言したり、ハルツの鉱山開発に当たったりもした。そうしたプロジェクトでどこかに出向くときも、気になる人物とは寸暇を惜しんで話しこんだ。

ハーグに立ち寄ってスピノザと議論したことは、とくに前半生のハイライトになっている。神の弁証をめぐったのだが、納得はできなかったようだ。神の存在論的証明には限界があるとみなしたのである。

ヨーロッパの知は、これまで何度となく「存在」(esse) と「本質」(essentia) をどう扱うのか、どう区別するのか、そこを執拗に問うてきた。けれども神においては両者は同一だが、これを事物や人間が引き受けようとするとき、混乱がおこる。この混乱はアリストテレスが可能態（dynamis）と現実態（energeia）を分けたときから始まっていて、神学ではトマス・アクィナスこのかた大きな議論になっていた。

そこでスピノザのように新たな論証法による試みが唱えられたのだが、ライプニッツはいったん立ち止まり、別なアプローチで存在と本質の関係を「実在」（existentia）のほうから問いなおす方向に踏み出した。実在を前面に持ち出したのは、時代（「バロックの知」の時代）がここから科学のほうへ、すなわち真実の実証のほうへ大きく移りつつあることを示す。

おそらくはこのとき、ライプニッツは「関係」とは何かという問題に踏み込んで、関係そのものも実在しているのではないかという展望をもったにちがいない。スピノザとライプニッツを分けるのは、ここである。三十代以降、ライプニッツはこういう言い方はしていないけれど、「関係の実在性」を次々に広げて考えるようになっていく。

こうして、さまざまな時期のライプニッツを読んでいると、それ以前の哲学者たちとちがって「本質」や「本性」（nature）を標的にするよりも、いくつもの概念や観念を動かし、それらをマッピングすることを好んでいたと感じることが多い。そのため本質や本性もその下位概念もたいてい「項」(tenme) にしたがっている。概念も個体的概念 (notion individuelle) が好きなのだ。

これらは思想そのものというより、思想の癖のようなものだろうが、そこがライプニッツにつねにアルス・コンビナトリアという結合術が動いていたということだと思う。「可能性」(possibilitas) や「適合性」(compatible) についての記述がしばしば顔を出しているのも、そのせいだろう。

まだまだ感想を綴っておきたいことがあるけれど、今夜はこの程度にして、ちょっとしたライプニッツ読書のための気分的なメモをいくつか付け加えたい。べつだん順序はない。

第一に、ぼくは長いあいだにわたって『単子論《モナドロジー》』(著作集第九巻) を読みまちがってきたようだ。岩波文庫の河野与一訳で読んだのだが、あまりにも注解が本文に押し寄せるように介入していて、そうとうに読みにくかった。それで自分なりのノートを作った。のちにそれにもとづいて『モナドロジー・ダイジェスト』を書いたのだが、いまだに納得できないでいる。いつか再挑戦したい。

第二に、いまもなお『人間知性新論』(著作集第四・五巻) よりも『弁神論』(著作集第六・七巻) のほうに圧倒的に惹《ひ》かれてしまうのだが、その理由を考えていない。前者がロックに対する反論で、後者がゾフィー・シャルロッテの思い出を前提にしていることもあるだろうが、『弁神論』こそが、その後のゲーテから手塚治虫におよんだ「悪」の扱いの原型に見えるからでもある。

ちなみに『弁神論』を読んだときの思い出のような話になるが、ぼくはその扉に「共可能」という、なんだか〝京狩野〟や〝鏡花能〟に通じる音の三文字をいたずら書きしたものだ。

第三に、これはけっこう重要なことだろうが、ライプニッツが生涯にわたって主張を譲らなかったことがある。それは、「主語はすべての述語を包摂し、すべての述語は主語に内属する」という主張だ。この主張には半分は賛成するとしても、ぼくとしては残り半分をのちのゴットロープ・フレーゲの「述語が主語を包摂する可能性」のほうにも賭《か》けておきたいのである。ライプニッツが主語派だったこと、そこは気にくわない。

第四に、デカルトとライプニッツの比較を端的に書いておくことにするが、デカルトがつねに混乱に対して明晰《めいせき》を、不明瞭《ふめいりょう》に対して判明をもって臨んだとすれば、ライプニッツは不十分に対しては「十全」(adaequatus) をもって立ち向かい、直観と経験に対しては、「原初性」と「記号性」をもって、その行く手の世界像の掴《つか》まえ方を大きく変えたのである。このデカルトとライプニッツの分かれ目がヨーロッパ近代の思潮を大きく分けていく。

第五に、さっき書き忘れたことだが、たしかにライプニッツは前半期にあっては人間の本性や知性を神に近づけるという構想と発想をもっていたけれど、結局は人間の知性に限界を感じたはずなのである。そうでなければ、このバロックの天才があんなにも多彩大量の情報発信をしなかったろう。また、二進法を発明しようともしなかったはずなのだ。そのことも付け加えておきたい。

第六に、その二進法についてだが、これはどこから眺めても傑作中の傑作である。工作舎の著作集にも収録された『0と1の数字だけを使用する二進法算術の解説、ならびにこの算術の効用と中国古代から伝わる伏羲《ふくぎ》の図の解読に対するこの算術の貢献について』(第十巻)は、今日のコンピュータ技術者の全員が読むべきだ。もうひとつ付け加えると、このライプニッツの発想と三浦梅園の発想をそろそろだれかが徹底的に比較してみるべきだろう。

第七に、ライプニッツにおいては「調停もしくは折衷」こそが、最も勇気のある科学であって哲学なのである。大胆に縮めていえば、ぼくがライプニッツから教わったことはこのことに尽きるのかもしれない。なぜなら、「調停と折衷」とは、つまり「編集」のことなのだ。

第八に、ぼくはライプニッツがどのように議論されてきたのかということを、あまり追ってはこなかった。それでもときどきギョッとした。ゲーテは、ライプニッツがモナド（単子）という用語をときには平然と「蟻のモナド」とか「モナドの霊魂」というふうに使っているのだが、これにはやられた。ディドロは、ライプニッツが一人でプラトンとアリストテレスとアルキメデスを演じられることにたじろいだ。二人とも自分の専門をさておいたところでライプニッツを称賛したのである。

いっときライプニッツは、カトリックとプロテスタントの統合を構想していたことがあるのだが、このような高邁《こうまい》ではあるが無謀なライプニッツにさかんに拍手を贈ったのは、量子力学者のマックス・プランクだった。プランクはライプニッツから自然神学を読みとった。もう少し深い意味を知りたかった。

ライプニッツを語ろうとすると、その当人が専門をさておいて自分が知らないライプニッツのほうへ横超してしまうようになるらしい。

これはたとえばノヴァーリスや宮沢賢治を語ると、何かに誘われるように青い花めいたり交流照明電燈めいたりするということではない。バッハやヴォルテールを語ると、ついついフーガやカンディードっぽくなるということでもない。ライプニッツに幾何学や社会論があって、それを眺めてきた専門の数学者や社会学者たちが、数学以外でも存分に輝くライプニッツや社会哲学を逸脱してなお大胆に遊ぶライプニッツに、我知らずにそれぞれの本分をさぐろうとしてしまうということなのだ。

あらためておもえば、数学者の彌永昌吉《いやなが》がライプニッツの幸福感を綴《つづ》り、宗教社会学者のフォイエルバッハがライプニッツにひそむ結晶構造を語ろうとしたのは、きっとそういうせいだったろう。

こういう魅力がライプニッツだけにあるとは言わないが、専門家たちからお門ちがいの数々の矢に射られながら、その矢を三〇〇年にわたって受けつづけ、なおいっこうにライプニッツ像が確定しないというところに、やはり途方もないライプニッツがあったのだと思う。

こういう例はライプニッツ以外にはなかなか思いつけない。レオナルド・ダ・ヴィンチやフリードリッヒ・ガウスの天才とはちがっている。三人とも万能は万能だが、奥に分け入ってみると、その細部の脈絡から突如として天才的な発想が躍り出てくるというような、そういう才能をもっているのがライプニッツなのである。レオナルドやガウスの才能はすべて外側にあらわれている。

最後に、次の一文にぼくはずっと参っているということをあげておく。「一八九四年九月二十二日　土　雨。ライプニッツの如くなるべし。禁茶禁烟《きんえん》、大勉学す」。

これはこの年月日に、南方熊楠が記したメモである。「ライプニッツの如くなるべし」

は、さすがに熊楠をもってしか言いえないことだろう。ただし、ちょっと変なのは「禁茶禁烟」である。まるで飲茶喫煙などしているとライプニッツが彗星《すいせい》のようにどこかへ行ってしまうとばかりに、二つのあいだの因果関係を暗示している。これは、困る。ライプニッツを追うには茶も煙草も禁断しなければならないというのは、困るのだ。ぼくは飲茶と喫煙だけで生きているような男なのだ。この件については、熊楠先生といえども、抗議をしておきたい。

どうしてアルス・コンビナトリアにぞっこんになったかということだけを綴ったような千夜千冊になったが、今夜は以上だ。明日の千夜千冊ではこのライプニッツをほぼ生涯にわたって静かに受けとめた一人の男について（追記：ホワイトヘッドのこと）、書くことにする。

第九九四夜　二〇〇四年六月二三日

参照千夜

九九三夜：三浦梅園『玄語』　二四一夜：エーコ『薔薇の名前』　七九九夜：プラトン『国家』　二九一夜：アリストテレス『形而上学』　一七八夜：龍膽寺雄『シャボテン幻想』　三四八夜：野尻抱影『日本の星』　八二八夜：湯川秀樹『創造的人間』　九八七夜：白川静『漢字の世界』　五一四夜：福田恆存『私

の國語教室』八九九夜：カイヨワ『斜線』二八四夜：ファインマン『ご冗談でしょう、ファインマンさん』一〇八六夜：西田幾多郎『西田幾多郎哲学論集』九九二夜：小林秀雄『本居宣長』二五夜：ダ・ヴィンチ『レオナルド・ダ・ヴィンチの手記』九九五夜：ホワイトヘッド『過程と実在』八三三夜：ヴィトゲンシュタイン『論理哲学論考』九八一夜：杉浦康平『かたち誕生』七六二夜：パスカル『パンセ』八四二夜：スピノザ『エチカ』一八〇夜：ディドロ&ダランベール『百科全書』九七〇夜：ゲーテ『ヴィルヘルム・マイスター』九七一夜：手塚治虫『火の鳥』七二九一夜：アリストテレス『形而上学』一三二夜：ノヴァーリス『青い花』九〇〇夜：宮沢賢治『銀河鉄道の夜』一五二三夜：ポール・デュ＝ブーシェ『バッハ』二五一夜：ヴォルテール『歴史哲学』一六二四夜：南方熊楠『南方熊楠全集』

デカルトが結んだ理知を、
トピカで覆してみせたインヴェスティガンティの知力。

ジャンバッティスタ・ヴィーコ

新しい学

清水純一・米山喜晟訳　中公バックス（中央公論社）　一九七九
Giambattista Vico: Principj di Scienza Nuova 1725

バロック紀から近世にかけて、「インヴェスティガンティ」（investiganti）という言葉が新しい響きをもって囁《ささや》かれていた。探究者という意味だ。

十七世紀半ば、このインヴェスティガンティとして新しい科学や学問をめざす動きが各地に生まれた。デカルトやガッサンディやライプニッツがそういう一人だった。ナポリにもそういう動きが入りこみ、小さなインヴェスティガンティ学会のようなものができていた。

ジャンバッティスタ・ヴィーコはこの動きの最後の舞台に登場してきた思索者もしくは構想者もしくは教育者である。それまでの動きを覆すようなインヴェスティガンティをめざしたヴィーコのその両手には、「クリティカ」（判断の術）と「トピカ」（発見の術）という二つの方法の剣が握られていた。

そのころナポリ王国には四〇軒の本屋があったという。ヴィーコはその本屋の一軒に生まれた。すでに王立ナポリ大学は創立されていて、一六九九年、三一歳でやっと大学に職を得て、修辞学の教授になる。

ここまで就職に時間がかかったのはヴィーコが早熟すぎて学校になじめず、長きにわたって自学自習に専念していたからだ。そうでもあろう。そうでなくてはヴィーコは生まれまい。十八歳からはドメニコ・ロッカ侯爵にひどく気にいられ、子息の家庭教師としてチレント地方のヴァトッラの居城に過ごしていた。これもよくわかる。こうでなくてはヴィーコではなかった。

これらのことは、その後にヴィーコ自身が書いたやや風変わりな『自叙伝』（平凡社ライブラリー・法政大学出版局・みすず書房）にとくとくと語られている。花田圭介がいみじくも〝オイディプス型の自伝〟と名付けた自叙伝だ。ぼくは西本晃二の訳によるみすず書房版を薦める。

インヴェスティガンティ（探究者）について、もう少し説明しておく。この呼称を漲《みなぎ》らせたのはナポリ大学の解剖学教授のマルコ・セヴェリーノの二人の弟子、コルネリオとディ・カプアだった。

二人は示しあわせて一六四四年のローマやフィレンツェをまわった旅で、ガリレオ、ガッサンディ、デカルト、ベーコン、血液生理学のウィリアム・ハーヴィ、化学のロバート・ボイルなどの本をしこたま仕入れ、その宝物のような本を仲間を集めて学習するようにした。指針にはコルネリオが作成した「プロギュムナスマク・フュシカ」(自然学予備演習)を使い、アレーナの侯爵がパトロンとなった。これがインヴェスティガンティ(英語なら investigator)のうねりの始まりだ。

アカデミーもつくられたが、それよりも知的青年たちが自主的にサロンや集会や学習会を重ねたことが広がりをつくった。その盛り上がりのエースとして登場してきたのがヴィーコだったのである。ナポリ大学としても応援するに吝《やぶさ》かではなかった。

ナポリは以前はカルロス二世のスペインの支配下にあって、王位継承にからんで新たに皇帝カールに率いられたハプスブルク家に占められつつあった。ナポリ大学としても皇帝カールに捧《ささ》げる何かをしなければならない。

当時のヨーロッパの新学年度の開講は十月十八日だった。一七〇八年、その開講記念講演がヴィーコに託された。ヴィーコが選んだ講演テーマは「学問方法において、私たちのものと古代人のものは、どちらがより正しく、より良いものであるか」というものである。

このテーマはヴィーコの独創ではなく、そのころ芽生えつつあった「古代人・近代人優劣論争」を踏襲している。すでにピエール・ベールやシャルル・ペローがこの論争に十七世紀の後半から乗り出していた。しかしヴィーコは古代人と近代人（近代人とはここでは十八世紀人をさす）のどちらかに軍配をあげようというのではなく、古代から近代を貫くべき精神の歴史を構想し、あることを二つ提示したいと決意していた。そのあることというのがデカルトの哲学を批判することと、自分なりに学問の進歩の歴史を総編集し、そこから新たな「方法」を編み出したいということだった。

開講日、ヴィーコはインヴェスティガンティの烽火《のろし》を上げるように「学の確立」に向かって新たなプログラムを提示することにした。講演の内容はいまは『学問の方法』として岩波文庫で読める。原題は「芸文を学ぶ青年に向けて、われらの時代の学問方法についいて」となっている。

このなかでヴィーコはデカルトの方法との対決姿勢を切り出した。デカルトの『方法序説』は「理性を正しく導き、諸科学において真理を求めるための方法」を提起した。この方法は修道院のアントワーヌ・アルノーとピエール・ニコルが共著した『論理学もしくは思考の術』、通称「ポール・ロワイヤルの論理学」として機関的に継承されていたので（ここにデカルト派がこぞって集っていた）、真理と虚偽を最初から分けて学問に臨む方法だった。

しかしヴィーコはこれに正面から反抗し、むしろ真理は共通感覚《センスス・コムーニス》から出所するべきものだと断言したのである。自然や世界には先験的に真理なるものなどはなく、「真理は作られたものに等しいはずだ」というのがヴィーコの思想だった。

ヴィーコはまた、デカルト的でライプニッツ的な代数解析的方法にも疑問をもち、あえて幾何学的な方法によって青年を教育すべきだとも考えていた。これはありていにいえば、デカルトやライプニッツの方法は「普遍の学」（マテーシス・ウニヴェルサリス）に名を借りたフィクションにすぎないとみなしたということだ。ヴィーコはむしろフランシス・ベーコンのような〝学問における森の森〟のような構想を実現したかったのだ。学問における森の森、それはまさにバロックの知の総合起爆を暗示した。

ヴィーコの『新しい学』には「諸国民に共通の自然本性」という副題がついている。これだけでもヴィーコが何を狙いたかったかは漠然とわかる。ぼくもこの副題があることをずいぶん前に知って、どきどきしながら、なんとかこれが日本語で読めるようにならないものかと思っていた。

日本で『新しい学』が読めるようになったのは中央公論社の「世界の名著」がこれをとりあげたからだった。清水幾太郎が解説をしていた。巻頭に掲げられた口絵に目を奪われた。一七四四年版に印刷されたこの口絵は友人の画家ヴァッカーロが描いたもので、ヴィーコ自身も「著作の理念」のなかで詳細に言及しているもので、こんな図柄になっている。

中央に祭壇があって、杖と水壺《みずつぼ》と燃える火が飾られている。祭壇の上の右側の端にあぶなっかしく天球儀に乗った女神がいる。天球儀では獅子《しし》座と乙女座だけの絵柄が目立つ。獅子座はヘラクレスを暗示し、「新しい学」がヘラクレスのごとく古い学を焼き払うことを象徴する。

女神は天空に輝く三角形の中の瞳《ひとみ》が放つ視線の光を浴びている。ヴィーコはこの天球儀は自然を、女神は形而上学を、視線の光は摂理をあらわすと言っている。視線の光は女神の胸に飾られている凸面宝石で反射し、地上の台座に立つホメーロスの彫像に射しこむ。その台座はひび割れていて、ヴィーコによるとそれがホメーロスの再発見を意味するという。ホメーロスは言葉以前の世界を初めて言葉に変える術《すべ》を知っていた者の名の象徴なのである。

祭壇のもとには象形文字が並んでいて、文明世界の各種素材をあらわしていた。背後には森があって、その前に骨壺がある。これは土地が分割所有されてきたという歴史の

General Collection, Beinecke Rare Book and Manuscript Library, Yale University.

『新しい学』巻頭の口絵。ヴィーコによると、人間精神が天界へと高められる順序に従って、「諸民族の世界」「自然の世界」「神の世界」の三つの世界が描かれているという。

アレゴリーになっていて、そこに一本の鋤《すき》がのびているのは、氏族というものが家父長制に仕切られてきたことを意味していた。また祭壇の右側に船の舵《かじ》がある。これは民衆の移動が航海術の恩恵をうけることを示す。

では、この舵と鋤とが隔たっているのはいったい何を意味するのかというと……というふうに、この銅版画はおびただしい「知の情報」を提供していた。「著作の理念」と銅版画を見くらべながら読むと、そのいちいちがヴィーコの「新しい学」の複合的なアレゴリーの集大成だったということが判然とする。清水幾太郎はどうしてこんな重大な絵図に一言もふれなかったのだろう。

ぼくはそうとうに興奮してしまっていた。銅版画の解読に刺激され、最初のうちは『新しい学』を読みながら次々に白紙の上にダイヤグラムのようなスケッチを描いていたのだが、しだいに混乱した。ついで、大学ノートの表紙に〝Scienza Nuova〟と万年筆で書いて、メモをとりはじめた。たちまちノートの半分以上を占めたのだけれど、これ以上のノートをとるにはデカルトやベーコンのノートも作らないかぎりどうにも役に立たないと思い、途中放棄した。

ところが、このあたりで突然にアリストテレスやキケロの「トピカ」がこの絵に再生されていることを知るようになって、愕然《がくぜん》とした。ヴィーコは、知識というものは、事物が作られていく場と過程と様式についての認識そのもののことであって、それゆえそういう認識をもつためには当の事物を作った場のアレゴリーにもとづいていけば、当事者と同様の作業をなんらかの方法で再生できるのではないか、逆にそうしないかぎりとうてい獲得できないはずだとみなしたのだった。また、それを伝達していくことが知の歴史というものであって、それこそが教育だと言っているのだった。トピカとはその方法そのものだった。

古代ギリシア・ローマ以来、トピカ（topica）というのは知識や思考を動かす技能のことをさしていた。トポス（topos）にもとづいてトピック（topic）を動かす。トポスは「場」のことで、そこには記憶や情報がまつわっていると考えられるので、思考が動くにはトポスに絡める技能が有効だとみなされたのである。

その技能がトピカだった。アリストテレス、キケロ、アグリコラ、ルルス、キルヒャー、ライプニッツらが注目してきたが、ここにきて新たにヴィーコが全面的にとりくんだわけである。冒頭にも書いておいたように、ヴィーコはクリティカは「判断の術」で、トピカが「発見の術」だとみなし、クリティカとトピカが追いつ追われつ動くような学を創発させたかったのだ。

ヴィーコのトピカ論は驚くほどにぼくの〝好み〟に合うものだった。どんな事物や現象についての知識も、それをトポス（分母の場）から切り離さずに、しかもそれを「あとから発見しやすいように知を組み立てておくという方法」が、まさに編集思想の根幹にかかわるものと見えたからである。

以上のような知識についてのヴィーコの掴《つか》まえ方には、とても悦《よろこ》ばしいものがある。いかにもインヴェスティガンティらしい。

西洋知の潮流では、知識は「原因によって知られるものだ」というアリストテレス以来の見方が定番になっていた。それをヴィーコは「真なるものと作られたものとは相互に置換しうる」というふうに掴まえて、知識には類似性や比喩《ひゆ》性がかかわっているとみなした。これは知識には詩的記号が動いているという見方によるもので、相互に似通った言葉の種子のようなものが知のモデルないしは肖像に作用するのだという卓見だった。ヴィーコの研究者である上村忠男は、こうしたヴィーコの卓見はフッサールやガダマーの現象学や解釈学に届くものだと言っている。そうだろうと思う。

まとめていえば、ヴィーコの「新しい学」は、文明の知をその発生時のトポスとともに継承し、その継承のために駆使するトピカの方法を、そのまま新たな科学や学問とドッキングさせて、さらに新しい文明を用意しようというものである。ヴィーコの計画通りなら、ここには原則的には〝発生の連打〟とでもいうべき「知の再生装置」が用意されることになる。

しかし、そんなことがありうるのだろうか。これは大きすぎる構想ではあるまいか。もしこの試みに問題があるとしたら、ひとつはそのような再生装置が「知の永久機関」のような世界観になってもいいのかということ、もうひとつはこれだけの計画をトピカとクリティカの組み合わせだけで支えきれるのかということである。

けれどもまた、こうした心配をさておきさえすれば、ヴィーコの方法こそが、時代がこれから立ち向かう編集的世界観の模索のためには有効なものであるとも見えた。一九七八年あたりのぼくの判断である。

その後、実のところはヴィーコを詳しく検討していないままにある。ということは、ぼくが「知の永久機関」のような計画に結局は疑問をもったということになるのだが、けれどもその一方で、ヴィーコがどんな「知」も「変化」しつづけていて、その「変化」を感知するには詩的言語やアレゴリーやメタファーによってしか、その間隙《かんげき》を埋めえないと考えていたことについては、なるほどその通りだと思っていた。その点では、いまだにぼくは徹底的なヴィーコ主義者でありつづけているのである。

日本にもヴィーコ・ブームが到来した。だいたいの議論に目を通してみたが、このようなぼくを、ちょっとだけ安心させてくれる事実が、少なくとも二つあった。ひとつは、ヴィーコは正真正銘のバロックだったということだ。これについては、いつかまたぼくのバロック論として説明したい。ともかくバロックとしてのヴィーコを解くこと、このことを思うとまことに気持ちが落ち着いてきて、かつ胸騒ぎがするのである。

もうひとつは、かのジュール・ミシュレが、生涯の終わりにこう言っていたことである。「私の唯一の先生は、そうです、ジャンバッティスタ・ヴィーコただ一人であったのです」。

第八七四夜　二〇〇三年十月二二日

参照千夜

九九四夜：ライプニッツ『ライプニッツ著作集』　七二三夜：シャルル・ペロー『長靴をはいた猫』　九九九夜：ホメーロス『オデュッセイアー』　二九一夜：アリストテレス『形而上学』　七八夜：ジュール・ミシュレ『ジャンヌ・ダルク』

第三章 西洋哲学史略義

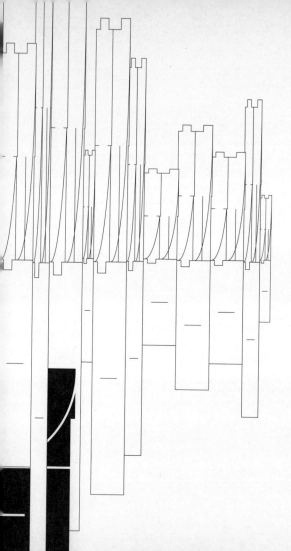

フリードリッヒ・ヘーア『ヨーロッパ精神史』
フリードリッヒ・マイネッケ『歴史主義の成立』

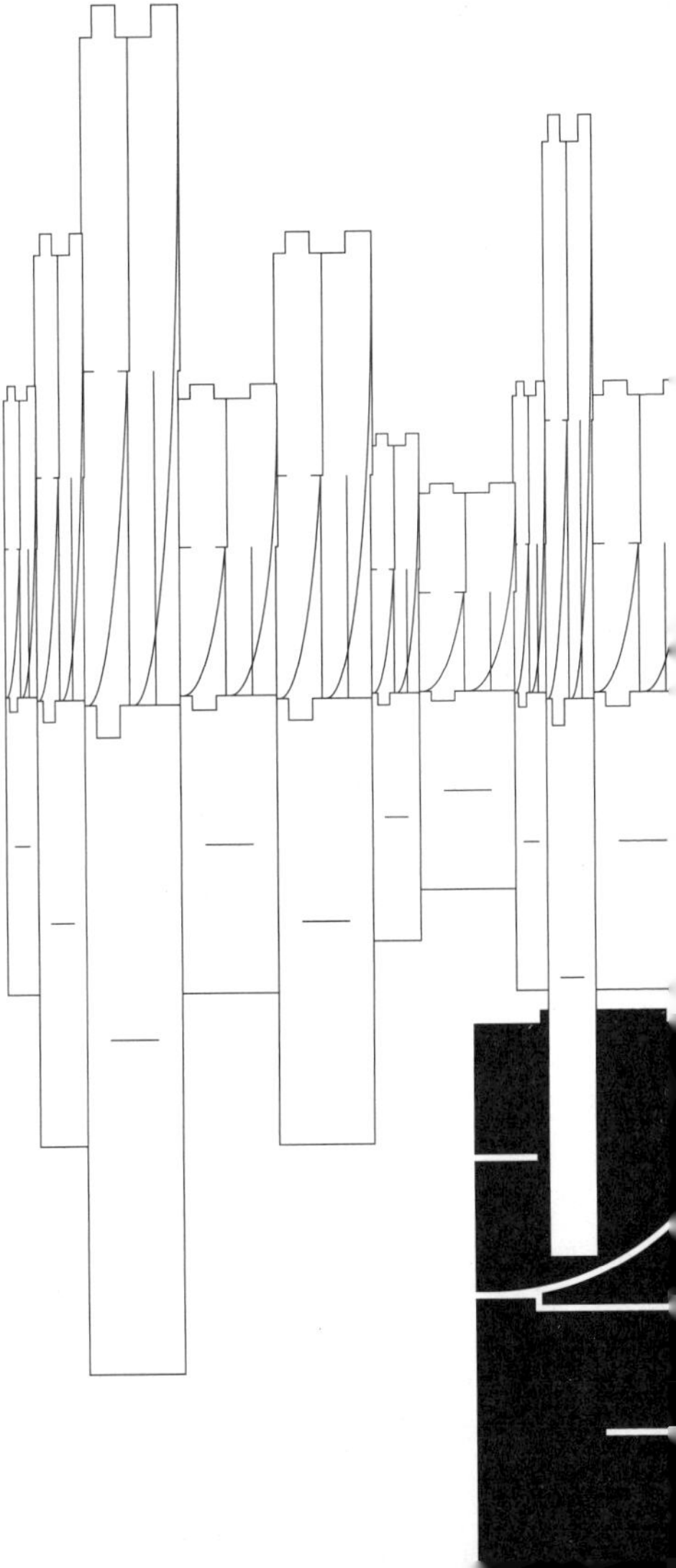

二〇〇〇年に及ぶ「西の理性」が標榜してきた思想の特色と変遷を、一気にかいつまむ。

フリードリッヒ・ヘーア

ヨーロッパ精神史

小山宙丸・小西邦雄訳　二玄社　一九八二

Friedrich Heer: Europäische Geistesgeschichte 1970

この本はぼくの四十年前のアンチョコだ。古代キリスト教からフランス革命前後までの知の歴史を扱っているのだが、知の扱い方が高速で澱《よど》みなく、時代の文脈を折りたたみ、そこをトポロジカルに展《ひら》いていく語り口がよかった。

学生時代にお世話になったバートランド・ラッセルの大冊『西洋哲学史』（みすず書房）のような編年的な哲学史でもなく、フランツ・ボルケナウの『封建的世界像から市民的世界像へ』（みすず書房）のように近代的世界観がどのように成立してきたかといったイデオロギッシュなものでもない。むろん野田又夫や今道友信のような西洋憧憬にもとづいたものでも、ポストモダンの側から睥睨《へいげい》したものでもない。ヨーロッパ人が

「ヨーロッパ」を自覚してきた精神文化の背景を縫っていた。

当時（ぼくが「遊」を休刊して仕事場をプライベート・オフィスにした頃）、フリードリッヒ・ヘーアのことはほとんど日本では知られていなかった。ひょっとするといまなおあまり知られていないかもしれないが、ウィーン大学で歴史学を教えるかたわら、一九六一年からはウィーン市民の劇場「ブルクテアター」の文芸主任をしつつ、厖大《ぼうだい》な歴史的著作をしつづけた。

ぼくにはずっと以前から、文献考証に溺《おぼ》れていないこの手の独自の研究者の歴史文化観を少なからず信用する傾向がある。ましてその研究者が芝居やピアノや登山や俳諧に手を出していたら、すぐに応援したくなる。歴史観や世界観は歴史資料から生まれるとはかぎらない。

ドイツ語版の本書はけっこうな大著で、一九五三年の大判七〇〇ページ以上の『ヨーロッパ精神史』と、それより分厚い続篇『ヨーロッパ—諸革命の母』とで構成されていた。それをおそらく読書界から待望されたのだろうと思うのだが、十七年後に本人が縮約した。

H・G・ウェルズやアーノルド・トインビーやアナール派がそうしたように、ヨーロッパの歴史書の大著には、しばしばすぐれたダイジェスト・エディションがある。

縮約版だ。縮約して十分な説得力と分析力を示すエディションになる。格調も落ちない。残念ながら日本の学者には大著も少ないし、それを圧縮編集する芸当が仮にあったとしても、評価されない傾向がある。そもそも歴史はまるごと縮約なのだから、これではいけない。

ぼくが今夜案内するのはヘーアの縮約のそのまたラフな縮め編集といったもので、とうていヘーアの概念工事を駆使した速度感に溢《あふ》れる叙述をいかせるものとはならないだろうが、「ヨーロッパはどのように理性による精神遍歴を遂げてきたのか」という一点にかかわって、好きに案内してみる。

☆東方から自立するヨーロッパ

ヨーロッパは最初はなかった。呼称だけがあった。ホメーロスにも使われている。フェニキアの女王エウロペ(Europe)が語源となったとも、ギリシア語の「広い眼をもった顔」が語源とも、セム系の「太陽が沈むところ」という意味だったとも言われる。ヘロドトスは「アジアと異なる西の世界」というふうに解義《げぎ》していた。

当初のヨーロッパはヘレニズム時代の「東方の動向」に左右されていた。ヘレニズムはエジプトの世界都市アレキサンドリアがセンターだったから、東方文化の象徴だったのである。ローマ帝国が成立してキリスト教が帝国的国教になり、版図も拡張していったローマ帝国後期においても、ヨーロッパはやっぱり「東方の動向」に対比されていた。

カッシオドルスは、「ヨーロッパ人」という見方は一九九年の段階ではオリエントの「シリア人」に対照させるための用語だったと、のちに書いている。カッシオドルスは東ゴート王国のテオドリック大王に仕えて、引退後は写本室「スクリプトリウム」を発案して修道院文化に寄与したヴィルトゥオーソ（達人・見者）だ。

ヘーアは古代ローマ時代の「ヨーロッパ」という言い方は、東方に対して自分たちを守る軍事体制のことだったろうと見ている。それがキリスト教がローマ教会東西分裂に向かっていくにしたがって、大きく変化した。「ヨーロッパの力」を真のロゴスあるいは真のオルフェウスとして捉《とら》え、ヨーロッパを種子的理性（ロゴス・スペルマティコス）にしたいと思うようになったのだ。

キリスト教が新たな「ヨーロッパの力」を代行できたにあたっては、四つの力が与《あず》かった。

第一にパウロのテキスト編集力が、第二にアフリカ人のテルトゥリアヌスの思念力が、第三にアレキサンドリアのクレメンスの理解力が、そして第四にキリスト教に「教父」という役割をもちこんだオリゲネスの言説力が、それぞれ寄与した。

なかでも教父オリゲネスの言説力が大きい。オリゲネスは生涯を通して灼《や》き尽くすような解義と説得に専念し、二五四年に没した（ゲルマン民族のヨーロッパ侵入がおこる前のことだ）。その思想は「理性と禁欲は自己支配（autousion）をもたらしうる」というもので、ときにニコデミズム（nicodemism）とよばれた。

ヨーロッパ精神史は「プラトンの注とオリゲネスの注」から始まったのである。それまで単純な救世主（メシア）待望主義的で、奇跡主義的なものにすぎなかったキリスト教的な世界観は、ここで「信仰」（ピスティス）であることから「認識」（グノーシス）に突き刺さる武器となった。その認識の武器はアウグスティヌス、トマス・アクィナス、ドゥンス・スコトゥス、デカルト、カントに及んだ。一方、第二のアフリカ出身のテルトゥリアヌスの知性はパスカルやスピノザやキルケゴールを先取りしていた。

ヨーロッパの理性的精神は、異端がキリスト教に転向（コンヴァージョン＝回心）してから発揮した知的努力によってつくられたのである。

☆キリスト教と異教の出入り

キリスト教がヨーロッパの世界観の強力なエンジンになったことは言を俟《ま》たないけれども、それは一様ではなかった。初期キリスト教は長らく「東方の優越」に劣っていたし、そのためパウロは、古代の密儀の言説をエペソ書やコロサイ書などでキリストの力の説明に転用することにした。

聖書の言葉だけがキリスト教的世界観を広めたのではない。いろいろのアトリビュート（属性文化）が伴った。カタコンベ（墓地・地下会堂）、バシリカ式の教会、ヘレニズム的な庭園などが組み合わさって、思わぬ力を示す。とくに「庭園」は死から救ってくれる神々、すなわちオルペウス、ヘルメス、アッティス、ミトラス、キリストが、牧者として羊や小動物や人間を守って世話をしてくれるのかもしれないという別世界幻想を用意した。

その甲斐《かい》あって、キリスト教徒は二世紀から五世紀あたりまで、古代後期の世界観、ヘレニズムの恩恵、祈りの仕方、テーブルマナー、作法を異教徒たちに広めることになった。信仰の世界化と生活態度の教化を重ねた布教だったのである。のちのちまでキリスト教徒の殉教説話や墳墓様式にデカダンの風俗が出入りしていたのは、この時期の異教徒との共存による。

初期ヨーロッパの各地にヘレニズム以来の「異教的文化性」が混在していたことは、意外なほどに役立った。ヨーロッパ精神の源流はその前身においては、ユダヤ一神教とギリシア哲学とキリスト教世界観に根差しているのだが、これが広がるにはアレキサンドリアという世界都市とヘレニズムという異教攪拌《かくはん》装置とが役立ったのである。

ヘレニズムはグノーシス、新プラトン主義、カバラ、神秘主義などのエゾテリスムともいうべき「格別な知」を発芽させたので、そのせいもあって、アウグスティヌス、ボエティウス、エリウゲナはこれらの夾雑物《きょうざつぶつ》をなんとかキリスト教的な統合理性にするべく努力を発揮できたのである。

その後はキリスト教ヒューマニズムも動き出した。それを言葉にしたのは、カッシオドルスと、三人の偉大なカッパドキア人、カエサレアのバシレイオス、ニュッサのグレゴリオス、ナジアンゾスのグレゴリオスだ。三人ともにヨーロッパ中心から生まれたのではない。各地のエートスをとりこんでいた。だからこそそのキリスト教ヒューマニズムが、その後のヒエロニムス、アベラール、ペトラルカ、エラスムス、ビュデ、ライプニッツをへて十九世紀まで継承されたのだった。ヘーアは、そう展望している。

こうしてゆっくりと、ジグザグに（理性と神秘のあいだをワインディングしながら）、かつ対比的に（東西のタタラを踏むように）、そしてかなり頑迷に（ここがカトリシズムの普遍主義になっていく）、ヨーロッパの理性が姿をあらわしはじめたのである。

対比的にジグザグになったのは、キリスト教世界と異教世界が二つながらヨーロッパ精神の種子になり、ヨーロッパの原型たるべきローマ帝国がフランク王国を形成した西ヨーロッパとビザンツ帝国を形成した東ヨーロッパという二つに分かれ、教会が東西に大分裂（シスマ）したためだ。これで中世ヨーロッパという世界が姿をあらわした。

以下、わかりやすく見取り図のポイントだけを示すにとどめるが、十一世紀のヨーロッパは一〇七七年のカノッサの屈辱的な事件のあと、グレゴリウス革命によって東方の優位を抜け出そうとした。続いて十字軍による街道の伸展（ネットワーク主義）とイスラム叩き（キリスト教的聖戦主義）、スコラ哲学の相互に溺れあうような深化、クリュニー修道院の拡張と誇りの強化、新しい神秘主義の探究、歴史的な神学の模索、こういうことが連続的におこった。

一〇四五年に哲学と法律の大学がコンスタンチノープルに設立され、ヨーロッパの中心が分離可能なものとして東に移された拠点力を象徴した。当時のシメオンの神秘主義（コンスタンチノープルの神学者の思想）はそのことを誇り高く主張する。

☆西欧が歴史の主語をめざす

十二世紀になると、ヨーロッパに初めて歴史思想が芽生えた。サンヴィクトールのフーゴー、ハーフェルベルクのアンセルムス、ビンゲンのヒルデガルト、フライジングのオットー、フィオーレのヨアキムがほぼ同時に登場した。

オットーは一国の盛衰が観察できるものだということを告げ、ヨアキムの系統樹の発想（タクソノミーの発生）はヨーロッパ人が歴史の順に力と技の枝葉を広げてきたことに自信をもたせ、ぼくがいっとき惚《ほ》れこんでいたヒルデガルトは「歴史とヴィジョンは別ものではない」ということを教えた。

およそ、この時期に西ヨーロッパはようやく「自己の端緒」を知ったのである。それとともに古代の英知の地中海化や街道化が進んだ。マイモニデスがユダヤ思想とアリストテレスをカサネ編集してみせたのは、ヨーロッパの知が時間と空間をまたげるということを示していた。

☆宗教会議が正統性を模索する

十三世紀になると、一二一五年の第四回ラテラノ公会議を、教皇インノケンティウス三世が教会崩壊の危機を警告する辞をもって開会させた。次々に出てくる異端者をどうするか、その対策が練られていった。

異端とされたのは、六九三夜のベルント・レックの『歴史のアウトサイダー』のところでも少し列挙しておいたが、ヴァルド派、フランシスコ会士、カタリ派（アルビ派）、ドミニコ会士たちである。けれどもそうした異端派たちは、憤慨したり驚いたりしたというよりも、自分たちが新たな世界史に所属させられるのなら、その意図はどういうものであるべきかを問うようになった。たとえば十世紀はじめにブルガリア王国に発した「神の友」団のボゴミール運動は、そのことをコンスタンチノープルにもちこんだ。

カタリ派は「清いこと」とは何かを追究した。このカタリ派の思念がのちの清教徒（ピューリタン）の起源になっていく。フランシスコ会は「小さな兄弟たちの集団」（兄弟団）という旗のもと、このあとのヨーロッパのプルードンからシモーヌ・ヴェイユに及ぶ思想を準備した。アッシジのフランチェスコの無所有・清貧の姿勢から生まれた修道会で、ボナヴェントゥラ、ドゥンス・スコトゥス、オッカムのウィリアム、ロバート・グロステスト、ロジャー・ベーコンなど、多くの傑出した才能を生んだ。映画にもなったエーコの『薔薇の名前』の主人公はフランシスコ会士だった。

宗教会議はスコラ談義や異端審問にあけくれていたわけではない。やむをえない事情ながら、矛盾とともに重層性をもっていた。この重層性が大きい。だからこそ教会側にもそれなりの教訓と対策がのこった。いたずらに異端裁判を連打するよりも、これらの異端派は民衆の発現の意志にまじらせておいたほうがよかった。

たとえばトゥールーズは最初に異端審問所ができたところだが、その地には一二二九年にトゥールーズ大学が創立された。その創建の標語は「博士と火と剣のみが邪悪を倒す」というもので、異端の撲滅を図っているようだが、その実は異端や邪悪の研究に向かっていった（このことがヨーロッパからオカルティズムが消えなかった理由だ）。それはまたはからずも、人間にひそむ善悪の分岐点を学問することになった。

かくてこうした十三世紀の宗教会議のなかで、いよいよ「世界に秩序を与えるのは理性の仕事である」という見解が採択されたのである。キリスト教の矛盾を合理によって組み立てたヨーロッパ理性は、ここに世界の秩序のリーダーシップをとる宣教者になっていく。

☆理性による世界史づくりが始まる

教皇ボニファティウス八世が暴君よろしく一三〇〇年を「聖なる年」であると宣言すると、時代は大きく転換していった。

この聖なる十四世紀に逆対応するかのように、ロジャー・ベーコン、パドヴァのマルシリウス、ダンテ、ライムンドゥス・ルルス、ドゥンス・スコトゥス、オッカムのウィリアム、マイスター・エックハルトが比類ない人知をもって輩出する。西ヨーロッパに理性的世界観をどこからでも噴き出せる準備が、このあたりでやっと整った。

本書はこれらの先駆者（ベーコンからエックハルトに及ぶ）を一人ずつとりあげて手短かに解説しているが、なかでも人間の存在にひそむ「オルド」（秩序）を追究したドゥンス・スコトゥスに、最大の賛辞をおくっている。ヘーアはスコトゥスがルターの先駆者であったばかりでなく、ホッブズ、ロック、ルソー、ハイデガーの先駆者でもあったと述べている。

プラトンこのかた神の君臨を戴《いただ》いてきた初期ヨーロッパ史は、なかなか理性的世界観を現実政治に向けるということができないままにいた。それがおこったのが十四世紀に始まるイタリア・ルネサンスの中でのことだ。

ダンテを嚆矢《こうし》とするこの「政治的人文主義」の動向は、フィレンツェを中心にしてリエンツォ、サヴォナローラ、マキアヴェリに受け継がれ、そこから人文主義者ペトラルカ、『痴愚神礼讃』のエラスムス、宗教改革のルターやカルヴァン、イエズス会のイグナティウス・デ・ロヨラへと飛んでいく。

ヘーアの言い方を借りれば、そもそもダンテがブラバンティアのシゲルスの後継者で、トマス・アクィナスの弟子であって、かつまたカタリ派的アルビ派の貴族の受容者であり、そのうえユダヤ的預言者であって、エトルスクの司祭だったのである。宰相マキアヴェリがフィレンツェの君主に「相手に誑《たぶら》かされないための方策」を提供したくなったのも、これまでの宗教会議の成果とダンテの資質を継承したいという政治的人文主義からだった。

こうしたルネサンスの運動が政治のみならず、芸術にも図法にも魔術にも及んでいたことは言うまでもないが、今夜はそのあたりのことは省くとして（本書もあまり詳しくしていない)、それよりもイタリアにおいては古典や原典に回帰復興しようとしたルネサンスが、なぜドイツにおいては宗教改革（Protestant Reformation）に及んだかということ、このことがヨーロッパ精神史の大事件であり、大きな謎なのである。あれほどの宗教会議を重ねてきながら、なぜキリスト教世界に決定的な亀裂が入り、そこになぜ奔馬のようなプロテスタンティズムが暴れ出てきたのかということだ。

☆宗教改革が世界を分立させる

一五一五年、教皇レオ十世がサンピエトロ大聖堂建築資金調達の名目で贖宥状《しょくゆうじょう》（免罪符）を発売したとき、マルティン・ルターはヴィッテンベルク大学の神学教授の一人だった。

当時、神聖ローマ帝国下のドイツでは、ヨハン・テッツェルらの説教師が贖宥状をさかんに売りまくっていた。ルターはこれに疑問をもち、ローマ教会に抗議するためヴィッテンベルク大学の聖堂の扉に九五ヵ条の論題を打ち付けた（後日別人説が有力）。論題の条文は折からのグーテンベルクの印刷に乗って広まり、周辺の諸侯・騎士・市民・農民を巻き込む教会批判のムーブメントになった。

もっともルターはこの段階では会派を作る気はなく、あくまでカトリック教会内部の改善を求めるつもりだった。実際にもローマ教会への批判は、すでにルター以前に始まっていた。イングランドのウィクリフ、ベーメンのフス、フィレンツェのサヴォナローラがローマ教会批判をした。ただフスもサヴォナローラもローマ教会によって処刑された。神学教授ルターはこの抑圧の歴史を知っていた。

一五二〇年、レオ十世はルターが論題を撤回しなければカトリックから破門すると宣告した。カトリックとは「普遍の門」のことだ。ユニヴァーサリズム（普遍主義）のことだ。翌年、ルターは破門され、次の年には皇帝カール五世がヴォルムス帝国議会への召喚を促した。ルターはふたたび拒否した。このときルターへの仕打ちに抗議する諸侯があらわれた。この抗議行為が「プロテスタント」（抗議者）の由来になる。

ルターは破門後に蟄居《ちっきょ》させられ、そこで新約聖書のドイツ語訳にとりくんだ。これがグーテンベルクの活版印刷力とともに世界読書界を席巻した。SNSで「アラブの春」が広まったようなものだ。ルターは必ずしも宗教改革運動の旗手になったわけではなかったが、その信念はこの活版聖書とともに各地に燎原《りょうげん》の火のごとく広まったのである。

一五二二年にはプロテスタントと人文主義者が結びついた騎士戦争が、一五二四年にはトマス・ミュンツァーと武装農民の蜂起によるドイツ農民戦争が、一五四六年にはヴォルムスの勅令に抗議した連中によるシュマルカルデン同盟戦争がおこった。これらドイツのプロテスタントの火はチューリッヒではツヴィングリの改革となり、ジュネーヴではカルヴァンの礼拝制度改革と教会制度改革として急進的になり、そのカルヴァン主義がイングランドの英国国教会の設立を促し、フランスのユグノー戦争に波及していった。

まさに奔馬の群である。あれよ、あれよのまだった。のみならず改革の嵐から産みおとされたプロテスタンティズムとピューリタニズムの理念と行動は、十六世紀末のナントの勅令（一五九八）と十七世紀の三十年戦争（一六一八〜一六四八）をへて、十八世紀の科学合理を高らかに謳う真理至上主義の「理性の世紀」へ、ついでは啓蒙《けいもう》主義のうねりへ、さらには十九世紀アメリカのＷＡＳＰの差別的価値観にまで影響をもたらしたのだ。いまやどこにもプロテスタント教会がある。

一連の宗教改革の嵐にいちばん驚いたのは、当然のことながら本家本元のローマ・カトリック教会側だ。トリエント公会議（一五四五〜一五六三）でプロテスタントとの決定的訣別を確定すると、対抗宗教改革としての整備を急いだ。

ウルガタ版のラテン語聖書のみを正典と定め（四世紀にヒエロニムスが訳した聖書を「ウルガタ」と言う）、洗礼・堅信・聖餐《せいさん》（聖体）・告解・叙階・結婚・塗油を七つのサクラメント（秘跡）とし（プロテスタント教会では洗礼と聖餐だけを認める）、ルター派の「信仰」中心に対して、カトリックは「善行」も義認の対象になるとした。聖遺物崇拝、聖人崇拝、聖画像崇拝も積極的に許認した。

カトリック側はひたすら「保守」に徹したのだが、これでは布教が広まるとはかぎらない。キリスト者の修行が深まるとも思えない。ここに登場してきたのがイエズス会である。ロヨラが決意してザビエルら六人が結束した。

イエズス会は教皇に絶対服従を誓い、まずはプロテスタント化していた南ドイツ、ポーランド、ハンガリーをカトリックに戻した。さらにスペイン人が荒らした南米へ旅立ち、またキリスト教を知らない未到のインド、インドネシア、フィリピン、日本に布教した。そこにはつねに「学事規則」(Ratio Stusdiorum)が躍如した。オリゲネス以来の「知」を未学習の地域に学習させ、そこにデウスを輝かせていったのである。

パリにはラ・フレーシュ学院を設立した。当時最先端の学校だ。神学から科学までを教える。「世界」とは何かを知るための教育機関である。一六〇六年の復活祭の日、この学校に十歳になったデカルトが入学した。デカルトは「方法」(トロポス＝メトード)を学び、その思索を精神指導の規則として取り出す決意をかためた。

☆イエズス会、カルヴァン主義、デカルトが並ぶ

いま、多くの歴史家やメディアは「西側」とか「西側諸国」という言い方をする。こ

の言い方はチャーチルとスターリンの対立やその後のケネディとフルシチョフによる米ソの対立がもたらしたものではない。ヘーアはそこをはっきりさせているのだが、カルヴァン主義こそがヨーロッパを「完全な西側」にしてみせたのだ。

ジャン・カルヴァンはスイスで宗教改革をおこしたが、フランス人である。パリ大学ではカトリック神学の学徒で、一五三三年頃にコンヴァージョン（回心）をしてからは檄文《げきぶん》を書くようになり、しばしば筆禍によって亡命する。三年後に亡命先のひとつだったバーゼルで『キリスト教綱要』（新教出版社・教文館）を刊行すると（この本はその後何度も改訂された）、ジュネーヴで牧師ファレルに要請されて同市の宗教改革に着手した。

弾圧と追放を受けつつも、カルヴァンに期待を寄せる市民の懇願は熱く、ジュネーヴを神権政治さながらの「神の国」にしていった。かつてないほどのプロテスタントによる神政（セオクラシー）の断行だった。

カルヴァンの思想は、もとはといえばオッカム的な後期スコラ学による主知主義から出てきた。ルイ十一世は後期スコラ学によるオッカム主義（唯名主義＝多くの実在は名前によって存在しうる）を禁止したのだが、実はそうとはならず、一四五〇年から一〇〇年にわたって精神界をリードしていた。「オッカムの剃刀《かみそり》」は鋭かったのだ。

剃刀が錆《さ》びないあいだに、四つのことが進捗《しんちょく》した。第一に世界観における自然と超自然とが截然《せつぜん》と区別され、第二に信仰における神の威光に対する畏れが高められ、第三に道徳においては厳格主義をゆきわたらせ、第四に哲学では無味乾燥なよそおいを辞さないほどの懐疑論に傾いていった。

その後のカルヴァン主義こそは、マックス・ウェーバーを瞠目《どうもく》させたあのプロテスタンティズムだ。ベルーフ（天職思想）と勤労と資本主義の前哨《ぜんしょう》を結び付けた。のみならず、ヨーロッパに神の霊的本質を取り戻し、ヨーロッパが「神の国」の自動延長帯域であると確信させ、その精神方式を「完全な西側」のための強力なアジェンダにしていったのである。

カルヴァン主義は最鋭最強の「西側の論理」となった。きわめて厳しい選民思想が彫琢《ちょうたく》され、「勝ちにいく」ための意志が強化され、不屈と勤労が用意できた。ウェーバーの『プロテスタンティズムの倫理と資本主義の精神』（岩波文庫・日経BPクラシックス）の中で、カルヴァンが「神という非合理に依拠した合理」によって人間にひそむ生産力を解放させたことに驚いたのは、当然だ。

しかし、カルヴァン主義は資本主義や勤労者や経営者の福音になったばかりではない。その後の西の哲学の代表にもなった。それをやってのけたのは宗教者ではなかった。デカルトである。

デカルトは「西の理性」を下敷きに省察を始め、ラ・フレーシュ学院で刺激を受けた「方法」に思いを致して合理精神の規則の探索に向かった。その後は、そこにトマス・アクィナスのスコラ学、ルターのテキスト（＝聖書）重視主義、カルヴァンの「神の方法」主義、ジャンセニスムをまぜこぜに統合し、その思考の基盤にもとづいて、ルターの「我信ず、故に我あり」（クレド・エルゴ・スム）とまったく同様の、「我思う、故に我あり」（コギト・エルゴ・スム）を導き出したのだ。

ただし、こうしたデカルトの理性的世界観をヨーロッパ中に広めたのは最初は知識人や大学人ではなく、イエズス会とカルヴァン主義者とジャンセニストだった。ジャンセニスム（Jansénisme）とは十七世紀以降に流行した思潮で、カトリック教会が異端視したコルネリウス・ヤンセンの『アウグスティヌス』の主旨にもとづき、ミシェル・バイウスが広げたものをいう。

デカルトにプロテスタンティズムの影響を読みとるのは意外かもしれないが、かの二分法（ダイコトミー）によって精神と物質を分けたデカルト哲学は、物的生産力に携わる精神者にとってこその福音なのである。

☆三十年戦争から「バロックの知」へ

三十年戦争はボヘミア（ベーメン）のプロテスタントの反乱をきっかけに勃発《ぼっぱつ》した。神聖ローマ帝国を舞台に一六一八年から一六四八年まで、まさに三十年に及ぶ稀《まれ》にみる国際戦争で、ヨーロッパ史上最後で最大の宗教戦争だった。

その戦乱の騒音が鎮まりつつあった頃、プロテスタントの多いライプツィヒに比類のない天才が生まれた。ライプニッツだ。のちにディドロは「ライプニッツはたった一人でプラトンとアリストテレスとアルキメデスの三人がもたらした名声に匹敵するものをドイツにもたらした」と書いたが、これはまだ過小評価というものだ。

デカルトも数学的知性をもっていたけれど、ライプニッツの鋭利で広範な「アルス・コンビナトリア」(結合術)の発想や「ローギッシュ・マシーネ」(論理機械)のような数理的知性は、べらぼうだった。数学者でもあったバートランド・ラッセルは「人類の知の歴史を通して最高の頭脳であった」と言った。

ライプニッツについては九九四夜にも一通り触れたので、今夜はヘーアの見方を援用しつつ、大まかなことだけを強調するにとどめるが、この天才が洞察し、展望したことは、次のようなことだ。

①いったい「世界」はどのようなものであるのか、それは人知によって解明できるのか、②解明できるとしたら、世界はどんな「世界様相」をもっているのか、③世界様相を構成している「世界の要素」とは何か、その要素をできるかぎり絞ってみることはできるのか、④われわれはつねに過ぎ去る現象に立ち会っているのだが、その「世界現象」を切り取ってみる可能性はどのくらいあるのか、⑤現象は様相と要素を結

合して示せるはずである、それを示すのに必要な「世界をあらわす方式」とは何か。それなら、⑥その方式を「世界記号」をつかった論理様式によって記述することはできないか、⑦もしそれができるなら、様相・現象・要素をコンビネーションさせた自動的に計算できる機械がつくれるはずである、⑧自分なら以上の課題に答えうる新たな方法によって「世界観」を提示できるはずだ、⑨ところで「神」は以上のことについてどういう思《おぼ》し召しを用意されていたのか、そこをどう考えればいいのか——。だいたいはこういうことだったろうと思う。

この時代はバロック紀というべき時代だが、すでにコペルニクス、ケプラー、ガリレオによってプトレマイオス以来の古いヘレニックな宇宙像がひっくりかえっていた。のみならず、ニュートンは『プリンキピア』(自然哲学の数学的諸原理)を発表して、四歳下のライプニッツを驚かせていた。

ガリレオの望遠鏡とフックの顕微鏡はとっくに発明されていたけれど、しかし新しい「世界」を説明するためには、望遠するマクロコスモスと顕微するミクロコスモスをつなぐ「人間の知の領域」が拡張されなければならないと、ライプニッツには思われた。それにはマクロとミクロの現象を同時にあらわす、ないしはこれらを結合(コンビネート)するマニエリスティックな「バロックの知」が必要だった。ライプニッツは若くしてその「バロックの知」のすべてに挑むことを決断したのである。

世界様相を語るには新たなフレームを組み立てなければならない。それにはアリストテレスのフィシカ（自然学）とメタフィシカ（形而上学）のフレームを変更するべきだった。『形而上学叙説』（岩波哲学古典叢書）が書かれた。世界要素は「モナド」と呼ばれるべきものだろうと推理した。複合性をもつ単一な実体がモナドである。『単子論』（岩波文庫）はデモクリトスの原子論に代わるものになった。そのモナドのレベルで世界の現象を科学的に切り取るには「流率法」（微積分法）という数学を考案するべきだった。

これらの見方と道具を使えば、世界は計算できるものになりえた。中国の「易《えき》」を分析してみると、そこでは二進法が使用可能になっていることがわかった。ルルスの結合術をヒントにしてみると、新たな「世界記号」による論理機械をつくる可能性があるとも思えた。

残るは、いったい神はこのような計画を許容されるものなのかどうかということだ。またこのような計画を胚胎《はいたい》する人間の知性とはどういうものだと言えばいいのかということだ。

ライプニッツは『弁神論』（著作集・工作舎）、『人間知性新論』（みすず書房）などでこのような問題にもとりくみ、かつデカルト、スピノザなどにも直接問い合わせて、こうした世界観の筋書きを陶冶《とうや》していった。なぜそんなことすべてを検証可能なことにできるのか。ライプニッツは「アルス・コンビナトリア」に徹したのだった。

☆イギリス経験論が「本性」を持ち出す

さて、この時期、宗教革命（プロテスタント）にも対抗宗教革命（カトリック）にも与《くみ》しなかったヨーロッパがあった。イギリスである。イギリスはヘンリー八世の時期に独自の英国国教会（アングリカニズム）を標榜《ひょうぼう》した。

そのイギリスからすると、ルター主義、カルヴァン主義、デカルト主義は大陸特有のおめでたい合理論（continental rationalism）に見えた。あまりに理性（reason）が勝ちすぎて、知覚による経験や試作・実験による検証を省きすぎている。

イギリスは今日もなおEUからの離脱をはかるような「あいまいヨーロッパ」をもっている国なのだが、その萌芽は英国国教会とともに始まっていた。そういうイギリスに、大陸の理性的思想とは異なる思想潮流が出現した。いわゆるイギリス経験論（British empiricism）の流れだ。

フランシス・ベーコンとジョージ・バークリーが知覚と判断の相対性を説き、ホッブズとロックが政治現象を通した人間と社会と国家のありかたを問い、そこへスコットランド人のフランシス・ハチソン、デイヴィッド・ヒューム、アダム・スミスという三人が、欲求や本性によって社会や経済がどのように形成されうるかを構想していった。

これらを「経験論」とか「経験主義」とよぶのは、観念や理性が組み立てた世界観に従うのではなく、知覚や認知によって喚起される経験知を素材に世界像を組み立てようとするからで、世界像に及ばない経験ならなんでもいいというような体験主義を標榜したわけではない。

かつてぼくはバークリーの『人知原理論』(岩波文庫・ちくま学芸文庫)を読んで、その見方にマッハの相対性原理の先取りがあるように思えて興奮したものだが、その後、ヒュームの『人間本性論』(法政大学出版局)やアダム・スミスの『道徳感情論』(講談社学術文庫・日経BPクラシックス)にも、やっぱり相対的に思念や現象を掴まえるところがあると感じた。

ロックやヒュームの出発点は、観念(idea)は生得的なものではないということにある。この「観念」は僧正バークリーが「想像されるイメージ」と呼んだもので、外界についての印象をもてる力のようなことをさす。プラトンなら理念に高められたイデアともみなしたものだが、ロックは観念は抽象化されて人間に出入りしていると見た。

観念が生得的ではないということは、生まれてきた人間のもともとの本性にはイメージはないということだから、それなら観念はどこから生まれたのかが問われなければならない。それが経験によってもたらされるというのが、イギリス経験論の立場だった。

しかし、これでは問題のすべては解決しない。経験によって観念がもたらされるのだとしたら、経験以前の意識の状態はタブラ・ラサ（白紙の状態）だったのかということになる。これは動物を見ても乳幼児を見ても、あてはまらない。生まれ落ちた人間には、すでに何かが芽生えているはずだ。では観念が生まれつきではないとして、もともとの人間の意識がタブラ・ラサでもないとしたら、そのもともとの人間の本性には何があるのか、その本質はどういうものか、この問題が残る。

こうしてヒュームの「人間の自然本性」についての探究が始まった。人間の自然本性、略して人間本性（human nature）をめぐる探究である。ヒュームはこの探究を「実験的推理方法を精神上の主題に適用する試み」だというふうに捉えた。「精神上の主題」は論理、道徳、政治、文芸のいずれにもかかわる。「実験的推理方法」とは、ヒュームによれば因果関係を解くための方法である。

因果関係には原因と結果を結ぶ明示的なものもあるが、偶然や「おとづれ」によって生じる関係も含まれる。ヒュームはここにはもともと蓋然性《がいぜんせい》（probability）のようなものが関与しているのだろうとみなした。そして、この蓋然性が因果関係をつかまえようとして、そこに「人格の同一性」が生まれるのだろうと見た。卓見だった。

ヒュームにはイングランドの歴史についての大著や、ホッブズやロックの政治論を批判した著作もある。その思索領域はかなり広いのだが、神についての議論はあまりしなかった。そのため無神論者とも懐疑論者とも詰《なじ》られもしたけれど、ぼくはそうは思わない。ヒュームはライプニッツとは異なる思索方法ではあったが、やはり「結合」の裡《うち》に神も意識も知覚も社会も入れ込んでいたはずなのだ。

☆なぜ理性主義と経験論は並んだのか

こうして大陸型の理性主義とイギリス型の経験主義が対比的かつ対立的に浮上したのである。ふりかえってみると、この対比や対立は古代ギリシア以来のものだった。ヨーロッパ精神史というもの、あらためて通観するとそこがたいへんに分厚い。ここでいったん、古代ギリシア以来の哲学の変遷をかいつまんでおく。

一言でいえば、理性主義はマグナ・グラエキア（イタリア南部）のピタゴラス学派やエレア学派に発祥し、ヘラクレイトスのイオニア学派が「ロゴス」を重視したときは、それは理性の代名詞で、かつ論理の代名詞だったのである。

これらを四十歳頃にイタリア南部に旅行したプラトンが継承して、理性にもイデアやプシュケーが動くとみなし、その粗雑な構想をアリストテレスが『オルガノン』や『形而上学』で精緻にしていった。ストア派もペリパトス派（逍遥《しょうよう》学派）も折衷的であるとはいえ、「ヘイマルメネー」(定め)に理性のはたらきを見ていた。

こうして古代ギリシアの理性主義は、プラトンのアカデメイア、アリストテレスのリュケイオンとして、その後のキリスト教とヨーロッパの「学舎のモデル」になる。教え学ぶことには理性こそが要求されたのだ。

この理性主義がキリスト教によってさらに戦闘化していったのが神学であり、スコラ哲学である。スコラ哲学は理性主義の牙城《がじよう》にすらなって、その牙城のパリ大学でトマス・アクィナスが頂点に立った。

しかし経験論もまた、実は古代ギリシアに発していたのである。イオニア学派、ソフィストたち、デモクリトスやエピクロスらの原子論者、キュレネ学派は知覚や観察にもとづく世界観の獲得をめざした。それなら「もっと実験をせよ」と言ったのが、フランシスコ会の司祭でオックスフォード大学の教授でもあったロジャー・ベーコンである。

けれどもここまでは、まだ「試す」ことが重要であることと、理性に代わって数学が有効であることが強調されていた程度なのだが、ドゥンス・スコトゥスやオッカムのウィリアムにおいては、いよいよ「理性には限界がある」ことが持ち出され、ここに哲学と神学の切り離しがはかられたのだった。

こんなぐあいだったから、デカルトが合理と数学と自我を結び付けたのは、かなりの徹底した理性主義の拡張だったのだ。また、それに対してロックやヒュームが「本性の自由」を理性から解放しようとしたことも、かなりの思索だったのだ。

☆ついに国家を弄《もてあそ》んだフェヌロンの小説

話を戻して、バロック期以降のフランスの動向を見ておきたい。一冊の本がフランスに啓蒙主義をもたらし、フランス革命をおこさせた。

この一冊の本とはフェヌロンの小説『テレマックの冒険』(現代思潮社・古典文庫)だ。テレマック(テレマコス)が父親オデュッセウスをたずねて行く先々で出来事と教訓に遇うという、プラトン＝ゲーテ風の理想国家を求める教養小説である。フェヌロンとは何者か。

ルイ十四世はナントの勅令を廃止すると(一六八五)、聖職者たちにプロテスタントの誤りを説くように要請した。フランソワ・ド・フェヌロンは幼くしてギリシア語を学び、ラテン語の古典にも通じ、従姉妹《いとこ》のギュイヨン夫人との交際でもブルゴーニュ公の家庭教師としてもよく知られ、司祭としてははやくから人望を集め、のちにはカンブレーの大司教の任にも就いた。けれども国王の要請には応じなかった。

フェヌロンはローマから「静観主義」の烙印《らくいん》を押され、ルイ十四世によって宮廷からも追放されるのだが、それに応えたのが『テレマックの冒険』だった。のみならずフェヌロンは国王に「この三十年来、貴方の大臣は貴方の権威を頂点まで高めるために、国家の旧来の原理をすべて破ってきました」に始まる親書を書いた。

以下のような驚くべき内容だ。「この連中は内政においても外交においても、ただひとつの方策しか知りません。つまり、自分たちに手向かう者をすべて威《おど》し、負かし、壊滅することです」「貴方の治安の理論は妄想にすぎず、その治安の要求はわれわれの隣人の国を奪うことを正当化しません」「国王陛下、一六七二年のオランダ侵略以来、貴方は多くの国、都市、村を荒らし、何もかも残らず奪い去ったので、世界はすべてのキリスト教国家の自由と安全の唯一の源泉として、ただもう貴方の没落を期待しているのです」。

これほどまでにフランス国王に優しく殴りかかった者は、後にも先にもいない。この後一〇〇年にわたってフェヌロンが読み継がれたこと、当然である。このカトリック啓蒙主義は、ついでは左派のラムネに、右派のエロー、ブロイ、ペギー、ベルナノスらの新生カトリックに、そしてフェヌロン一門の門弟ルソーの『告白』へと受け渡されていったのだ。

☆啓蒙主義の拡大とロベスピエール

モンテスキューとヴォルテールは、一七二六年からの旅行でイギリス経験論の政治思想の刺激を受けた。モンテスキューはボルドー高等法院の副院長時代に、匿名で『ペルシア人への手紙』（岩波文庫・筑摩世界文学大系）を書いてフランス絶対王政を詰り、高等法院を辞職してからは実名で『法の精神』（岩波文庫）を書いて三権分立の可能性を問うた。

本書が注目しているヴォルテールの姿は、フェルネーという古いユグノーの庭園で小さな共和国をつくったことだ。畑を耕し、道路を通し、蚕《かいこ》を飼い、ささやかな産業をおこした（主に時計工場）。

この農園の啓蒙君主はヴォルテール自身なのである。ヴォルテールの出現は、ヨーロッパがめざしていたエラスムス以来の平俗的市民意識を開花させ、その立場から王政批判も改革提案もできるのだという確信をフランスにもたらした。

とはいえルソー、モンテスキュー、ヴォルテールばかりが啓蒙主義者だったのではない。啓蒙思想（英 Enlightenment／仏 Lumières／独 Aufklärung）による世界観はやたらに多様で、あまりにエンサイクロペディックな知識を扱ったので、相互に矛盾していることを惧《おそ》れなかった。そのため、かなりの啓蒙思想がヨーロッパを動きまわった。

政治思想においては自然法や自然国家の理想を追うので、ここにはピューリタン革命を潜り抜けたトマス・ホッブズの『リヴァイアサン』が先行する。これを発展させたのがロックの『統治二論』（岩波文庫）やルソーの『社会契約論』（岩波文庫・白水Uブックス）である。科学においては理神論や無神論の傾向をもつので、イギリスではトマス・バーネットらの自然神学になった。

倫理思想や人間論ではロックが「観念の生得性」を否定したのが大きく、モーペルテュイやヴォルテールではそのハンドリングができなかった。これを発展できたのはヒュームだ。実在的本質と理性的推理には強い連関はないというヒュームの指摘は、啓蒙主義の限界の指摘にもなっていた。

啓蒙主義は知識の網羅と掘り下げにおいては圧倒的な効果を上げた。シャフツベリーやコンディヤックやドルバックやルソーと交流したドゥニ・ディドロは、最初のうちは理神論を下敷きに道徳の起源を明らかにしようとし、後半には得意の語学力をいかして万巻の書物にあたり、知識をマテーシス（数えること）とタクシノミア（分けること）によって突き合わせるという二十年をかけた『百科全書』を完成させた。「記憶」「理性」「想像」という大項目が組み合わされている。

しかし、こうした啓蒙思想を一番におもしろがったのは、大学人や知識人ではなかった。ハプスブルク家のマリア・テレジア、プロイセン王国のフリードリヒ大王、ロシア帝国のエカテリーナ二世であり、ポンパドゥール夫人らのサロンだった。

ヘーアはフランス革命についてはほとんど触れずに、ヨーロッパ精神史の節目としてロベスピエールを熱く採り上げている。たしかにマクシミリアンとオーギュスタンの、ロベスピエール兄弟はともに突出していた。

兄弟ともに弁護士だった。弟のオーギュスタンはパ＝ド＝カレーの行政官で、一七九二年のテュイルリー宮殿襲撃後は国民公会の議員や三部会の第三身分代表となり、山岳党に所属してからはジロンド党と争い、ジャコバン党に入党した。このときサン＝ジュストと出会ったのが衝撃的だったようだ。サン＝ジュストはフェヌロンとルソーに影響を受けた活動家で、ヘーアはそこにヨーロッパが生んだ最初の「ルサンチマン（怨恨《えんこん》）の革命者」の出現を見いだしたうえで、サン＝ジュストをパスカルとニーチェをつなぐ線上に位置づけている。

兄のロベスピエールはルイ十六世を処刑させ、フランス革命を成就させたが、ジャコバン派の独裁者となってからはエベールやダントンを処刑し、恐怖政治の執行者となり、弟やサン＝ジュストとともに断頭台でギロチンにかけられた。ただそのたった四ヵ月のあいだにジャコバン憲法とともに提案し執行したプランはヨーロッパの歴史に類を見ないものだった。

封建領主たちの地代無償を廃止し、徴兵制を敷き、暦を独自化して（非キリスト教化）、革命裁判所の審査を簡素化した。とりわけキリスト教の諸行事に代わる「最高存在の祭典」は熱狂的なもので、式典ではロベスピエール自身が拳《こぶし》をふりあげて「共和国万歳！」を叫んだ。軍隊は愛国的で、要塞型から密集部隊展開型の戦術となり、僅《わず》かな期間でオーストリア、イギリス・オランダ連合軍を破った。このときロベスピエール兄弟の目にとまったのが、コルシカ島出身の兵士ナポレオンだった。

ヘーアはヨーロッパが革命を俎上《そじょう》にのせたいと思うなら、クロムウェル、ロベスピエール、レーニンを根本的に検討したほうがいいと暗示している。

☆ドイツが観念哲学に向かった理由

ドイツはどうだったのか。一五五一年、ドイツの宗教地図の五分の四はプロテスタントだった。一六〇一年、レーゲンスブルクの宗教会議でプロテスタントとイエズス会が初めて同席した。一六七〇年、二四歳のライプニッツが「ドイツはヨーロッパの中心である」と述べた。

一六四八年、三十年戦争の後始末としてウェストファリア条約が結ばれた。ヨーロッパ史を画期する国際条約だが、凡百の歴史学者がよく言うように、これで「帝国の権威が失墜した」のではない。これ以降のドイツの地ではカトリックであれプロテスタントであれ、封建領主であれカルヴァン主義者であれ、それぞれに「改革する権利」があることが確約されたのだ。

その後、ドイツはどうなったのかといえば、「バロックの知」が広がり、ライプニッツが縦横に活躍したことはすでに述べた。そのあとライプニッツやヒュームの受容が目立ち、ヴォルフやバウムガルテンの著作が続くのだが、これは感性や美学を重視するものだった。この時期はフランス啓蒙思想やイギリス経験論のほうが強い。

こうして十八世紀末になる。一七八一年に敬虔《けいけん》主義の風土のケーニヒスベルクで思索していたカントが『純粋理性批判』を著し、一七九一年にモーツァルトが死に、ゲーテは宗教詩と『ファウスト』草稿にとりくんで、世界をどう開示すればいいかを構想していた。

一七九九年にゲッティンゲン大学の実験自然学者ゲオルク・リヒテンベルクが亡くなった。その厖大な『雑記帳』(作品社)は、ショーペンハウアー、ニーチェ、フロイト、ヴィトゲンシュタイン、ベンヤミンらのドイツ精神文化の担い手たちに多大な影響を与えた。

そして一八〇〇年、フィヒテの『人間の使命』(全集・哲書房)が刊行されたのだ。それまでドイツの世界精神を啓蒙的市民文化と講壇文化で形づくっていたハンブルク・ライプツィヒ・フランクフルト・ゲッティンゲンの四都市がつくる四辺形は、フィヒテによってあらためて「ドイツ国民」の拡張の中に再浮上することになった。ナポレオンが占領していた最中のベルリンで、フィヒテは『ドイツ国民に告ぐ』(玉川大学出版部)という連続講演をするのだが、そこには『全知識学の基礎』(全集)が裏付けられ、総動員されていた。

フィヒテにおいて、ヨーロッパ精神は一国の民族と国家と自己の一体の中に注入されることになったのである。それでどうなったのか。ドイツ観念論が席巻した。

近世から近代にかけてのドイツの知識人たちによる世界観をめぐる議論は、まとめて「ドイツ観念論」と呼ばれてきた。カント以降のフィヒテ、シェリング、ヘーゲルに向かった哲学がドイツ観念論だというのだ。

これは俗称であるが、まちがってもいる。同様に、デカルト、スピノザ、ライプニッツ、カントを「自我思想の合理化」の潮流として一筋に捉えることもできない。いずれもカントを取り違えている。

ハイネがこういうふうに言った。ロベスピエールはたかだか国王の首を飛ばしたにすぎないけれど、カントは神の首を切り落としてしまったのではないか、と。マルクスの友人だったハイネらしい言いっぷりだが、カントが褒められているのか貶《けな》されているのか、わからない。カントは難しく、危うく、さまざまに誤解もされてきた。いずれにしても、本書の案内をカントで了《お》えるのはふさわしいだろう。カントにおいては「ヨーロッパ精神史」はたしかに首を落とされるかのように伐採されているのだ。カントの著作は岩波の「カント全集」と岩波文庫による。

☆カントの「理性批判」では了《おわ》らない

イマヌエル・カントの処女作は『活力測定考』である。力の概念をめぐるデカルトとライプニッツの解釈のちがいに調停を買ってでた野心作だ。活力（vis viva）をめぐった。次の野心作は『天界の一般自然史と理論』だ。太陽系がどのように形成されたかをめぐった。エピクロスの原子論とニュートンの力学法則で説明しようとしている。カント＝ラプラス星雲説としてのちのち天文学から評価された。

ついで『神の存在の唯一可能な証明根拠』を書いた。ここでカントは自然神学を批判した。神の首を落としたのはこのときだ。ただし、カントが描く神はかなり擬人的なもので、そこには「神性」はキャッチされていない。

続く『自然神学と道徳の原則の判明性』では、神の存在証明のためであれ、自然をめぐる哲学にであれ、数学的方法をもちこむことを嫌った。そのくせニュートンに対しては寛容なのである。

こうして十年の沈黙のあと、『純粋理性批判』『実践理性批判』『判断力批判』の有名な三部作が登場する。カントはこの三部作によって自身の哲学が「超越論的哲学」になったと自負した。

超越論的とはカントの用語だが、認識をアプリオリなものとして（経験に先立つものとして追究していくことをいう。そのため「感性」「悟性」「理性」の独特の使いまわしを躍如させた。これまたかなりわかりにくい独特な用語づかいなのだが、カントにおいては論理学で言う「概念」が感性のことで、「判断」にあたるのが悟性で、「推論」にあたるのが理性なのである。

カントは、人間の認識能力には感性（概念に対する受容力）と悟性（判断力を生む力）がアプリオリにそなわっていると考えた。その感性には空間と時間が含まれ、悟性には因果性などの一二のカテゴリー（概念あるいは範疇《はんちゅう》）が含まれる。感性に時間と空間が含まれるのは、それが純粋直観にもとづくとみなされるからだ。

われわれの意識はこのような感性と悟性の二種の形式によって、現象や出来事や「ものごと」を認識している。だとすれば、この形式による認識は「物」の経験なのでもある。一方、この形式に適合しない認識もおこりうる。本来、それは人間の認識の所産にひっかかるものではないのだが、そのことをあえて敢行してきたのが、われわれが初期の歴史において神や超越者というものを想定したことだった。

これは純粋悟性概念の所産であって、認識がしからしめたものでなかった。そこでカントは、こうしたものを「物自体」(Ding an sich) と名付けた。物自体は不可知なものなのである。

こんな説明で何かが伝わったかどうか心もとないが、ぼくはカントがこれらを論証するためにいつも「判断表」を作成していたこと、および組み立てをするためにたいてい「三段の統合(重合)」を試みていることに、妙に納得したものだった。三段というのは、①直観における覚知の総合、②構想作用における再生の総合、③概念における再認の総合、というものだ。この手順、すこぶる編集工学的なのである。

主著『純粋理性批判』は次のように結ばれる。「二つのものが、それを考えることが多く、かつ長ければ長いほどますます新たに、また増大する賛嘆と畏敬をもって心を満たす。それは私の頭上にある星が鏤《ちりば》められた天空であり、私のうちにある道徳法則である」。

これでわかるように、カントの理性批判は、ヨーロッパ精神史が培ってきた理性のぎりぎりの擁護だったのである。

以上がヘーアの『ヨーロッパ精神史』の概略だ。適当に補って案内したところもあるので、そのぶんヘーアのストイックな反省的集中力が伝わらなかったことを惧れる。あらためて強調しておきたいのは、ヨーロッパは「東」を封印あるいは抑圧することで、その精神的基盤を確立してきたということである。そのための武器になったのが「神」と「理性」というものだった。ただヨーロッパ哲学は、その「神」と「理性」

を唯一無比なものと考えすぎた。そのため、この唯一無比の論証のため、多くのロゴスが投入されすぎもした。

キリスト教のユニバーサリズム（普遍主義）に対して、東西の両ローマ帝国やフランク王国以来の「王」と「国家」の分立と連携がおこったことは、その後のヨーロッパ哲学に著しい個性をつくりだすことになった。イギリス経験論、フランス啓蒙主義、ドイツ観念哲学はその最もわかりやすい発露である。

そこで、これらの思索風土に紛らわされないための「方法の哲理」が用意されることになった。それがデカルトやライプニッツに代表される「数理」というものだ。しかしながら初期の数学思想にはまだまだ「神」と「理性」との整合性を気にする風情が付きまとっていた。数理や数学的方法が哲学から自立するのはカントール以降のことになる。

ヘーアの記述は何かの思想や哲学に偏ってはいない。公平でもないし、正攻法でもないが、一九六〇年代後半のとりくみだったこともあって、いわゆるポストモダンの眼が加わっていない。マルクス主義にも冒されていない。どちらかというとダニエル・ベルが「イデオロギーの終焉」を謳《うた》ったような、個人思想にとらわれない記述に徹したのである。カントの時代までなら、そういう書き方を貫くのも、ぼくには参考になったのだ。だから、本書はあくまでアンチョコであって、ヘーアの思想ではなかったのである。哲学史の絵筆による写生だったのだ。

第一七〇五夜　二〇一九年四月二四日

参照千夜

七〇五夜：トインビー『現代が受けている挑戦』　九九九夜：ホメーロス『オデュッセイアー』　三四五夜：オリゲネス『諸原理について』　七九九夜：プラトン『国家』　七三三夜：アウグスティヌス『三位一体論』　七六二夜：パスカル『パンセ』　八四二夜：スピノザ『エチカ』　九九四夜：ライプニッツ『ライプニッツ著作集』　二九一夜：アリストテレス『形而上学』　六九三夜：ベルント・ルック『歴史のアウトサイダー』　六二〇夜：大木英夫『ピューリタン』　二五八夜：シモーヌ・ヴェイユ『重力と恩寵』　二四一夜：エーコ『薔薇の名前』　九一三夜：ダンテ『神曲』　九四四夜：ホッブズ『リヴァイアサン』　六六三夜：ルソー『孤独な散歩者の夢想』　九一六夜：ハイデガー『存在と時間』　一〇八二夜：ドゥルーズ&ガタリ『アンチ・オイディプス』　六一〇夜：マキアヴェリ『君主論』　二二二夜：フィリップ・レクリヴァン『イエズス会』　一八〇夜：ディドロ&ダランベール『百科全書』　三七七夜：ケプラー『宇宙の神秘』　一五七夜：マッハ『マッハ力学』　一八三夜：エピクロス『教説と手紙』　二五一夜：ヴォルテール『歴史哲学』　一〇二三夜：ニーチェ『ツァラトストラかく語りき』　九七〇夜：ゲーテ『ヴィルヘルム・マイスター』　一一六四夜：ショーペンハウアー『意志と表象としての世界』　八九五夜：フロ

イト『モーセと一神教』八三三夜：ヴィトゲンシュタイン『論理哲学論考』九〇八夜：ベンヤミン『パサージュ論』三九〇夜：フィヒテ『ドイツ国民に告ぐ』一七〇八夜：ヘーゲル『精神現象学』二六八夜：ハイネ『歌の本』七八九夜：マルクス『経済学・哲学草稿』四七五夜：ダニエル・ベル『資本主義の文化的矛盾』

啓蒙主義と近代の国家理性とは、
どこかで密約を結んでいるにちがいない。

フリードリッヒ・マイネッケ

歴史主義の成立

菊盛英夫・麻生建訳　筑摩叢書　全二巻　一九六八

Friedrich Meinecke: Die Entstehung des Historismus 1936

カール・ポパーは「歴史主義の貧困」と言った。このとき歴史主義という思想用語が〝historism〟から〝historicism〟に変わった。

ポパーはいろいろ歴史主義の限界を指摘するために、わざわざ〝敵〟の特性を呼び替えてみせたのだが、これはマルクス主義者が相手のマルクス主義者と自分たちを区別するために、修正社会主義とか社民主義といった言葉を用意するのに似て、ぼくには余計なお節介のような気がする。

文句があるなら無視してよいはずなのである。無視できないのは、結局はその〝敵〟の努力や発見に多大な影響をうけてしまったからだ。学問の世界にはしょっちゅうこういうことがおこっているので、読者を困らせる。ときに著しく興ざめになる。学者以外の読者のほうが世の中には多いに決まっているのに、そういう読者のことなど、めったに配慮されてはいない。自然科学は厳密な検証を争う必要もあるから〝敵〟の限界を論《あげつら》うのはいいとしても、社会思想や歴史思想がそれをやるのは必ずしもおもしろいものじゃない。

もっとも、ぼくがマイネッケの著名な本書を読んだのは、以上のような学問の正統性をめぐる議論など、まったく知らないころのことだった。ただひたすらに次々に登場する「歴史の中の思想家」たちの思索の跡の叢林《そうりん》に立ち入って、そうかそうか、これはこれはと堪能した。そういうふうに（いわば少年のバッタ取りのように）、この本を読めた季節がなつかしい。

フリードリッヒ・マイネッケは一八八〇年代のベルリン大学やボン大学のプロイセン学派の歴史学の渦中にいた。プロイセン学派はランケを頭目として実証主義的な歴史観をつくっていた。ランケはプロイセン（プロシア）王ウィルヘルム四世と昵懇《じっこん》だったこともあって、保守本流の「世界史」の確立をめざした。これは学界の取り決めにすぎないが、ランケ以前を「歴史家」と、ランケ以降を「歴史学者」と言う。

マイネッケはランケ一辺倒ではなかったが、二十世紀前半の激動の現代史に付き合うことになった。国家文書館の仕事ののちシュトラスブルク大学、次にフライブルク大学、ベルリン大学の教授をしているうちに、第一次世界大戦、ドイツの敗退、ナチスの擡頭《たいとう》を眼のあたりにした。歴史家としても歴史学者としても、この強烈な激動の中で確固たる歴史観や世界観をもつのは至難のことだった。

実際にもワイマール体制を支持し、一九三二年の大統領選ではヒンデンブルクを支援し、ナチスを警戒した。だからナチス支持を表明したカール・シュミットの炯眼《けいがん》とは対立した。シュミットはマイネッケを御用学者呼ばわりした。逆にマイネッケは戦後に『ドイツの悲劇』（中公文庫）を著して、ナチスの擡頭と専横はドイツ大衆のポピュリズムによっていたことを分析してみせた。

マイネッケの歴史観の骨格は『世界市民主義と国民国家』（岩波書店）、『近代史における国家理性の理念』（みすず書房・中公クラシックス）にあらわれている。歴史を通して「国家理性」がどのように胚胎《はいたい》し、拡張され、また貫かれていたかを見ようとした。

政治がどんな形であれ、権力をめざさないということはありえない。教会も市民団体も権力をめざす。政治家が権力を奪取するために、どんな形であれ画策や努力をしないということも、ありえない。そこにはつねに「クラートス」（力）と「エートス」（情念）があらわれる。すでにマキアヴェリが見抜いていた。

近代においては、それが「国家理性」の活動として読みとれる。その軌跡は「善の施行」と「罪の隠蔽《いんぺい》」として記録をのこす。マキアヴェリはそれを「徳性」(virtù) と「野蛮」(feròcia) とも呼んだ。そして、その両方が「必須」(necessità) であると見た。マイネッケはこうした国民理性のダイナミクスは、その後のルイ十三世治世のリシュリューや十七世紀のユグノーのアンリ・ド・ロアンに認められると分析した。

ついでマイネッケが明らかにしようとしたのは、啓蒙主義が国民理性にもとづいていたということだった。本書『歴史主義の成立』はこの見解を明示した。この見方は、今日の歴史観からするとやや意外に見えるだろうが、ヴォルテールやルソーやドルバックらの啓蒙思想家たちがフリードリッヒ、エカテリーナ二世、マリア・テレジアに招かれ、これに積極的に応じたところは、啓蒙主義と国家理性の関係に注目したマイネッケの見方にも説得力があると思わせる。こんなふうに書いている。

「国家理性は、それが要求した独特な精神的訓練とあらゆる独断的価値の内部的弛緩《しかん》作用によって、啓蒙主義を開拓する最も重要なもののひとつとなった。そのように相互に豊饒化《ほうじょうか》しあう諸理念というものは、またふたたび最も深刻な対立に陥りがちであり、それゆえ啓蒙主義と国家理性はその本質において、たえず融合と対抗をくりかえすのである」。

本書は上下あわせて十章になっている。その構成を見れば、だいたい何を叙述しようとしたかがわかる。こんなふうだ。

1　先駆者たち
　1　シャフツベリ
　2　ライプニッツ
　3　ゴットフリート・アルノルト
　4　ヴィーコとラフィトー
2　ヴォルテール
3　モンテスキュー
　1　ブーランヴィーユ
　2　アベ・デュボス
4　フランスの歴史的思考
　1　テュルゴーとコンドルセ
　2　ルソー
　3　ゴゲ
　4　ブーランジェ

3　八十年代の『人類の歴史哲学のための理念』
4　晩年期
10　ゲーテ
1　伝記的考察
2　体系的考察
付　レオポルト・フォン・ランケ

十八世紀のヨーロッパ思想の流れが俯瞰《ふかん》されているわけである。マイネッケは、シャフツベリからヒュームに至りヴィーコからバークに及んだ思想家たちがその思潮を、当時の「冷笑的な理性」に対抗して、どのように次代へ継承させようとしてきたかという視点で描出してみせたのである。

ただし、当時のぼくにとってはこれらのめくるめく思想群像に一挙に出会えたことこそれ自体が最大の収穫だった。なにしろヴィーコもヘルダーもバークも、この本で初めて出会ったようなものだった。

それも、ヴィーコをラフィトーとの内在的な比較において知り、バークをルソーと社会的に比較することで理解できたことは、いまふりかえってもこれは青春期の読書としてありがたい。とくに「先駆者たち」としてライプニッツとヴィーコが並んでいるのが嬉しかった。かのカルチェ・ラタンが火を吹き、キューブリックが『二〇〇一年宇宙の旅』を問うた一九六八年のことだったとおもう。

歴史主義というのは、超歴史的あるいは超現実的な視点によって真理観や人間観をのべるのをやめてみようという立場のことである。「抱いて普遍」ではなくて「離して普遍」を見てみようという立場だ。この視点をほぼ大筋で確立したのがヴィーコとヘルダーだった。かれらは、歴史というものが数々の人間や民族が去来する「場」の上でくりかえしていく様相を初めて見抜いた。そのような反復しつづける「場」を当時の言葉で“corso ricorso”という。

このような歴史主義の目が研ぎ澄まされるまでの、前哨戦《ぜんしょうせん》はかなり長かった。マイネッケはその長いプロローグを描こうとした。それが本書の舞台となった十八世紀の哲学史にあたる。

その後、歴史主義はサヴィニー、ランケ、ドロイゼンらに継承され、十九世紀末になってヴィルヘルム・ディルタイによって哲学性を与えられた。そこに「体験→表現→了解」という歴史的な生の連環性があらわれた。この連環はナマである。ナマの認識、ナマの人間を歴史から抜き出してそのまま世界観にする。一八八三年のディルタイの『精神科学序説』（法政大学出版局）に結実した。

しかし、このナマのサイクルはすべてが相対化されがちにもなっていく。そこでエルンスト・トレルチが「現在的文化総合」という観点を導入して、一九二二年に『歴史主義とその諸問題』(ヨルダン社「著作集」4・5・6)を著した。トレルチは神学者であって宗教史学者でもあったから、その構想は歴史主義神学の様相を呈した。ついでカール・マンハイムが「知の遠近法」を導入して、相対主義からの脱却を試みた。マンハイムはルカーチの弟子筋にあたる。当然にトレルチとはぶつかった。そして、そのような試みが進んでいたころにマイネッケが登場して、本書によって「歴史主義の背景」をおさらいしてみせたのである。

こういう本はヨーロッパの町を散策するように、そのときの好みによって読むものである。自分の思想の窓のなかで読むのなら、やめたほうがいい。旅行先で食べたいものが変わるように読む。それがいい。

ちなみに、この本では意外なことも教えられた。当時の哲学論文、たとえばヴィーコの論文などは、他の学者たちによってつねに黙って盗用されつづけていたらしいということだ。早すぎる提案者たちや予言者たちの成果というもの、どうもこういう宿命を負うようだ。

ちなみに一九六〇年代になると、新歴史主義という一団があらわれてきた。主に「表象」誌を拠点に登場してくるのだが、これは歴史をいたずらに客観的な変遷にするのではなく、語り手によって何が再構築されていったかに注目する。ここに颯爽とあらわれたのがミシェル・フーコーだった。いずれそのあたりの話もしてみたい。

第六一夜　二〇〇〇年六月一日

参照千夜

一〇五九夜：カール・ポパー&ジョン・エクルズ『自我と脳』　六一〇夜：マキアヴェリ『君主論』　二五一夜：ヴォルテール『歴史哲学』　六六三夜：ルソー『孤独な散歩者の夢想』　九九四夜：ライプニッツ『ライプニッツ著作集』　八七四夜：ヴィーコ『新しい学』　一二五〇夜：エドマンド・バーク『崇高と美の観念の起源』　九七〇夜：ゲーテ『ヴィルヘルム・マイスター』　五四五夜：フーコー『知の考古学』

第四章

啓蒙と変革の庭

ミシェル・ド・モンテーニュ『エセー』
ヴェレーナ・フォン・デア・ハイデン＝リンシュ『ヨーロッパのサロン』
ヴォルテール『歴史哲学』
ジャン＝ジャック・ルソー『孤独な散歩者の夢想』
ドゥニ・ディドロ&ジャン・ダランベール編『百科全書』
エドマンド・バーク『崇高と美の観念の起原』

世の懐疑のために綴り、
「自分を質に入れない」ために、また綴る。

ミシェル・ド・モンテーニュ

エセー

原二郎訳　岩波文庫　全六巻　一九六五〜一九六七
Michel Eyquem de Montaigne: Les Essais 1580–1588

二三七・一七七・三四・九・六・四・一三。昨日の衆議院議員総選挙の結果を示す数字だ（二〇〇三年のこと）。いやというほど見せられた。自民・民主・公明・共産・社民・保守・無所属その他の順になる。

昨夜は抜け切らない風邪の咳をコンコンしながら選挙開票番組を見ていた。毎度のことながらの勝者と敗者の押し絵のような狂喜と挫折《ざせつ》。「バンザイ、バンザイ」陣営と「不徳の至り」候補者の画面が交互に羅列して、ぼくはいつものことながらすぐ興味を失っていた。アナウンサーは「これは二大政党の時代の幕開けです」と何度も言っていたが、そんなことはあるまいと思った。

選挙開票を見る前は女子バレーの世界大会を見ていた。そこでも奇妙なことがおきていた。その実況をしていた局では、途中からキャスターが出てきて開票速報が始まり、それがいったん終わると続いてメイン画面ではバレー中継がされ、左側と下のサブ画面には各政党の当確スコアが出るようになって、そこには二つのゲーム・スコアが同時進行していたのである。

夜陰、ぼくは久々にモンテーニュの『エセー』を読みたくなっていた。選挙にこそ出なかったものの、モンテーニュはいわば二世議員だった。父親同様に市長となり、これを辞し、現実の社会に進行する数字の出来事から遠く離れて日々を送るにはどうしたらいいかを、長らく思索した。それで書いたのが『エセー』である。

モンテーニュはある人に勧められた。ある人はぼくが信頼していた人なので、三五歳のころから五、六年をかけて啄《ついば》むように読んだ。その人は「読みなさい」とは言わなかったけれど、まことに柔和な表情で、しかし断固としてモンテーニュを勧めた。ある人というのはルイス・トマスだ。「私は一人選べといわれればモンテーニュですね」。トマスはぼくの目を覗《のぞ》きこみにっこり笑った。七〇年代後半、ニューヨークでのことだ。大病院の院長で、スーザン・ソンタグの主治医でもあったトマスについては第三二六夜を読まれたい。

日本に帰ってしばらくして『エセー』を仕入れ、それが文庫本で六巻もあったのにちょっとびっくりしたが、然るべき早朝（ぼくが早朝に本を読むのはめずらしい）、トマトジュースを一杯飲みほしたところで第一ページを開いたことをよく憶えている。

冒頭、「世間で評判になりたいのなら、私だってもっと技巧を凝らして身を飾っただろうけれど、これは私が私を書いているのだからそんなことはしない、私自身が私の本の題材なのだ」というようなことが書いてある。ふうん、こういうことなのかと新鮮だった。「私自身が私の本の題材だ」が、いい。

ミシェル・ド・モンテーニュ（一五三三～一五九二）の『エセー』は長々とした『方丈記』である。まるで〝長丈記〟だ。三八歳で早々に隠遁《いんとん》したモンテーニュが「博学の女神の懐」に入って、余生を何かを書いて送ろうとした晴耕雨読の方丈記である。

ただし十六世紀後半の中欧の方丈記だから、日本でいえば戦国時代の渦中で現実から引っ込もうというのに近く、読むにはいささか覚悟がいる。

リュシアン・フェーヴルが「十六世紀は吹きっさらしの人間の世紀だった」と形容したように、この時代は国王も貴族も僧侶も職人もよく動いた。ルネサンス後期と文芸復興と宗教改革と宗教戦争の時代であって、古代ギリシアと古代ローマが蘇り、カトリックとプロテスタントが互いに剣をとっていた。旧教と新教の二大イニシアティブのどちらを選ぶかという、フランスが初めて体験する選択の時代だった。

そんな移動と選択の時代のなかで、あえて蟄居《ちっきょ》して何かを綴りながら過ごそうというのは、当時の事情からするとそうとうに突飛なことである。そこをモンテーニュはあえて現役を退いて、そうした。富裕な家に育っていたことも、この決断を楽にした。そこは追いつめられていた鴨長明とはちがっている。楽ではあろうが、モンテーニュは「私はこれからはもう走らない」と決心して現実社会から退いた。

だから『エセー』はたいへんにゆっくりしている。文章がほぼ歩行の速度で綴られている。これはモンテーニュ自身にとっても新たに経験することになった「思索の速度」であったろうが（そういうことをしたのはモンテーニュが初めてであったから、この「思索の速度」がその後のヨーロッパにおけるエッセイの母型になったのだが）、これを読むわれわれにとっても、これは含みの多い速度である。

ぼくはこの緩やかな思考速度こそ『エセー』が歴史を超えて何度も何度も読み継がれてきた魅力なのであろうことに気がついた。そこでふと「思速」という言葉を思いついた。「思速」は、ぼくがモンテーニュに捧《ささ》げた冠詞のようなものである。

昨夜の衆議院総選挙をめぐる出来事と報道のどこがうんざりするかというと、この「思速」がないからだった。歩きながら思索するというのではなく（それなら宮本常一を推すけれど）、歩行的思索をするということだ。それが「思速」である。それなら東が長明、西はモンテーニュなのである。

モンテーニュは改宗ユダヤ人としてのマラーノの血を母親から引いている。スピノザと同じだ。モンテーニュが世界市民性をもっていると言われてきたのは、この血と無関係ではない。マラーノの血を受けてはいるが、裕福な城館で生まれ育った。父親は一五五四年にボルドーの市長になった。

この父親によってモンテーニュは英才教育をうけた。二歳からのラテン語の家庭教師に始まり、六歳からのコレージュ・ド・ギュイエンヌ、古代ローマの詩文との出会い、ボルドー大学での日々、法学を学んだトゥールーズ大学などを順調に通過して、二四歳でボルドー高等法院の裁判官（評定官）になった。これは良家の子息がエリートになっただけのこと、このままならモンテーニュはただの二世議員になっていただろう。

だが、事件がおこった。高等法院の同僚にエチエンヌ・ド・ラ・ボエシーがいた。高潔で、若くして深い見識があった。このラ・ボエシーとの出会いがモンテーニュをつくった。

ところが、この親友はわずか三十歳そこそこで疫病に倒れて死んだのである。モンテーニュがこの友人から受けたものは格別だった。「ラ・ボエシーと付き合った四年間にくらべたら、それ以降の人生なんて暗くて退屈な夜にすぎない」とさえ書いている。人はときに「獲得」よりも「喪失」を動機に思索や行動を決断するものなのだ。

モンテーニュは『エセー』を一挙に書いたのではないから、いろいろの時期のエッセイが入っている。だいたいは執筆順に並んでいるが、あとで何度も加筆訂正をしている（それをやりつづけるのがモンテーニュの楽しみであり生き方でもあった）。だからどこの部分が初期のモンテーニュの文章で、どこが円熟期のモンテーニュなのかは区別がつきにくい。

しかし最初のころのエッセイは、あきらかにラ・ボエシーを失った悲しみをのりこえるようにして文章が綴られている。エピクロスやセネカやキケロの哲学を借りて、なんとか喪失や動揺や悲哀を克服しようとしているのが伝わってくる。だからこの時期のモンテーニュは綴ることを通して、古代ギリシアの哲人が愛した「アタラクシア」（何事にも煩わされない心の平静）を近づけようとしていたと見える。

モンテーニュはラ・ボエシーと死別した二年後に結婚し、つづいて父を失って領主となった。好きな書斎に落ち着こうとしはじめるのはここからで、とりわけ一五六九年にレーモン・スボンの『自然神学』をラテン語から翻訳したのをきっかけに、しだいに読書三昧《ざんまい》・執筆三昧に傾いていった。

けれども、この時期のモンテーニュはまだ「アタラクシア」には遠かった。思索すればするほど、執筆すればするほど、妄想のごとき懐疑を抱いた。モンテーニュはこの内側から湧き上がってくる懐疑をぞんざいに扱わなかった。重視した。これこそがのちにデカルトに影響を与えた懐疑の精神である。

モンテーニュを読むとは、この湧き上がる懐疑の前で立ち止まるモンテーニュが、しだいにその懐疑の場面から自身を飛翔させ、あたかも悠揚せまらぬ視線で人間の世を眺めるようになっていくところを読むことである。きっとルイス・トマスが勧めたのもこだったろう。懐疑から目をそらさず、かつその懐疑を離れていくこと、そこにモンテーニュの真骨頂があった。

白水社に文庫クセジュがある。フランスの同名の文庫の翻訳シリーズで、ぼくも旧版このかた何十冊もお世話になってきた。このクセジュは"Que sais-je?"である。「いったい私は何を知っているのだろうか」という意味で、これはモンテーニュが有名にした「問い」だった。懐疑のための「問い」だ。

モンテーニュの「懐疑」すなわち「クセジュ」は、デカルトやヒュームにヒントを与えたほどの新しい哲学の芽生えであった。モンテーニュの『エセー』がなかったら、デカルトもヒュームもいなかったと思いたい。それどころか近世ヨーロッパ思想は「綴り方」を喪失していただろう。

懐疑や疑念をもつということは、それが晴れるまでの時間をすべて引き受けるということである。モンテーニュの文章にはこのような「クセジュ」を引き取る時間そのものが綴られている。けれども、一様ではない。その引き取りのプロセスで、モンテーニュはふいに飛躍する。また、脇見する。すなわち、「クセジュ」に始まる思索を母体としながらも、そこから生じる思索の方法に関する煌《きら》めきを随所に発揮する。この書き方は、空海にも益軒にも仁斎にも似ている。空海も益軒も仁斎も懐疑をもって書きはじめ、途中でひらめき、脇見をしながら飛躍する。

その綴り方、その思索の方法は、モンテーニュ自身の言いっぷりによると「緋色《ひいろ》の生地の光沢を判断するには、少し上のほうからちらりちらりと、あちこちから視線を走らせる」という方法である。全部で文庫六巻にもわたる「思速」による『エセー』を読むのがなぜおもしろいかというと、この方法に出会えるからなのだ。

モンテーニュは『エセー』の二巻分を書いたところで、ふたたび現実社会に呼び戻され、父親と同様のボルドー市長を二期つとめた。まさに二世議員である。しかしモンテーニュはカトリックとプロテスタントの仲介をするのに疲れ、「シャツを着た以上はシャツを着た人間として振る舞うが、シャツと皮膚とは異なるものだ」と言って、またまたシャツを脱いでしまう。そこからが『エセー』三巻以降にあたる。だからモンテーニュの真骨頂に出会えるのは、三巻から先になる。

さて、このような『エセー』が結局ぼくに示唆したことは、「自分を質に入れない」ということだった。だいたい人間というものは、学生になれば学生になったで、仕事につけば仕事についたで、結婚すれば結婚したで、父親になれば父親になったで、政治家や弁護士になるとまたその分際で、その社会の全体を自分大に見たがるものである。とくに選挙に出る政治家は自分を自分大にするだけではなく、社会が自分大だと思いこむ。つまり「自分を質に入れよう」とする。そして、どうだ、質に入れたんだぞ、不退転の決意だぞといばる。

だが、そんなことはめったに成り立つはずはなく、たいていはその質を入れた質屋を太らせるだけなのだ。だいたい社会のどこが質屋なのか。社会そのものには質屋があるわけがない。もしあるとしても、そこはとんでもなく利子が高いはずである。

モンテーニュはこのことをよく見抜いていて、どんなものにも自分を質に入れることを戒めた。そして、そこからずれる自分のほうを見つめることを勧めた。その「ずれ」をそのまま綴ることが、また、エセー（エッセイ）という新しい思索記述の方法を思いつかせたわけなのである。だからこそ、市長をつとめたモンテーニュは自分のことを、こう定義してはばかることがなかったのである。「自分は義務・勤勉・堅忍不抜の公然たる敵である」。

ピエール・グロードとジャン＝フランソワ・ルエットの『エッセイとは何か』（法政大学

出版局）で知ったのだが、エッセイというのはラテン語の「秤《はかり》」から派生した言葉で、器具での計測のような意味をもっていたらしい。ということは、試験、検査、探索もみんなエセーであり、試験や検査や探索が成就しないこともまた、エセーなのである。

ぼくとしては、これからも目盛りのない秤としてのエセーの肩をもちたい。数字に囚われない秤をこそエセーとしていきたい。できれば、「自分を質に入れない」ための相場を御披露したい。

第八八六夜　二〇〇三年十一月十日

参照千夜

三二六夜：ルイス・トマス『人間というこわれやすい種』　六九五夜：スーザン・ソンタグ『半解釈』　四二夜：鴨長明『方丈記』　一〇一八夜：リュシアン・フェーヴル＆アンリ＝ジャン・マルタン『書物の出現』　二三九夜：宮本常一『忘れられた日本人』　八四夜：スピノザ『エチカ』　一八三夜：エピクロス『教説と手紙』　七五〇夜：空海『三教指帰・性霊集』

十八世紀のサロンは宴のための派出所ではない。
新世界観と憂国のための苗床だった。

ヴェレーナ・フォン・デア・ハイデン＝リンシュ

ヨーロッパのサロン

石丸昭二訳　りぶらりあ選書（法政大学出版局）一九九八

Verena von der Heyden-Rynsch: Europäische Salons 1992

クラブは会員制で、規則をもっていることが多いが、サロンは原則的には開放されている。そのかわりサロンには主宰者や主人やマダムの好みが貫き、参加者たちもそれなりの傾向をもつ。本書が案内するヨーロッパのサロンにも、この主宰者たちによる価値観が貫かれていた。ちゃんと考えているわけではないが、サロンが成立する条件として、とりあえず次のようなことがすぐ浮かぶ。

第一に「ああ、この人が招いているんだ」と得心できる亭主やマダムないしは女将《おかみ》がいてもらわなくてはならない。第二に、どこでも見たことがない内装がいる。質素でもかまわないが、書棚は不可欠だ。それによって暖炉やピアノや茶室や囲炉裏に代わる何かの団欒《だんらん》装置が生まれる。

第三に、茶と酒と肴《さかな》があるのはよいとして、それ以外のオキ・クドキ・チラシなどをもった「次第」による趣向がほしい。談論風発とは、たいてい主人やマダムが隠れたアジェンダをもっているからおこることなのである。第四に、バベットの晩餐会ではないが、ときに一回きりの「かぎり」というものがあっていい。一度でもいいから「忘れられないサロン」を開くべきなのである。

第五に、かつてのロココにおける鏡や小箱やクレヨンに代わり、また文学キャバレーにおける即興や朗読に代わる何かのツールやロールやルールめくものがあったほうがおもしろい。イギリスのコントラクト・ブリッジや江戸の俳諧や茶会はそのようにして生まれた。いつもくだくだとお喋《しゃべ》りするのだけは勘弁してもらいたい。第六に、サロンには公式の場や学府や政治の舞台からは出てこない思想の雰囲気がほしい。サロンは「世界観の派出所」ではない。「世界観の苗床」なのである。

まあ、こんなぐあいに、サロンにはサロンの特色というものがある。店でもなく、商売でもなく、パトロネージュともかぎらない。サロンにはサロンでなければ生まれない何かがあった。とりわけ、なぜ女性を中心にサロンがつくられてきたかということも興味深い問題になる。

ぼくはかつて『クラブとサロン』（NTT出版）という本をつくったとき、二一世紀は新たな「クラブとサロンの世紀」になるとよいと提言した。世の中ではどのようにクラブやサロンが歴史をつくってきたかということはほとんど議論されてこなかった。

本書はそのうちのヨーロッパのサロンをドイツ人の目で扱っている。ただし、いかんせん研究書なのである。したがって充実した記述のわりにはまったくサロンの香りが出ていない。それでも、このような一冊が来たるべき「クラブとサロンの世紀」のための敷石のひとつとなるのだろう。

サロンがどのように生まれたかについては、これまでもいろいろの説があった。古代ギリシアにはヘタイラとよばれる遊女たちがいて、そのヘタイラの一人アスパシアが催した集いがサロン文化の歴史でさかのぼりうるひとつの淵源《えんげん》である。が、これは古すぎる。バハオーフェンが『母権制』の最初に持ち出した例だった。

ついでトルバドゥール（吟遊詩人）時代の「クール・ダムール」（恋愛問答の集い）が騎士道文化の只中《ただなか》に生まれた。ルイ七世の王妃となり、そのあと英国王ヘンリー二世と結婚したアリエノール・ダキテーヌがこうした趣味をいかんなく発揮した。ダキテーヌは当時勇名を馳《は》せていた中世騎士道文化のアイドルともいうべきトルバドゥールのベルナール・ド・ヴァンタドゥールをポワチエの別荘に呼び、いわゆる「レスプリ・クルトワ」

（風雅の趣向とでもいえばいいか）を交歓した。このときの騎士ヴァンタドゥールをめぐる歌がシャンソンの原型になる。

この「レスプリ・クルトワ」からは「文壇」（レスプブリカ・リテラリア）も生まれた。つまりこれらの中世サロンが騎士道のルール感覚、シャンソン、文壇を創り出したわけである。が、これもまだ教皇と国王が張りあっていた十二世紀や十三世紀のことだ。

フィレンツェのメディチ文化をサロン文化史のルーツに組み入れることもできる。カストラートを偏愛した教皇レオ十世の周辺につくられたミューズの館、ピエトロ・アレティーノの別荘、マントヴァの辺境伯夫人イザベッラ・デステのグロッタ（洞窟《どうくつ》）を伴ったサロンといった、いくつかの先蹤《せんしょう》もある。しかし、フランス語の「サロン」（salon）という言葉がどこからかというと、やっと一六六四年に登場する。

もともとサロンは宮廷の「謁見の間」をさしていた。一七三七年にルーブルの方形の間《サロン・カレ》で催される美術展をサロンと略称するようになり、さらにディドロが美術批評集のタイトルを『サロン』と名付けて、だんだん一般化した。

その嚆矢《こうし》はなんといってもランブイエ侯爵夫人ことカトリーヌ・ド・ヴィヴォンヌの「青い部屋」である（かつて戸川昌子がこの名前のシャンソン・サロンを青山につくったものでした）。十二歳でフランス大使だった侯爵と結婚した夫人は家屋を改装してサロンのスペースを用意し、そこにコルネイユらを呼んだ。ランブイエ夫人はローマの生まれ育ちで、のちにフランスに帰化するのだが、そのルネサンス的知性がパリに新しい風をもたらした。

ランブイエ夫人のサロンを継いだのがマドレーヌ・ド・サブレ夫人で、このサロンの人気者はフランソワ・ド・ラ・ロシュフーコーだった。ルイ十三世時代の宰相リシュリューとも、フロンドの乱では宰相マザランとも対立した。ラ・ロシュフーコーの箴言《しんげん》のヒントの多くはサブレ夫人の言葉づかいにあったという。『箴言集』は日本でも昭和十年代に斎藤磯雄が翻訳して、三笠書房のベストセラーになった。いまは岩波文庫でも白水社版でも角川文庫でも読める。

ランブイエ夫人のサロン以降は、つまり一六五〇年以降は、まるで雨後の筍《たけのこ》のごとくサロンがラッシュした。そのうちの多くはイミテーションだったようだが、なかにこのようなサロンでこそフランス語が磨かれたと記録できるサロンもいくつかあった。とくに「正書法」の誕生はこの時期のサロンが苗床になっている。

これは日本なら慶滋保胤《よししげやすたね》の「二十五三昧会《ざんまいえ》」などの詩文サロンにあたるもので、日本のばあいはこれらに「別所」や「会所」の集いが加わって、日本語や日本文化をつくっていったものだった。中国ならその起源は六朝《りくちょう》時代の王羲之《おうぎし》の「蘭亭《らんてい》の盟」になる。

ロココ（Rococo）はロカイユ（rocaille）に由来する。ロカイユは「岩」のことだが、バロックの「グロッタ」（グロット＝岩）が洞窟的であったのに対して、ロココは貝殻の曲線を多用するような装飾様式の用語として使われた。ルイ十五世時代、一七三〇年代に流行した。

ロココのサロンは言うまでもなくポンパドゥール夫人こと、美貌と知力に長《た》けたジャンヌ＝アントワネット・ポワソンに代表される。もとは銀行家の娘だが、一七四五年に国王ルイ十五世の公式の愛妾《あいしょう》となり、好き放題をした。あちこちに邸宅をつくり（現在のフランス大統領官邸エリゼ宮もそのひとつだ）、大半の部屋をロココ調で尽くし、派手な衣裳と髪型（これがのちのポンパドゥール・スタイル）を好んだ。

政治手腕も抜群で、政治にも外交にも疎いルイ十五世に代わるかのように前面に立った。一七五六年にオーストリアのマリア・テレジア、ロシアのエリザヴェータと組んでプロイセン包囲網をつくり、これを成功させたのは「三枚のペチコート作戦」と名付けられて有名になった。長い対立関係であったオーストリアと和解にこぎつけた手腕は、外交史上でもことに評価されている。

ポンパドゥール夫人は学芸や芸術にも熱心で、知識の流行にも詳しく、ヴォルテールやディドロらの啓蒙《けいもう》思想家たちと親しくしただけでなく、かつ対等に語りあった。四二歳で病没したため、晩年の盛況は見えないのだが、もし長命であったなら、そのサロンの爛熟《らんじゅく》はどこまで闌《た》けたかと思われる。「ドアを開けば前に進める」「私の時代がきた」

「我らのあとは大洪水」など、のちのちの語り草になったセリフを残した。

マダム中心のサロンに変化があらわれるのは、スウェーデン女王クリスティーナがデカルトをストックホルムに呼び寄せてからである。これが引き金となって、サロンが変わった。クリスティーナは退位後にパリやローマで滞在旅行をしたので、サロンの文化性は社会全体や国全体におよぼす力があるのではないかと幻想されてしまった。

そこへもってきてドルバック男爵がイングランド風の「男だけの夜会」をパリにもちこんで、新たな雰囲気が加わった。その中心にドゥニ・ディドロをおいたことも大きなきっかけになった。のちに百科全書をつくったディドロである。このスタイルは王侯貴族の驕奢《きょうしゃ》乱脈にうんざりしていた男性知識人たちを動かして、ルソー、ヴォルテール、モンテスキューらがたちまち流れこみ、ここに「国を憂えるサロン」が誕生することとなる。これが十八世紀を席巻した「啓蒙主義サロン」というものだ。

しかし、男たちはもっぱら知を提供し、国のプランを語るばかりなので、エレガントなトレンドはつくれない。そこで、こうした啓蒙サロンはドルバック夫人をはじめとする女性たちに〝運営〟が任された。それこそが、サロンといえばこの五人の女性をさすというほど有名な、ランベール夫人、タンサン夫人、ジョフラン夫人、デファン夫人、レスピナス嬢らのパリ・サロンになっていく。

いずれもエスプリに富んだポンパドゥール夫人たちである。のちにゴンクール兄弟が『十八世紀の女性』（平凡社）のなかで「彼女たちこそが精神のキャプテンなのだ」と激賞した女性たちだ。五人とも優雅に知を飽食した。

ランベール夫人（マダム・ド・モンタランベール）は美術収集家でもある。サロンに詩人科学者フォントネルの肖像画を掲げて、ヴェルサイユ文化を芸術と学問の場に降ろし、いわば寛容と学習を結びつけてみせた。

「彼女こそが再生したヨーロッパだ」とさえ噂されたタンサン夫人はダランベールのお母さんである。作家で、投機好みだった。そのサロンはサントノレ通りにあって、文化の華はむろんだが、むしろイングランドにおこりつつあった新経済システムに着目して、ジョン・ローらを庇護《ひご》して「文化が株のように分けられ殖えていく」というモデルをつくった。

ちょっと遅れて登場してきたジョフラン夫人はすでに少女のころからサロンをつくることを夢見ていた。それまで男たちが考えていなかった「学校サロン」の構築を試みて、客間におけるコミュニケーションにはルールがあることを実現していった。『オトラント城奇譚』（牧神社・新人物往来社・講談社文庫）でゴシックロマンの先頭を切ったホレス・ウォルポールは、「彼女の叱り方に私は魅了された。人はあのようにつくられていくものなのだ。私はあの叱り方を聞くのが楽しみだった」と書いている。

デファン夫人は大の本好きで、「ドゥセール・ド・メール」（尚好性=風習の好ましさ）をサロンの哲学にする。加えて「知は機知である」をもちこんだ。おかげで彼女のサロンに出入りしていたモンテスキューやダランベールの著書の評価は、彼女がそれについて最初にどういう言葉をつかったかで、ほぼ紙価が決まった。たいしたものである。

このデファン夫人の姪《めい》が夫人の読書係でもあったジュリ・ド・レスピナスだ。レスピナスは叔母《おば》のサロンをほぼ継承して、さらに「百科全書の実験室」になるようにした。ヒュームとルソーが出会うのもレスピナスの、エレガントではあるが、実は用意周到な文化実験的なサロンでのことだった。

知識の噂と流出を企《たくら》んだこうしたフランスのサロンにくらべると、あまり知られていないのが「感情と理性の婚姻」をはかったドイツのロマン派サロンだったろう。

すでにドイツにはワイマール文化とプロイセンの3K文化（厨房《ちゅうぼう》・子供・教会）とモーペルテュイのベルリン・アカデミーという分厚い下敷きがある。そこへパリからジャンリス夫人、スタール夫人、レカミエ夫人らの柔らかい風が届いてきた。ここに折からのシュトルム・ウント・ドラングの波濤《はとう》がかぶさって、ドイツは一挙に「文学茶話会」の時代を迎える。たいていはレーゼ・クレンツヒェン（読書会）を伴った。なんといってもここにはゲーテというドイツ民族共有の知財が光っていたのである。

このような、のちの文学キャバレーの原型にあたる文学茶話会を支えたのは、フンボルト兄弟、リニュ侯爵、ジャン・パウル、シュレーゲル兄弟、メンデルスゾーンの娘たちである。ドイツ・ロマン派の錚々《そうそう》たる「夜の発見者」たちがこれらのサロンに加わった。これはサロンの歴史から見るとかなり新しい。

そこへハンナ・アレントが「全身を生きた女」と評したラーヘル・ファルンハーゲンが登場した。ユダヤ気質のファルンハーゲンはベルリン・サロンを催して、シュライエルマッハー、フォン・アルニム、フィヒテ、さらにはランケ、ヘーゲル、ハイネを引きつけた。この文学茶話会は、ヨーロッパのサロンの歴史のなかで最も広範囲の知の交流をもたらしたのではないかとおもう。

ファルンハーゲンは六〇〇〇通の手紙と一三冊の日記を遺した（のちに消失してしまう）。彼女が「自由の条件」を創造するためにサロンを選んだ経緯については、アレントの『ラーヘル・ファルンハーゲン』（みすず書房・未来社）に詳しい。

本書にはこのほか何人もの魅力に富んだサロンの女主人公が出てくるのだが、なかでぼくが気にいっているのが東洋思想をパリに入れたブルーストッキング（青鞜《せいとう》）なエリザベス・モンタギューと、モーリス・バレスが〝マドモアゼル・ボードレール〟と名付けた通称ラシルドことマルグリット・エムリだ。

世紀末を象徴したラシルドは、ボヘミアン感覚と背徳美学をあわせもった少女時代をへて、「メルキュール・ド・フランス」の創刊者アルフレッド・ヴァレットと結婚するのだが、ただちに火曜日を「サロン編集会議」の場にしてしまった。

ラシルドはサディズムも同性愛もレズビアンも、表現主題としてならすべて許容したために、彼女の編集の夜にはルナールからレニエまでが、アポリネールからジャリまでがしょっちゅうやってきた。ラシルドは藤色のコスチュームでかれらを招き、自身はホモセクシャルを好んだので、その藤色がいつのまにかベル・エポックの象徴になっていったのだった。

一九九一年早春、シュザンヌ・テズナが亡くなった。彼女のサロンの〝魂〟であったピエール・ブーレーズは葬儀に二つのクラリネット曲を演奏した。本書が最後に紹介するサロンのマダムは、このシュザンヌ・テズナである。モラヴィア、グレアム・グリーン、シュペルヴィエル、サン＝ジョン・ペルス、アンドレ・マッソン、イヨネスコ、そしてなによりエミール・シオランさえもがこのサロンには加わった。中心にはたえずブーレーズがいたという。

テズナは談義ばかりのサロンを好まなかった。そこで、ルネ・シャールとロシア画家ニコラ・ド・スタールの共同バレエなどが催され、ジョン・ケージのプリペアード・ピアノの実験がおこなわれた。傑作なことには、呆《あき》れるアンリ・ミショーを前にアンリ・コルバンに天使の実在の証明をさえやってのけさせたのである。

いささか編年的な紹介になったけれど、最後のテズナにいたるまで、ヨーロッパの歴史文化というもの、その契機の多くがサロンの女たちによって創られてきたことは伝わったとおもう。

第四七四夜　二〇〇二年二月八日

参照千夜

一四八三夜：イサク・ディーネセン『バベットの晩餐会』　一〇二六夜：バハオーフェンが『母権制』　一八〇夜：ディドロ&ダランベール『百科全書』　二五一夜：ヴォルテール『歴史哲学』　六六三夜：ルソー『孤独な散歩者の夢想』　九七〇夜：ゲーテ『ヴィルヘルム・マイスター』　三四一夜：ハンナ・アレント『人間の条件』　三九〇夜：フィヒテ『ドイツ国民に告ぐ』　一七〇八夜：ヘーゲル『精神現象学』　二六八夜：ハイネ『歌の本』　三四夜：ジャリ『超男性』　八四四夜：グレアム・グリーン『第三の男』　二三夜：エミール・シオラン『崩壊概論』　九七七夜：アンリ・ミショー『砕け散るものの中の平和』　三二三夜：鳥居民『横浜富貴楼お倉』

歴史を寛容の哲学にまぶして、国王とも夫人とも難民とも交わった風変りな男。

ヴォルテール

歴史哲学

安斎和雄訳　法政大学出版局　一九八九

Voltaire: La Philosophie de l'Histoire 1765

一七六二年、ユグノーの商人ジャン・カラスが自分の息子を殺したという科《とが》で、トゥールーズの高等法院で死刑を宣告された。悪名高いカラス事件だ。

この事件に関心をもったヴォルテールは、翌年に『寛容論』(中公文庫)を書いた。その二年後にはカラスの冤罪《えんざい》を問うて、再審による無罪を導いた。ヴォルテール七一歳の最晩年のことである。

たいそうな美談のように思えるが、『寛容論』を読んでみると、文体はいささか嘲笑的で、議論も挑発的なもの、必ずしもそういうふうに受けとれない。しかしそれがヴォルテールの意図だとも見えてくる。ヴォルテールを読むというのは、このへんの按配《あんばい》が微妙なのである。

宗教革命このかたフランス社会を乱してきたのは宗教的熱狂者であり、その代表がカトリックに迫害されたユグノーだった。その後、状況は変化して、統治は強く、社会はそこそこ穏健に、習俗はけっこう温和になったはずである、とヴォルテールは書く。たしかに一六九四年生まれのヴォルテールが育った環境は、ブルジョワが安定した統治のもとに穏健に活動できた時期で、哲学は迷妄を振りきって「理性と知性」を啓蒙できるようになっていた。時代社会は寛容になってきたはずなのである。

だとすると、カラス事件で高等法院が下した判決は時代錯誤の不寛容だったということにすぎない。時代を逆行させたにすぎない。そう、ヴォルテールは言うのだ。いったい何を言いたいのか。にわかには掴《つか》みにくい。

ヴォルテールが『寛容論』を書いた約一〇〇年前、ジョン・ロックが寛容についての何本かの論文を書き、一六八九年に『寛容についての手紙』（岩波文庫）をまとめた。

イギリス（イングランド）は英国国教会（アングリカン・チャーチ）を国教にしていたが、そのころジェイムズ二世はプロテスタントも認めるという寛容政策を打ち出していた。ロックはロックで、ホッブズの『リヴァイアサン』（岩波文庫）に惹《ひ》かれ、宗派の立場には寛容であるべきだという見解に達していたのだが、一代前のチャールズ二世の反対者と交流したことを咎《とが》められてオランダ亡命を強いられていた。そこで『寛容についての手紙』で、①聖俗を分離させること、②為政者は個人の信仰問題に干渉しないこと、③宗教的認識についての正否を問える知識には確実なものがないこと、などを強調した。

ヴォルテールは、この考え方をカラス事件に援用したようだ。なぜ、寛容にこだわったかというところに、啓蒙思想の特色を解くヒントがある。

「寛容」(tolerance)の語源は"endurance"とか"fortitude"と同じで、もともとは「耐える」「がまんする」という意味だった。それが「相手を受け入れる」というふうに使われるようになったのは十五世紀に入ってからで、とくに十六世紀の宗教改革と宗教戦争をへて、自分たちの心の持ち方に「寛容力」があるかどうかという踏絵のような使用法が出まわった。

それがロックの寛容論を持ちだし、トマス・モアが『ユートピア』(中公文庫・岩波文庫)で架空の国での宗教的寛容を描いたりしたため、国家や良心の問題のほうへと変化した。ヴォルテールはこれを継承した。

継承したのだが、少し違ってもいた。それは、寛容は国家や個人の受け入れ方で形成されるものではなく、むしろ「習俗」にあらわれていくべきものだとみなしたのだ。社会文化に寛容が滲《にじ》み出ていくこと、そこを強調したわけだ。そして、この考え方に、ヴォルテールの風変わりな啓蒙思想性があらわれていたのである。

どこが風変わりだったのか。いろいろあるが、ヴォルテールに関しては、まずは名前が変だ。ヴォルテールという名前は筆名なのだ。フルネームではなく、ただヴォルテール。いわば「タモリ」とか「つんく」といった名前だ。諸説があってはっきりしないのだが、「ヴォロンテール」(意地っぱり)という小さいころからの綽名《あだな》をもじったということになっている。また一説では、本名の綴りのアナグラムだともいう。どちらにせよ妖《あや》しくて、怪しい。


本名はフランソワ・マリー・アルーエという。なかなか優雅な名前だ。一六九四年のパリのブルジョアの家に生まれ、豊かな少年時代をおくった。イエズス会が創立したルイ＝ル＝グラン学院に入ってエリート教育を受け、そこそこ優秀な成績で出たのだが、それなのに詩人になりたいと思った。これも、やや変だ。

司法官にでもさせようと思った父親とは、これで対立した。やむなくオランダ大使の秘書をやらせたところ、オランダですぐに恋愛沙汰《ざた》をおこしてパリに戻され、法律事務所の書記に送りこんでも長続きはしない。やがて詩篇を発表しはじめ、摂政のオルレアン公を風刺しているという科で、一七一七年にバスチーユの牢獄《ろうごく》に放り込まれてしまった。十一ヵ月の収監で、このとき「ヴォルテール」の筆名を思いついた。

このあと戯曲家に転向して『エディップ（オイディプス）』がコメディ・フランセーズで上演されて当たると、有頂天になったのか、しきりに出先でいちゃもんをつける。詩人としても名声を得て、投機に成功して大儲《おおもう》けもした。ところが名門貴族のロアンとその家族を向こうにまわしてトラブルをおこし、一七二六年にはまたバスチーユに投獄された。やはり、どこかがおかしい。そんなこんなで気分を一新するためにも、イギリスに渡った。

ロック、ヒューム、ニュートンの業績と思想が新鮮だった。英語で綴った『哲学書簡』（岩波文庫・中公クラシックス）には、溢《あふ》れんばかりの英国讃歌が目白押しになっている。けれどもその内容がフランス語に翻訳されて母国に出まわると、イギリスばかりにうつつを抜かす魂胆に愛国者たちが怒りだし、焚書《ふんしょ》になってしまい、一七三四年にまたまた逮捕状が出た。さすがのヴォルテールもオランダに逃げ出した。

こんなぐあいだから、ヴォルテールという人物はどこか変わっていて、ふつうに評価しにくいところがある。いったい教科書にあるような「フランス革命を準備した啓蒙思想家」なのだろうか。そう、これが啓蒙思想家の特徴なのである。

ぼくはヴォルテールが「本を書く」という行為そのものに自分の風変わりさを活《い》かしたのではないかと思っている。たとえば『哲学書簡』という書名だ。

この書名はなんともおおげさで、中身を読んでみると「哲学」とは言いがたい。中身は英国通信ともいうべきものだ。ロンドンの株式取引所、クェーカー教徒の動向、フランシス・ベーコンのこと、ニュートンの光学をめぐる噂、哲人ジョン・ロックの受け取られ方、アレグザンダー・ポープの社会感覚。こういうことがいきいきと綴られている。噂話なのである。しかし、それを「哲学」と名付けた。

ヴォルテールは書名や文章や文脈によって読者を実感させることに長《た》けていたのである。ヴォルテールが啓蒙的であるとすれば、まずもってはそこである。情報を集めて新たな衣裳を着せて、乗り物に乗せる。そこから新たな文脈を浮き彫りにする。そこに「哲学」という看板をつける。それがヴォルテールの啓蒙的な能力なのである。

啓蒙主義者は生活も変だ。ヴォルテールもそうだった。一七三四年にはシャンパーニュのシレーにあったシャトレ夫人の館にしけこんだ。それが十年に及んだ。シャトレ夫人はニュートンやライプニッツが理解できたらしく、ヴォルテールには愛人としても知的なパートナーとしてもありがたい。

シャトレ夫人の次はポンバドゥール夫人だ。彼女におだてられてフランスとプロイセンの仲をとりもつ気になった。それで一七五〇年、プロイセンのフリードリヒ二世に招かれてベルリンに入り、ポツダム宮殿で帝王と話をする日々をおくるのだが、専制君主と傍若無人なヴォルテールとでは関係が長続きするはずもない。そそくさとベルリンを去っている。

つまりは、このころのヴォルテールは作書術のフレームと夫人たちの庇護《ひご》だけで生きていたようなのだ。専門なんて何もなかった。実名者フランソワを研究し、筆名者ヴォルテールを偏愛する串田孫一は、そんな二重者ヴォルテールのことを愛情をこめて〝卓越するデマゴーグ〟と呼んでいる。

ヴォルテール自身は「哲学」の意匠を纏《まと》うことには自信があった。そこで次は「哲学小説」を連打した。ドーミエに挿絵を描かせた『ザディーグ』、主人公のカンディードが社会の悪に次々に翻弄《ほんろう》されるという筋書きをもつ『カンディード』(岩波文庫)、感覚を描写する『自然児』等々。

これらはプレヴォーの『マノン・レスコー』(岩波文庫・新潮文庫)に触発されて対抗したというが、やはり小説とはいえない。哲学でもない。万事がニュージャンルなのだ。けれども読んでみると妙な味がある。ぼくは『カンディード』の狙いには、今日の日本の現代小説よりはずっと冒険的な実験性があると思っている。

こうしてヴォルテールが次にあげた看板が本書の書名になった「歴史哲学」だったのである。この本も、いわゆる歴史哲学書なのではない。それなのに、この用語はヴォルテールが初めて使った言葉であって、それゆえその後の学者たちはヴォルテールのこの用語をつかって歴史哲学という領域を継承していった。ヴォルテールの看板から新しい知の蝶が飛び出したのだ。

本書は旧約聖書的なるものを攻撃し、ユダヤ思想の表現に疑問をもつところから始まる。そう書くと、ヴォルテールがいかにも宗教批判をしているようだが、ほとんどそうではない。ユダヤ教が示した内容は異教徒たちが書く内容とそれほどの大差がないということを指摘するのが狙いなのだ。それを多くの民族文献と細かく突き合わせて比較した。いまでいうならテキスト分析というもので、もっとわかりやすくいえば文化人類学的な比較文化研究である。

ところが、ヴォルテールの本書における記述のしかたは、そのどこが学問的なのかというほどに情緒的なのだ。デカルトのような省察の切れはなく、パスカルのような推理の飛びもない。志はライプニッツの予定調和を崩すところにもあるのだが、ライプニッツの論理の綾《あや》もない。

それでも本書はおもしろい。古代エジプト人や古代ギリシア人のことがまるで見てきたように活写され、遠いインド人や中国人ですら通りを横切っている。つまりは本書は、作書家ヴォルテールが勝手につくった「世界」であって、それにもとづいた「世界観」ガイドなのだ。インチキであるとも、インチキでないともいえない。そのように読むしかないものなのである。そして、そのようなヴォルテールの方法は、実はヴォルテールだけではなく、当時の大半の啓蒙思想家がやっていたことだったのだ。

ところで、ヴォルテール的作書術に関しては、ヴォルテールが参考にしただろう年表の先行性に注目しておきたい。たとえばサン・ピエールの『政治年表』やエノーの『簡約フランス編年表』などである。こういったクロニクル編集が先行していて、これらが示した活字の表組《ひょうぐみ》が示す時空間のスコープに、ヴォルテールの〝看板見立て〟の能力がおおいに触発されていっただろうからである。

こういうことは、年表と見出しだけでできている『情報の歴史』（NTT出版）などをつくってきたぼくとしては、どうしてもヴォルテールに先立つ先行者たちの功績として、指摘しておきたいところなのだ。

いくつか、追想的に加えておく。

ひとつは、一七五五年のリスボン大地震のときにいちはやく反応した知識人だった。『リスボンの災厄についての詩』はオプティミスティックな楽観思想や最善説に対する警告となった。ライプニッツの予定調和論は地震や津波の前では役に立たないと批判した。もっともこの見方には、ルソーがすぐに反駁《はんばく》した。リスボンの都市の構築に問題があり、あれは天災ではなく人災であると、ヴォルテールを批判した。

ひとつは、ヴォルテールの歴史観によってキリスト教中心の歴史記述が大いに揺さぶられたということだ。『ルイ十四世の世紀』『習俗論』『ピョートル大帝治下のロシア帝国史』、そして本書『歴史哲学』によって叙述的に提唱されたことだった。

そこにはあえて強調して言うのだが、空間的世界史として歴史を捉《とら》えるという見方が萌芽していた。『習俗論』では、ボシュエの『世界史論』が天地創造からシャルルマーニュ（カール大帝）まで直線的に記述されているのに対して、ヴォルテールはアジア・アメリカ・アフリカを視野に入れつつ、インドや中国のような非ヨーロッパ圏の文明がキリスト教文明圏よりもずっと古く、早くに成立していることを示唆した。学問史ではこのような視点は、ジャーナリスティックなものだと批判する向きもあるが、ぼくはそうは思わない。歴史ジャーナリズムこそ歴史の傘を広げてきたのだ。

ひとつは、一七五九年にジュネーヴの市内を離れたヴォルテールが、郊外のフランス領フェルネーに土地を購入して、ここを永住の地と見定めたかのように住み込んだことである。農地をつくり、時計職人に小さな工場をあてがい、養蚕をして絹糸を織らせた。ジュネーヴの宗教混乱によってはみ出た難民も受け入れた。

まるでサン・シモンやフーリエらの共同体のようだが、そういうアソシアシオンではない。ヴォルテールは主人なのである。だからヨーロッパ各地から文人や政治家もやってきた。カラス事件に関心をもって『寛容論』を書いたのも、この時期だ。

こんなふうに追想してみると、いくぶんヴォルテールが愛《いとお》しくなってくるが、ゲーテは「ヴォルテールとともに古い世界が終わり、ルソーとともに新たな世界が始まった」と言い、フローベールは『ボヴァリー夫人』のなかでヴォルテールをブルジョアの俗物としてキャラクタライズした。おそらくはあいだをとって、ロラン・バルトが「善悪の二項対立に従った最後の幸福な作家だ」と言ったあたりが、妥当なのだろう。

第二五一夜　二〇〇一年三月十六日

参照千夜

九四四夜：ホッブズ『リヴァイアサン』　一二八一夜：プレヴォー『マノン・レスコー』　七六二：パスカル『パンセ』　九九四夜：ライプニッツ『ライプニッツ著作集』　八三八夜：シャルル・フーリエ『四運動の理論』　九七〇夜：ゲーテ『ヴィルヘルム・マイスター』　六六三夜：ルソー『孤独な散歩者の夢想』　二八七夜：フローベール『ボヴァリー夫人』　七一四夜：ロラン・バルト『テクストの快楽』

「一般意志による社会契約」を提起しながらも、ルソーはなぜ赤裸々な告白を綴ったのか。

ジャン＝ジャック・ルソー

孤独な散歩者の夢想

今野一雄訳　岩波文庫　一九六〇
Jean-Jacques Rousseau: Les Reveries du Promeneur Solitaire 1782

ルソーの『社会契約論』（岩波文庫）冒頭は、「人間は生まれつき自由だが、いたるところで鎖につながれている」と始まっている。「ある者は他人の主人であると信じているが、事実は彼ら以上に奴隷である」と続く。

この文言とその主旨はルソーが六六歳で亡くなった十一年後のフランス革命のスローガンとなり、一七七六年のジェファーソンのアメリカ独立宣言にも、一七八九年のフランス人権宣言にも採り入れられた。

シモン・ボリヴァルは南米の人と地をスペイン支配から解放するために、禁書扱いだった『社会契約論』やルソーの著作を密《ひそ》かに読むように勧め、フランス支配の仏領インドシナを解放させようとしたグエン・アン・ニンは『社会契約論』をベトナム語に翻訳した。日本では中江兆民が一部をいちはやく漢訳して文明開化のテキストとして供し、孫文の政党機関誌「民報」は共和国建設の指針としてルソーを掲載した。ルソーの啓蒙思想は解放と革命の旗印となったのである。

その一方で、ルソーの思想は恐怖や極右や犯罪を駆りたてるものともみなされた。ポール・デルレードが右翼思想の中核のひとつにしたのがルソーであり、ヴィシー政権のマルセル・デアが称揚したのは〝全体主義者ルソー〟だった。リビアのカダフィ大佐の人民政策はあきらかにルソーの社会論や教育論を援用していたし、カンボジアの武装集団クメール・ルージュにもルソー主義者が参集していた。

バートランド・ラッセルが『西洋哲学史』（みすず書房）のなかで、ルソーを「偽民主主義的な独裁論から政治思想をつくりあげた」と論じて、その思想がヒトラーという成果になったのだとずいぶん乱暴に断じたことも、よく知られている。ルソーは民主主義の起草者としても、全体主義者のシンパサイザーとしても、ニセ民主主義の標榜者としても、シンボル化されてきたのだった。

このような互いに背反しあうほど極端な評価と踏襲をもたらしたルソー主義を、今日でも適確にまとめるのはかなり難儀である。ただ、この難儀を砕いていかなければ、ルソーの啓蒙思想は見えてこない。おそらくそこには「完成可能性」(perfectibilité) という見方があったのである。

ぼくはしばらくのあいだ、ルソーになじめなかった。もっともフランスの啓蒙思想というもの、第二五一夜の『歴史哲学』でも書いたことだが、ときどき眉に唾《つば》をつけたほうがいいこともある。それはそれ、ルソーについてはこれが食わず嫌いであったことはずっとのちにわかるのだが、長きにわたって「ルソーは鼻持ちならない」と感じていた。もっというなら漠然と「近代悪」とも思っていた。

なぜそう思ったのか、『社会契約論』のせいなのか、「自然人」などと嘯《うそぶ》くのが嫌いだったのか、食わず嫌いなんてそもそもいいかげんなものだから、理由ははっきりしない。イポリット・テーヌやジャック・マリタンのように、デカルトとルターとルソーを並べて「ヨーロッパを誤導した三人の病める魂」などと裁断したいわけではない。もっと勝手な印象だった。

それが大きく変わったのは『告白』（岩波文庫・全三冊）を読んでからである。びっくりした。この告白は並大抵ではない。とんでもない吐露だ。その話をする前に、少々ルソーの足跡と交流を追っておく。ついでにルソー流の啓蒙思想の特色もかいつまむ。

ジャン＝ジャック・ルソーはフランス人であるが、五代前の移住によって一七一二年にジュネーヴで生まれている。そのころのジュネーヴはカルヴァン派ユグノーたちによるプロテスタントの都市共和国である。

父親は陽気な時計職人だったようだが、母親はルソーを産んだ直後に亡くなった。十歳のころ、父親がある貴族と衝突して剣を抜いたため告訴され、ルソーは牧師の家に引きとられ、不自由な寄宿生活をする。いじめられ、牧師の四十代の女性からは折檻《せっかん》を何度も受けた。この時期の違和体験はのちに『エミール』(岩波文庫)などの教育論になるとともに、ルソーになにがしかのマゾヒズムを植え付けた(と、思える)。

その後のジュネーヴに戻ってからのルソーの青少年期は本人も告白しているが、ろくなものではない。司法書記の見習いとなるもすぐにお払い箱になり、彫金師のもとで徒弟奉公をして虐待を受け、だんだん仕事をサボって、盗みや悪事をはたらくようになると、けっこうな虚言癖が身についた。

唯一の歓《たの》しみは読書だったようで、これだけは真剣そのものだ。ヴォルテールもルソーも、むろんディドロやドルバックも、啓蒙者たちはひとしく「本の人」だった。

十五歳、ルソーは出奔する。護身用の剣一本をもつだけの放浪で、南へ北へさまようことほぼ一年、サヴォア領コンフィニヨンに流れ着くと、カトリック司祭のポンヴェールの保護を受け、「親切な人がいるから、そこを訪ねてみないか」と勧められた。ヴァラン夫人の家だった。フランソワーズ＝ルイーズ・ド・ヴァランは夫とは不仲で家を出て裕福な暮らしをしていた二九歳の美女である。ルソーは運命を感じた。

　ヴァラン夫人との出来事は推測する必要がない。ルソーがあらかたばらしている。最初から一緒に暮らしたのではなく、カトリック改宗に熱心だった夫人の〝指南〟でトリノの救護院に行ったり、使用人として働いたり（あいかわらずの素行でうまくいかない）、助任司祭の親切を受けたり、いったんはパリでの日々を送ったりもしながら、一七二九年にヴァラン夫人のもとに戻って、ついにべたべたの愛人どうしの暮らしを始めた。そのときの感情をルソーは「わたくしはあたかも近親相姦《そうかん》を犯したような気持ちであった」と書いている。

　ルソーは若い歓喜と快楽を感じるなかで、同時に猛然たる学習に耽《ふけ》ったようだ。ギリシア哲学、ポール・ロワイヤル論理学、マールブランシュ、ライプニッツ、ジョン・ロック、デカルトを読み続け、音楽の一部始終を独習して作曲技法を身につけると、文章をはじめとするさまざまな表現に関心を示していった。作曲技法には音階を示す新しい記譜法の発案も含まれる。そのせいかどうか、夫人との関係は、夫人が十八歳の青年を新たな愛人にしたことで急に薄くなっていった。

　青年ルソーの身辺事情はこのくらいにして（このあとも女性との恋愛も虚言癖も続くが）、こういうルソーがどのように「啓蒙学」に向かい、なぜ『社会契約論』や『エミール』を書き、「自然人」や「一般意志」といったコンセプトを主張することになったのか、また、そうしたルソーの思想は他に類を見ないユニークな著作だったにもかかわらず、なぜ晩年になって赤裸々な『告白』や、本書『孤独な散歩者の夢想』を書いて、自身を生涯の「フラヌール」（散歩愛好者）とみなしたのかということを、以下ふらついてみたい。

ルソーが本格的に執筆しはじめるのは、パリでドゥニ・ディドロと出会ってからである。そのころディドロは匿名で『盲人書簡』（岩波文庫）を出版し、そこに無神論的な記述があったとしてヴァンセンヌの監獄に収監されていた。

気になったルソーはしばしばディドロを訪ね、「学問や芸術の進歩は道徳を向上させたかどうか」をめぐる小論を見せ、意見を求めた。ディドロはこれをふくらませて、さっそくアカデミーに提出するのがいいと激励する。このとき、ルソーに「人間はもともとは善良だろうが、堕落を正当化する社会制度によって邪悪になってしまった」という直観がひらめいた。こうして最初の本格的論文『学問芸術論』（白水社・ルソー全集4）が生まれた。この発想を下敷きに四一歳のときに書いたのが『人間不平等起源論』（岩波文庫）だ。その後のルソー思想の骨組みがだいたい出ている。

もともと人間（これが「自然人」）は自足的に生き、おそらくは自己愛と同情心だけの無垢《むく》な精神の持ち主だったはずである。まわりもそこそこ平等で自然状態にいた。しかし、この理想の状態は進歩によって失われていった。農耕し家畜を飼い商品や都市をつくっていくうちに、生産物から不平等の原因となる富と私有財産が生じて、これをめぐる競争と不正がホッブズが指摘したリヴァイアサン的社会を招いたのである。

この競争充満社会で人間が滅亡しないようにするため、領主や統率者や政治家は、みんなで「欺瞞《ぎまん》の社会契約」を結べるようにした。これで私有財産は公認され、国家による不平等が制度になり、強者による弱者の支配がはびこった。人々は「徳なき名誉、知恵なき理性、幸福なき快楽」の桎梏《しっこく》に陥った。ルソーはそう仮説した。

当時としてはきわめて大胆な歴史観と人間観の提示だったが、この提示にフランスの進歩的知識人たちが眉をひそめ、ヴォルテールなどはあからさまに反発した。進歩の背後に堕落を読みとる犬儒性が嫌われたのだ。犬儒性というのは、有徳な生活を理想とすることで、自分だけは社会的慣習に束縛されない自由をほしいままにしようとした古代ギリシアのキュニコス派（アンティステネス、ディオゲネスなど）の代名詞になった用語だ。

習俗に社会の本質を見たヴォルテールが、こうしたルソーの見方を気にくわないのは当然だった。「君の本を読むと、みんな四ツ足で歩きたくなるよ」とからかった。

ルソーが世間の批判や知識人たちの悪罵《あくば》をどのくらい気にしていたかは、知らない。

おそらく対応するつもりなんてなかっただろう。それは当時の生活ぶりからも憶測できる。たとえば、そのころのルソーはメイドだったテレーズを伴侶《はんりょ》として暮らしはじめていたのだが、デピネ夫人との交際も続いていた。

デピネ夫人からはモンモランシーに「レルミタージュ」(隠者の庵)という小さな家をあてがってもらった。この家がとても気に入って、世評などどうでもよくなり、ここで『社会契約論』『エミール』『新エロイーズ』の構想を練ったのである。

ただ、そこへ衝撃的な出来事がおこった。ヨーロッパ中に衝撃が走った。一七五五年十一月一日のリスボン大地震である。推定マグニチュードは8・5から9だった。大津波が生じ、西ヨーロッパ全域が揺れ、死者は十万人前後に達した。ヴォルテールはさっそく『リスボンの災厄についての詩』を書いて、神の存在と慈悲を批判した。十一月一日は万聖節だったのだ。カトリックの聖人がすべて讃《たた》えられる日である。

このヴォルテールの詩をルソーが批判した。リスボンの大災害が悲劇になったのは神の非情によるものではなく、都市の過密によるもので、文明への過度の依存が都市の調和を乱した人災だったと断言したのだ。ルソーの言い分のほうが当たっている。しかし、これでヴォルテールとは切れた。

他にもそういう交友の断絶が続いた。やはりそのころ、ディドロとダランベールが著作編集していた『百科全書』が第一巻から発売されはじめた。その「ジュネーヴ」の項目に、ダランベールがジュネーヴに劇場がないことを詰《なじ》る文章を書いていた。

ジュネーヴはルソーの故郷である。さっそく『演劇について――ダランベールへの手紙』(岩波文庫)と題して、ジュネーヴに劇場をつくるのは市民の徳を堕落させるもので有害であると書いて、反論した。これにはディドロも黙っていられない。執筆パートナーのダランベールを庇《かば》うとともに、ルソーが田舎(モンモランシー)に引きこもり、そのくせデピネ夫人らの恩恵に甘んじていることを突っついた。

こうしてルソーは次々に友人を失っていく。自業自得であることはルソーもうすうす感じていたが、自説を曲げる気もない。ルソーの主要著作が連打されたのである。

一七六二年、自説の集大成として『社会契約論』を書き上げた。社会契約(social contract)というコンセプトはホッブズやロックから借りたが、中身は異なっていた。「各構成員の身体と財産を、共同の力をすべて挙げて守り、保護するような結合の一形式を見出《みいだ》すこと。それによって各人がすべての人々と結びつきながら、しかも自分自身にしか服従せず、以前と同じように自由であること」を絶対条件とするような、そういう社会契約を想定したのだ。

たんなる契約ではだめだ。神との契約でもない。社会契約を結んだ構成員が国民となって国家をつくっていけばいいようなのだが、それだけでは足りない。めいめいが私利や私欲にはしれば、政治は歪《ゆが》み、国家は崩れるかもしれない。そこでルソーは構成員は共通の利益を求める「一般意志」のもとにあるべきだと考え、その一般意志が国民理性を下支えするとした。

これをいいかえれば、一般意志にもとづく社会契約によって理想の「共和国」がつくれるという展望で、そこには一般意志という国民主権、すなわち人民主権が確立するというシナリオである。そうとうな楽観にも見えるが、この楽観がフランス革命の「自由・平等・博愛」のスローガンに火をつけたのだった。

ルソーは『社会契約論』とほぼ同時に、もう一冊の『エミール』も執筆していた。架空の孤児エミールを育てるという小説仕立てにした教育論で、「自然による教育、人間による教育、事物による教育」を三本柱にして、子供を自然人として扱うというふうになっている。

子供にとって「自然の最初の衝撃はつねに正しい」という指摘、子供を「小さな大人」とみなさないという立場がすばらしく、エミールをマンツーマンで指導するという仕立ても相俟《あいま》って、反響が大いに期待されたのだが、実際には『エミール』第四巻の理神論的な内容が問題となり、カトリック側やパリ大学神学部からの非難が相次いだ。逮捕状も出た。

これにはさすがに気が滅入《めい》った。モンモランシーを離れ、ジュネーヴに移ろうとするのだが、それでも批判の声は厳しい。支援者が勧めるスイスのモチエ村やサン・ピエール島などに入っても、非難が待っていた。こうしてついにイギリスに渡ることを決意した。ロンドン行を手配し、ルソーをその気にさせたのはヴェルドラン夫人とデイヴィッド・ヒュームだった。


だいぶん遠回りをしてしまったが、これでやっと『告白』と『孤独な散歩者の夢想』をぼくがどう読んだかという話に戻ってきた。

ヒュームはルソーのロンドン滞在を準備し、ルソーもその好意に甘えるのだが、そのヒュームとさえルソーは仲違《なかたが》いをしてしまう。『告白』はこの渦中で綴られたのである。最初にも書いたが、とんでもない吐露の一冊だった。イギリスに渡った一七六六年に第一部を書いた。

当初は、モンテーニュ以来のエッセイの伝統をいかした自叙伝を書くつもりだったようだ。けれども旧友ヴォルテールやディドロと衝突し、いままたイギリスで頼みとしたはずのヒュームと仲違いして、方向を変えた。世間に自己弁護をするために自身の内面を赤裸々に吐露するほうへ傾いていったのである。それが『告白』だが、その吐露は尋常ではなかった。

きっと書いているうちに、モンテーニュの自己省察の水準をはなはだしく破ってしまったのだろうと思う。「自分を質に入れてしまった」のだろう。ルソー自身も自分の言葉にブレーキがかからなかったことを感じていたはずである。そのくせルソーはこの『告白』を人前で大声で読む。詩人ドラの家での朗読に始まって、エグモン伯爵夫人の家でも、スウェーデンの皇族の前でも朗読した。これにはついにデピネ夫人が閉口し、ルソーの『告白』朗読の禁止を当局に申し出たほどだった。

なぜ、ルソーはこんなことをしたのだろうか。みんなが『告白』を読めば、そのあからさまな自己分析に人々が動揺することを知っていたのである。二三歳の島崎藤村が英訳『告白』を読んで変わってしまったのは、そのせいだ。藤村はルソーを知って「束縛を離れて生を見る」ことを、知る。そして『破戒』や『新生』を書いた。

しばらくののち、ぼくに『孤独な散歩者の夢想』を読むときがきた。これは六四歳のときに書き始めて、二年後の死ぬ直前にペンをおいたもので、ルソーの絶筆になる。「第一の散歩」から「第七の散歩」までが順序よく並び、そのあと「八、九、十」がメモとも文章ともつかぬように続く。

冒頭から、腰を抜かした。「こうしてわたしは地上でたった一人になってしまった」と書き、さらに「わたしは人なつっこい人間でありながら、万人一致の申し合わせで人間仲間から追い出されてしまったのだ」と続けている。ルソーは自分が完全な追放者となっていることをまたもや告白するつもりらしい。ついで「わたしは、かれらから離れ、すべてのものから離れたこのわたしは、いったい何者か」と問うて、自分に残されたことは、すべての世間から放逐された自分がいったい何者なのかを探求することだけなのだと綴った。

なんとも痛ましい。痛ましいのだが、驚くべき執念によってルソーはこの探求を綴り果てていくのである。

そんなルソーを支えた感情は、ただひとつのことだったようだ。自分を迫害しつづけた者たちが激しい憎悪をもって、自分に対する攻撃の手をゆるめたくないと思っていたとしても、この孤独な散歩者の告白を読めば、ついついあらゆる手段を使い切ってしまうだろうということだ。おかしな感情を支えにしたというしかないが、ルソーはそこに一縷《いちる》の残された自己探求の突破口を見いだしたのだ。加えてルソーには「もはや世間に戻る気がまったくなくなったこと」が強みになっている。

かくしてルソーは「このうえなく奇怪な境遇にある自分」について、そのなかでの「自分の魂の平常の状態」とは何かということを、アタマに浮かぶ夢想のままに書き綴っていった。それが『孤独な散歩者の夢想』である。

ルソーなりの「完成可能性」のアテがあった。それは、「地上に対するいっさいの希望を失った自分」に残されたことは、「自分のうちにあるもので心を養うこと」だったということだ。なるほど、そういう方法があったのである。自分が通過してきた過去をあえて引きずりだして、自分が育《はぐ》くんだ感覚の言葉によってその顚末を埋めていくという方法があったのだ。

ルソーはこの方法を完全消費する前に、ひとつの「懺悔《ざんげ》」に躊躇《ちゅうちょ》している。その躊躇したくなる懺悔とは、「かつて自分はどんな嘘をついてきたか」ということだった。そんなことまでしてなおルソーは老境に向かいつつも、この魂の散策を続けたのである。しかしルソーはここでひとつの光明を思いつく。それが「ファル・ニエンテ」だ。「無為」と訳せばわかりやすいこの言葉は、「尊いファル・ニエンテ」というふうに文中に突如として挿入されている。

ルソーは一七六五年の九月に訪れたビエンヌ湖上のサン・ピエール島を思い出した。そこでルソーはごくささやかなひとときを送ったのだが、このとき「尊いファル・ニエンテ」がやってきたらしい。それをルソーは忌まわしい記憶の奥に発見し、そのことを本書のなかで最も美しい文章で綴りつつ、突如として「ファル・ニエンテ！」と叫ぶのだ。きっとこの「無為」こそがルソー自身の光明であったにちがいない。ルソーにとってはそれでよかったらしい。

ヴォルテールやルソーを包んでいた潮流について、少しふれておく。ロラン・バルトはヴォルテールとルソーのあいだに一線を引いたけれど、ふつうはこれは啓蒙主義とか啓蒙思想（エンライトゥンメント）というふうに、まとめて呼ばれてきた潮流だ。

その特色についても、これまでは「理性による思考の普遍性と社会を変革する可能性」を謳《うた》うものだと解釈されてきた。主義主張があったから啓蒙主義であり、主義主張が「光」となって社会に向けて照らされたから「エンライトゥンメント」（enlightenment／lumières）だった。啓蒙思想家はその役割を担ったとされてきた。

こういう説明は的はずれというわけではないが、的を射貫《いぬ》いてもいない。それにフランスの啓蒙家たちをこのように特色付けてよいのか、やや微妙なのである。

そもそも啓蒙思想はイギリスに胚胎《はいたい》した。二人のトマスが先行した。トマス・ホッブズが自然法と国家理性を近付け、トマス・バーネットが自然力と神学とを近付けた。これをロックやヒュームが「経験」にもとづく「理性のふるまい」に敷衍《ふえん》していった。フランスにもフランスなりの根っこはあった。モンテーニュの人間性についての経験的考察や、デカルトの合理性についての哲学的洞察は、きわめて啓蒙的である。

こうした先駆者たちが何を努力したかというと、一言でいえば「概念」や「体系」や

「思考道具」（たとえば代数学）の開発や組み立てに熱意を注いだ。それゆえ、いずれの著作もすこぶる論証力に富んでいた。それがフランス啓蒙派においては、すでに先行者の努力が下敷きになっていたせいもあって、自分自身の「経験」や自身につながる「歴史」や、自身が及びうる「知識」に熱中した。かつ、自身がそのようなことに熱中することが、そのまま「歴史哲学」や「一般意志」や「全部の知」を立証していくのだと考えた。「個」と「全」が思想家一人ずつの社会生活においてつながったのだ。

　このへんがフランス啓蒙派の風変わりなところなのである。このあたりに、その行動と著作が社会と刺し違えるような刃《やいば》めいた特色をもつ理由があったのだ。そこには、のちのフランス革命につながるような、一人一人の内面を鼓舞する行動思想も秘められていた、とも言える。

　ただ、そういうふうになったことについては、思想史や哲学史の流れだけでは説明がつかない。フランスがルイ絶対王政下のユグノーの国であったこと、すでにイギリスやドイツに先行哲学が開花していたこと、啓蒙思想を吸収する装置に夫人たちのサロンがあったこと、多くの刊行物が地下出版に頼っていたこと……などなどを思いあわせたい。これらのために、フランスの啓蒙家はつねに動きまわったのである。それもノマドな動きではなかった。ブルジョワジーとしての周遊なのである。

一七七八年、五月にヴォルテールが死んだあと、ルソーは世間から押し潰《つぶ》されるように、まるで藁束《わらたば》のように死んだ。それから四年たって『告白』第一部が出版され、さらに七年後のフランス革命のさなか、『告白』第二部が出版された。

ルソーの評価が高まって、遺骸がやっと偉人廟《パンテオン》に移されたのは、かのロベスピエールが凄惨《せいさん》な処刑をうけてからのことだ。ジャン＝ジャック・ルソーはずっと誤解されたまま死んだ男だったのである。

はたして、ぼくは食わず嫌いであったほうがよかったのだろうか。そんなことはあるまい。ルソーは誤解されたというよりも、その後の世界観に両義性や多義性を残響させ、そのような両義的で矛盾に充《み》ちた社会よりも、自身の内外なる矛盾のほうが濃くなることをもって、来たるべき世界の浸透圧に堪えられるようにしてくれたのだ。そのように見てもよかったのである。

そんなふうにルソーを見たのが、ジュール・ミシュレであり、シャトーブリアンであり、スタンダールやネルヴァルやユゴーだったと思われる。そして、その程度の浸透圧では新たな産業社会では使いものにならないと見たのが、ルソーを資産家の思想屋とみなしたプルードンや、その後のバクーニンやマルクスだったのである。

第六六三夜　二〇〇二年十一月二十日

参照千夜

二五一夜：ヴォルテール『歴史哲学』　四〇五夜：中江兆民『一年有半・続一年有半』　一八〇夜：ディドロ&ダランベール『百科全書』　九四四夜：ホッブズ『リヴァイアサン』　八八六夜：モンテーニュ『エセー』　一九六夜：島崎藤村『夜明け前』　七一四夜：ロラン・バルト『テクストの快楽』　七八夜：ジュール・ミシュレ『ジャンヌ・ダルク』　三三七夜：スタンダール『赤と黒』　一二二二夜：ネルヴァル『オーレリア』　九六二夜：ユゴー『レ・ミゼラブル』　九四一夜：ダニエル・ゲラン編『神もなく主人もなく』　七八九夜：マルクス『経済学・哲学草稿』

知識と情報のモーラには、
思考術・保持術・伝達術が入るべきである。

ドゥニ・ディドロ&ジャン・ダランベール編

百科全書

桑原武夫訳編　岩波文庫　一九七一

Diderot et d'Alembert: Encyclopédie, ou Dictionnaire Raisonné des Sciences, des Arts et des Métiers 1751–1780

本書の正式タイトルは『百科全書、または学問・芸術・工芸の合理的辞典』である。「合理的」という意味がはなはだ重要で、それがわかればディドロとダランベールの意図がすこしは見える。

ここで合理的といっているのは、諸学芸間の連関をつける体系的な合理《ラティオ》のことで、わかりやすくいえば「知識をバラバラに扱わないこと」を意味する。共通感覚的で、編集的なのだ。ディドロは、バラバラにしないことを「合理的な体系を与える」という意味でつかっている。

どのように合理的で、どのように編集的であるかは、にわかに掴《つか》みがたい。『百科全書』はディドロとダランベールが一七五一年から約二十年をかけて編集構成したものだけで、本巻十七巻・図版十一巻がある。これにマルモンテルがさらに八年くらいを費やして補巻四巻ほか三巻を加えた。とうてい全部を読めない。おまけにそれが日本語になっていない。

そこで桑原武夫が京大の人文研究所時代に、一九五〇年から数年をかけて八〇回ほどの研究会を主宰して百科全書研究を始めた。その成果は『フランス百科全書の研究』（岩波書店）として刊行されたものの、それでもまだ第一歩がしるされたにすぎなかった。こののち百科全書研究はそれなりに広まったが、深まってはいない。そうこうしているうちに百科全書的な知識のありかたが軽視され、ポストモダンな思想とコンピュータ・アーカイブの分量がこれを巧妙に覆い隠していった。百科全書は羅列的で平板な知識の集大成だとみなされていったのである。

ぼくはといえば以上のこととはほぼ逆のことを考えてきた。ディドロとダランベールの百科全書はまったく羅列的ではなかったし、かれらの示した百科全書の知識編集のあり方をこそもう一度検討しなくては、かえってポストモダンなインターネット時代の知識編集の仕方も総合的な学習性の将来も見えなくなると思ってきた。

もともと百科全書（encyclopédie）という言葉は、ルネサンス人文主義のお大尽フランソワ・ラブレーが『ガルガンチュアとパンタグリュエル』（岩波文庫）で使っていた。ギリシア語の「ひとまとめにした教育、あらゆる学芸を集大成した学習方法」をあらわす"enkyklopaideia"からつくられたラブレー好みの造語的な言葉だったが、それは言葉の遊びにすぎず、誰もそれを実現しようとはしなかった。

それもやむをえなかった。一言でいえば、科学的思考が確立していなかったからだ。まだニュートンの古典力学やフックのミクログラフィックな科学が出てきたばかりなのだ。たとえば十七世紀のルイ＝モレリの『歴史大辞典』やベールの『歴史批評辞典』などは古い知識の再構成あるいは神学や文芸が中心になりすぎていた。それが十八世紀フランスの啓蒙主義前夜に急に浮上した。あとで紹介するように、そこにはやっと確立しつつあった自然科学の合理が加わっている。

ラブレーの百科全書の発想に最初に着手したのはフランスではない。イギリス人だ。啓蒙思想がイギリスで先駆したように、このあたりはイギリスが強い。イーフレイム・チェンバーズの『万有百科《サイクロペディア》』（一七二八）である。日本では昔から『万有技芸科学事典』というふうに言われてきた。ぼくも『情報の歴史』（NTT出版）にはそのように入れておいた。北大の田中譲さんがその初版本をロンドンで見て感動したと言っていた。

チェンバーズの百科全書は二巻にすぎないものではあったが、二つの点で画期的だった。ひとつは、これこそがラブレーの予告した最初の百科全書だったこと、もうひとつはクロス・レファランス（相互参照）にとりくんでいることである。

この試みがそのままディドロらに継承された。このことにははっきりとした証拠がある。一七四五年にチェンバーズの百科全書をフランス語訳にしようとしたイギリス人のミルズという男が、そのプランをパリの出版業者ル・ブルトンにもちこんだ。ル・ブルトンはおもしろがってすぐに出版特許をとって態勢を整えようとするのだが、金銭上のもつれなどで助手と裁判沙汰《ざた》になり、この特許が下りない。ル・ブルトンは百科全書の可能性をかなり確信していたらしく、プランを科学アカデミー会員のグワ・ド・マルヴェースに相談し、もっと大きな出版プロジェクトにしようとした。翻訳だけではなくフランス知識界の総力をあげるべきだと考えたのだ。グワはこのプロジェクトの重要性が充分には理解できない。そこでル・ブルトンは新たに編集長さがしに乗り出し、そこにディドロが登場した。

驚くべきは、一七四六年当時のディドロはほとんど無名の貧書生にすぎなかったということだ。パリ大学で神学と哲学を修めたものの、せいぜいプラトンの『ソクラテスの弁明』をギリシア語からフランス語に訳したり、スタンヤンの『ギリシア史』とロバート・ジェイムズの『医学総合辞典』を訳したりしたという程度の編集実績しかなかったのに、ル・ブルトンはこの青年に白羽の矢をたてたのである。

これはいまからおもえば賢明な人事であった。編集の冒険というもの、それが新たなメディアの出現にかかわるばあいは、むしろ若々しい実験精神に富む者のほうがふさわしい。そのほうが時代社会を切り裂ける。

三三歳のディドロはすぐにプロジェクトの壮大な意図に惚《ほ》れた。この仕事はチェンバーズの二巻本のように独力ではできないことを見てとり、四歳年下の友人ジャン・ダランベールに共同編集を依頼した。ダランベールは科学アカデミーの会員であり、知人や友人も多かった。そのダランベールの奔走も功を奏してフォントネル、ビュフォン、ヴォルテール、モンテスキューらの協力が確定し、執筆陣も一八四人に及んだ。

一七四八年には出版特許がおりたのだが、ここでディドロの出版物『哲学断想』『盲人書簡』に守旧派から横槍《よこやり》が入り、ディドロは逮捕されることになる。ル・ブルトンの尽力でディドロが釈放され、『百科全書』の最初の趣意書が八〇〇〇部配布されたのは、一七五〇年のことである。本巻八巻・図版二巻の構想だった（それが本番では三倍に膨らんだ）。本書岩波文庫版には、このディドロの趣意書にダランベールが手を加えたものが訳出されている。

趣意書は、従来の辞典やチェンバーズの事典の限界を指摘し、新たにどのような構成を考え、どのような編集に力を入れたかを説明している。それによると、まず「学問」

と「自由芸術」と「機械技術」という大部門をつくり、それらを個別のグループが担当して、それをさらに編集者がつないでいったことが強調されている。とくに編集というものがソクラテスの「精神の産婆術」としていかに重要なのかということをくりかえしのべているのが印象的である。

項目はディドロが統括し、連関させた。ダランベールは全体にヴィジョンを与え、フランシス・ベーコン以来ほったらかしになっていた「知の系統樹」(森の森)を用意した。二人が各自それぞれの意図で編集方針をたて、二人が互いに密接な相互編集を企てた。これは執筆者たちを安心させた。どのように書こうと、二人がうまく編集してくれるという安心である。

このような共同編集が実現した背景には、ちょっとした秘話がある。チェンバーズの事典に刺激をうけたフランス人のなかにフリーメーソンの会員がいて、フランス・フリーメーソンの全員が執筆編集にあたればチェンバーズ以上の仕事ができるのではないかという示唆があったのである。この会員は『テレマックの冒険』で有名なフェヌロンの弟子のラムゼという人物で、一七三七年にフリーメーソン会員の全員に「神学と政治をのぞいた科学と工芸の総合辞典の編集」をしようと呼びかけていた。

残念ながらこの計画は実現していない。しかし、ル・ブルトンやディドロがこの計画をヒントにしただろうことは想像に難くない。ぼくはとくに共同編集という構想はフリーメーソンからもたらされたとみてもいいのではないかと思っている。

さて、『百科全書』にはのちに啓蒙思想を拓いた「百科全書思想」とでもいうものが横《おう》溢《いっ》している。どんな思想なのか。

十七世紀の初頭、ヨーロッパの知は「マテーシス」（計算学）と「タクシノミア」（分類学）を知の構成原理とする古典主義時代に突入していた。この構成原理を背景に「博物学」と「貨幣と価値の理論」と「一般文法」が生まれていった。そうみなしたのは、ミシェル・フーコーの『言葉と物』の果敢な分析である。

十八世紀に入ると、しだいに産業と機械が分かちがたく結びつき、知の生産は新たなシステム思考をうけいれる。神と人間の知的関係だけでは、知の記述が困難になってくる。それとともに学芸の分野が肥大し、工芸の分野が社会のすみずみに波及した。これを博物学的な知識だけでカバーするのは不可能である。

新たな全知識を横断的に展望するには新たな枠組《フレーム》が必要だった。一人の知的活動ではカバーしきれないことも明白だ。そこにはコレクティブ・ブレイン（集合脳）ともいうべきエンジンが、まさに知的エンジンの装置化が必要だった。こうしてフランソワ・ラブレーの百科全書《エンサイクロペディア》の夢が蘇《よみがえ》ったのである。ディドロはそのことを「精神の普遍的沸騰」とよんでいる。

このように見てくればわかるように、百科全書の知的特徴はあきらかにグループワークによる知の産出にあった。そのこと自体が「新しい知」のありかただった。そして、このグループワークによる「知の装置化」という試みは、その後の啓蒙思想の誕生を明確に予告した。「エンライトゥンメント」(啓蒙)とは一人が自立した知識をもつのではなく、互いに知識が共鳴することをさす。

エンサイクロペディアの誕生は知的相互編集の近代最初の発情である。最初の近代的な「編集知」の出現でもあった。

実際には「編集知」の実験は最初はマイモニデスらの地中海ユダヤ人によって、ついではイスラム・アカデミーの驚くべき活動によって、さらにはルネサンス期のマルシリオ・フィチーノらのプラトン・アカデミーによって、そして十七世紀後半のクリストファー・レンらのロイヤル・ソサエティによっても、それぞれ試みられてきた。

けれども、それらの編集知にはまだ「産業の知」と「機械の知」が入っていない。それまでは、どんな知識も「神の全知全能」の流出のおかげだったとみなされた。しかし、時代は変わった。これらの新知をつなぐ「合理《ラティオ》」が用意されてきた。それが科学的合理というものである。ということはヴィーコの時代は、チェンバーズやディドロの時代は、ということでもあるが、新しい知は人間の傍らから、機械の傍らから、そして科学の記述の内側から湧き出てきたのだった。それゆえ、ここにはそれらの知を受けとめる知の装置が必要だったのである。百科全書とはそういう装置だった。

こうして、そのような知のエンジンを動かす編集代表者、すなわち世界史上初の集合知と編集知のためのエディトリアル・ディレクターの登場が待望されたのだ。それがディドロとダランベールになっていく。

もっとも、ディドロとダランベールではその立場がすこし異なっていた。ディドロはどちらかといえば思弁哲学の終焉《しゅうえん》を宣言しようとして実験哲学の到来をよびかけようとしていたし、ダランベールは超越思想に陥らないようにしつつ、感覚的な経験を重視した記述をめざした。そういう相違はあるのだが、二人の共同編集こそが騒然たる知の枠組を創り出したのである。そこにはヨーロッパ史上初のクロス・レファランスが縦横に走っていた。

本書にはダランベールの「人間知識の系統図」という一覧表、俗に「大綱表」というものが収録されている。当時のイエズス会士が指摘したように、これはフランシス・ベーコンの体系を下敷きにこれを大幅に拡充しようとしたものだった。ざっと次のようになっている。興味深いものなので掲げておく。大きく「1記憶」「2理性」「3想像」に区分けされている。

1　記憶—歴史

（1）神の歴史……預言者の歴史

（2）教会の歴史

（3）人間の歴史…市民の歴史—回想録・古代遺物・通史

…文学の歴史

（4）自然の歴史…自然の斉一性

—天文・気象誌・大地と海洋の記述・鉱物誌・動物誌　ほか

…自然の逸脱

—天体の異常・気象の異常・畸形の鉱物・元素の異常　ほか

…自然の利用

—技術・技能・マニュファクチュア（金属・ガラス・織物）ほか

2　理性—哲学

（1）一般形而上学または存在論

（2）神の学………自然神学

…啓示神学

…吉凶を占う霊の学

（3）人間の学……精神論または心の学
……論理学――思考術↓知覚・判断・推理・方法
保持術↓記憶・記憶補助
（筆記・印刷・アルファベット・暗号ほか）
伝達術↓話の道具（文法・身ぶり・文字・教育学ほか）・
話の性質（修辞学・詩の技法）
……道徳学――一般的・特殊的（自然法・政治経済学―国内商業・海上貿易）

（4）自然の学……物体の形而上学または一般物理学
……数学――純粋幾何学（算術―代数―微分積分・幾何学）
混合数学（力学・天文学・光学・音響学・気体学・推計術）
物理数学
……一般物理学
……特殊的物理学――動物学↓解剖学・生理学・医学・獣医学ほか
物理的天文学（占星学・占星術）
気象学
宇宙論↓天体学・大気学・地質学・水理学
植物学↓農業・園芸

鉱物学
化学↓本来の化学・冶金学・
錬金術・自然的魔術

3　想像―芸術
（1）詩…聖・俗―物語↓叙事詩・恋歌・風刺詩・小説等
劇↓悲劇・喜劇・歌劇・田園劇
比喩↓風喩詩
（2）音楽―理論的・実際的・器楽・声楽
（3）絵画
（4）彫刻
（5）建築
（6）製版

ざっとこうなっているのだが、「人間の歴史」の小項目に「回想録」と「古代遺物」が入っていること、「自然の歴史」の中項目に「斉一性」「利用」とともに「逸脱」（異常）が並んでいること、「論理学」の下位項目が「思考術・保持術・伝達術」になっていること、「想像―芸術」の下位項目に「詩・音楽・絵画・彫刻・建築」と並んで「製版」が据えられていることが、おもしろい。

知識というもの、確立された秩序にもとづいて並べていては情報編集の対象列にはならない。アウト・オブ・オーダーも当初から組み込んでおかなければならない。遺物・逸脱・異常・複製こそ啓蒙を駆動させるものなのである。ディドロはこのような自然哲学の持ち主であった。ちなみにディドロにこうした考え方を発芽させたのはフランスにニュートン力学を持ち込んだピエール・ド・モーペルテュイだったと思う。「最小作用の原理」を提唱した数学者である。モーペルテュイはこんなふうに言っていた。「すべての存在を形している分子には感性（sensibilité）がある」というふうに。

第一八〇夜　二〇〇〇年十一月二十九日

参照千夜

二七二夜：桑原武夫編『日本の名著・近代の思想』　一五三三夜：ラブレー『ガルガンチュアとパンタグリュエル』　七九九夜：プラトン『国家』　二五一夜：ヴォルテール『歴史哲学』　四九六夜：リュック・ヌフォンテーヌ『フリーメーソン』　五四五夜：ミシェル・フーコー『知の考古学』　八七四夜：ヴィーコ『新しい学』

本来の保守思想は、「小ささ」と「類推力」と「崇高」を求める。

エドマンド・バーク

崇高と美の観念の起原

中野好之訳　みすず書房　一九七三、一九九九

Edmund Burke: A Philosophical Enquiry into the Origin of Our Ideas of the Sublime and Beautiful 1757

いまはなぜだかすっかり看過されてしまっているようだが、哲学・芸術・思想のなかには、「美学」という領域がある。エステティックス（英 aesthetics、仏 esthétique）だ。森鷗外は「審美学」と訳した。そう言っては実も蓋《ふた》もないけれど、つまりはエステだ。エステではあるけれど、メルロ＝ポンティも、ロラン・バルトも、九鬼周造も中井正一も、それからウンベルト・エーコも、みんな本格的な美学者だった。こういうエステには通院したほうがいい。

美学は、一七三五年にドイツのアレクサンダー・バウムガルテンがその必要に気づいたときは、まだ「感性学」という意味だった。認識能力の上位に「悟性の学」としての

論理の学があるとしたら、下位には「感性の学」としての美についての認識の学があるはずだという判断から生まれた。バウムガルテンはライプニッツとヴォルフの「バロックの知」をめぐる思索の系統を引いていた。

その後、美学はカントによって最初の体系の確立を見たというのが通り相場になっている。一七九〇年の『判断力批判』がその結晶的成果である。これをシェリングの『芸術哲学』やヘーゲルの『美学』が継いだ。それでまちがってはいないのだが、そのカントに多大な影響を与えたものに、一人の青年の大論文があったことを忘れてはいけない。それがエドマンド・バークなのである。ぼくは「遊」の第一期をつくっているころに出会って、うーん、と唸《うな》った。

「我々は類似を発見することによって新しい映像（image）を作るのであり、換言すればここでは我々は統合し創造して我々の資産を増加せしめるに反し、差異の発見によっては想像力には何らの糧も与えられず、それ故この仕事はそれだけ苦しい退屈なものとなって、我々がそこからたとえ快を引き出すとしても、それは消極的間接的性格のものでしかないからである」。

翻訳はひどいけれど、これで唸った（もともとの英文も悪文なのである）。何を言っているのかというと、「新たなイメージは類似の発見から生まれる」「資産とは類似性である」「差異の発見は想像力につながらない」。そう、言っているわけだ。

この言い分はたいへん画期的だ。いまでも十分に通用する。それどころか、このように「類似の力」や「模倣の作用」を正面から強調できないために、多くの現代思想は迷わされてきた。昨今、やっとガブリエル・タルドの模倣社会学やアナロジー理論ともいうべきものが浮上しはじめているけれど、まだまだ加速も深化も足りていない。それにくらべて、バークの「資産は類似性」は群を抜いている。

エドマンド・バークが『崇高と美の観念の起原』に「類似の発見がイメージの発見なのである」と書いたのは、十八世紀半ばの一七五七年だった。

バウムガルテンが『美学』を刊行してから、七年しかたっていない。まだフランス革命もアメリカ独立もおこっていない。イギリス同時代人のアダム・スミスの『国富論』はこの二十年後のこと、パリではディドロとダランベールの『百科全書』の第一巻が産声をあげていたけれど、ルソーの『社会契約論』はまだ出版されていなかった。先駆的といったら、こんなに先駆的な見解はなかった。しかもバークがこれを書いたのはまだ二八歳のときだった。

たんに「類似」という資産の重要性に気がついただけではない。バークは世界観における「崇高」(sublime) と「美」(beautiful) の起源を求めるうちに、類似のもつ普遍作用に気がついたのだった。この作用は類似編集能力のことである。ぼくが「遊」の相似律を美しく仕上げたいと思ったのは、そういうバークとの出会いにも依《よ》っていた。

エドマンド・バークはやや忘れられた思想家である。また、ひどく誤解されてきた政治哲学者でもある。とくに日本では馴染《なじ》みが薄いのだが、バークをめぐる毀誉褒貶《きよほうへん》は本国イギリスでも理解しがたい変転を見せてきた。

ぼくはそういう思想史上の毀誉褒貶はまったく気にならない。どんな思想や哲学や芸術も、あらためて本気の価値評価をやりなおすべきで、それも「主題」の側からだけでなく、「方法」の側からの裁断をするべきなのである。とくに時代をはるかにとびこえて先駆的な思想をもっていた者たちについては、たとえばチャールズ・パースなどがその一人だが、根本的に見直したほうがいい。

だからバークについては、いまこそさまざまな観点から検討されるのがいいだろう。第一には「類似」について、第二に「崇高」について、第三に「趣味」について、第四に「フランス革命」について、第五に「アメリカ独立革命」について、第六に「保守思想」について、第七に「倫理観」について、などなどだ。それぞれ先駆的だった見解を評価しなおしたほうがいい。

なかでも「崇高」をめぐる哲学（美学）が今日なお議論されるべき最も含蓄のあるもの

だと思われるけれど、そのことはあとで書く。カントとも関係する。

のこる主題では「アメリカ独立」「フランス革命」「保守思想」についての議論が、これまではけっこうな論点でまとめられてきた。日本にも岸本広司の『バーク政治思想の展開』（御茶の水書房）という分厚い研究がある。とくにバークが当時リアルタイムでおこっていたフランス革命の動向と思想に真っ向から反対したことはよく知られていて、保守主義思想の牙城《がじょう》のひとつとなっているほどだ。しかし、バークはたんなる保守思想家なのだろうか。ぼくにはどうも、そうとは思えないものがある。

というわけで、バークを知るにはその保守思想と言われてきたエッセンスが奈辺にあるかというところから見るのがいいのだが、それには「保守主義」(conservatism)をめぐるあれこれの議論の辻褄《つじつま》を検討することが必要で、今夜のぼくにはそういうことはいささか面倒だ。そこで急いで、バークがどんな政治動向にとびこんでいったのかということをスケッチするにとどめたい。そのうえで「崇高の美学」の眼目を案内しよう。

一七二九年のダブリンの生まれである。十五歳でダブリン大学トリニティ・カレッジに入って、文学クラブなどをつくって活動していた。一七五〇年にロンドンの法学院ミドル・テンプルで法律に向かった。

が、どうも法律には性《しょう》が向いていないらしい。そう、自分で感じた。それで一七五六年に『自然社会の擁護』（中央公論社・世界の名著）を、翌年に本書『崇高と美の観念の起原』を書いて出版してみると、この評判がよかった。当時最大の文人で最高のレキシコグラファー（辞書編纂者）だったサミュエル・ジョンソンが「真に批評に値する」と激賞し、すでに『人間本性論』（法政大学出版局）を書いていた哲人デイヴィッド・ヒュームが「とてもすてきな本だ」と褒めた。

それもあって（それに気をよくして）、一七六四年にジョンソンがオーガナイザーだった「ザ・クラブ」（そのころロンドンは「クラブ」の時代だ）の創設にかかわって、文筆で立つことにした。もっともそれだけではとうてい食べてはいけない。当時は、『ガリバー旅行記』のスウィフトや『ロビンソン・クルーソー』のデフォーがそうだったように、まずはコーヒーハウスに頻繁に出入りし、トーリー党やホイッグ党との関係をもつか、これらに反旗をひるがえすかしつつ、そのうえで文筆でもだんだん名を上げるという以外の文筆業など、なかったのだ。

バークもそうした。政治家ウィリアム・ハミルトンの秘書となって政治のABCをおぼえ、ついで一七六五年にホイッグ党の派閥の領袖《りょうしゅう》ロッキンガム侯爵の秘書につくと、折よくロッキンガム卿が内閣首班になった。これをきっかけに、その理論的支柱の一人として重用されはじめ、そのうち周囲の勧めもあって、自身、ウェンドーヴァーの選挙区から立候補して下院議員になったのである。三七歳のときだった。国王ジョージ三世の時代にあたる。

バークは政治家になった。なったのだが、実務のほうより政治思想のほうがおもしろく、だんだん政治的著作活動のほうに打ちこんでいった。そんなふうに政治の実践より政治の思想に活動の可能性を広めていったのは、議会政治の歴史においてはバークが初めてだった。それが評判になった。著作が当時の政策となりえたからである。

そこで、一七七〇年には政党政治の本来を説いた『現代の不満の原因』を、一七七四年には七年戦争をめぐるイギリスの立場を明確にした何本かの『アメリカ論』(みすず書房・著作集2)を発表し、加えて、インド統治のためのインド法案の起草を手がけもして、気を吐いた。

こうして、バークの名を夙《つと》に有名にした一七九〇年の『フランス革命についての省察』(岩波文庫、みすず書房・著作集3)が、たっぷり著される。バスチーユ攻撃の翌年の刊行である。よくもそんなリアルタイムな政治情勢について速筆できたものだと思う。今日、中東情勢や北朝鮮をリアルタイムに本にまとめられる政治家なんて、日本には一人もいないだろう。ぼくは河出の「世界大思想全集」の一冊として、また中公の「世界の名著」の一冊(マルサス『人口論』と抱き合わせ)として、この『省察』につづけざまに出会えたのだが、これもまた唸らされた。バークが何を書いたのかというと、フランス革命を正面きって批判したのである。それもこっぴどく、だ。

バークは革命勃発《ぼっぱっ》の一ヵ月後に、知人への手紙のなかで早くもこんなふうに書いていた。「このこと（フランス革命のこと）は突然の爆発にすぎないかもしれないが、もしも偶然の出来事ではなくて性格がもたらしたものであるとすれば、その人民は自由にふさわしくないはずだ」。

バークはなぜフランス革命を批判したのだろうか。歴史と人間と政治の関係そのものをオーガニック（有機的）なシステムとみなしていたからだった。フランス革命には「その有機性がない」と見たのだ。ぼくがフランス革命の「自由・平等・博愛」にすぐには靡《なび》かない態度を何度かとってきたのは、バークのせいもあった（バークは社会有機体論の先駆者でもあった。コンドルセがその衣鉢《いはつ》を継いでいる）。

ごくごくおおざっぱな見取図を書いておこう。

十八世紀という時代のイデオロギーをイギリスとフランスを中心に見ると、ひとつには「自然の法則」と「政治の法則」とが本気で比較されていた。もうひとつには、「歴史」と「未来」のあいだを本来の人間観によってどのようにつなげるかということが問題になったのだ。

十八世紀はニュートンによる合理科学の基盤をもって出発した。ウェストミンスター寺院の大聖堂にニュートンの墓がつくられたのは一七三一年である。しかし、これはどちらかといえば整合性に満ちた静的な合理性にもとづいていた。だからこれを政治に活用するなんて発想は、毫《ごう》も生まれえなかった。

　これに対して、同じ十八世紀に登場してきたフランス式のビュフォンの博物学は、動的な生物的自然像を描いていた。ルイ十五世がビュフォンの彫像をルーブル宮に置いたのは、『博物誌』が刊行された一七四九年の直後のことなのだ（荒俣宏『ビュフォンの博物誌』工作舎）。この動的な自然観は政治にも相性がよかった。なぜなら、そこでは分類によって機軸が動くからである。当時の知的なフランス人は、この動的な自然観のほうから啓蒙思想をしだいに編み上げていった。ディドロやヴォルテールやルソーの思想は、ここから派生する。

　十七～十八世紀は自然法をめぐる世紀でもある。グロティウス、プーフェンドルフの法思想をうけ、ヴォルフ、そしてルソーとモンテスキューは、自然法による新たな社会のありかたを考えていた。

　それはいいかえれば「人間の権利」とは何かということだ。自然法にもとづいて、社会と人間は何を契約するべきなのか、何を交換するべきなのか。こうしてルソーの『人間不平等起源論』や『社会契約論』が生まれ、それがアンシャン・レジームを打破し、フランス革命の気運にも結びついていったのだが、そのような「歴史を変更させたい」という意志は、そもそも社会や人間が「自由」をもっていたからではなかった。それらはルイ王朝を打倒するという王権神授説の変更ではあっても、歴史と社会が根底にもっている「自由」や「平等」にもとづくものではなかったはずなのだ。

このことを見抜いたのがエドマンド・バークだったのである。バークがフランス革命に見たのは、革命行動思想における本来の人間観と社会観の歴史的欠如であり、したがって、これでは歴史と未来とが断絶するだろうという見通しだったのだ。案の定、フランス革命は数年もしないうちにジャコバン政治の異様きわまる失態と、これに代わって登場したナポレオンの圧倒的帝政によって、すっかり覆《くつがえ》ってしまった。

バークのフランス革命批判は多くの反論に見舞われた。バークは、このような革命は指導者・教会・法・軍事体制・通商・産業・芸術を次々に壊してしまうだろうと見たのだが、反論のほうはまったく逆の立場にたつ者たちばかりだった。トマス・ペインが急《きゅう》先鋒《せんぽう》で、ペインはフランス革命が他のヨーロッパ諸国を変えるにちがいないと確信していた。

しかしバークは、事態はそうはならずに、ヨーロッパ本来の政治と産業と芸術を大きく歪《ゆが》めていくだろうと予測した。真の自由というものがあるとすれば、それは伝統と祖国愛から発して、それがヨーロッパの普遍や人間の本来に向かうものからきっと生まれてくるだろうとみなしたのだ。

反論者たちは、そういう見方はバークの偏見にすぎないと批判した。バークは、それなら「偏見こそが祖国を救う」と居直って、フランス革命による無神論と非人間主義から祖国イギリスを守ろうと決意する。

この、バークがイギリスを守ろうとする立場を表明した政治思想を、今日、「保守主義」（conservatism）というのである。バークは「保守」という言葉は使わず、〝ancient opinions〟とか〝prejudice〟と言っていた。

歴史的には、保守主義はバークの〝偏見〟から生まれた。たしかに、そうである。しかし、この批判は半分は当たっているけれど、半分は当たらない。とくに最近では本格的な保守主義論が擡頭《たいとう》しつつあって、たとえばヴィーコの「共通感覚」やポランニーの「暗黙知」とさえ関連して議論されているように、バークの偏見はひょっとしたら「個人に根差さない知」というものだったかもしれないからだ。

このことは、バークの『省察』を褒めた議論からはなかなかわからない。ロシア女帝エカテリーナ二世やポーランド国王スタニスワフ二世に熱烈に迎えられたとか、『ローマ帝国衰亡史』（岩波文庫）のギボンに「フランス病に一番よく効く」と言われたといった反響からも、何もわからない。それよりむしろ、遠いドイツにいた若いノヴァーリスが『フランス革命についての省察』を読んで、「これこそ革命に反対した唯一の革命的な書物だ」と感想をのこしたことに、注目したほうがいいだろう。

では、こんなところでバークの政治思想のほうを粗略ながら瞥見《べっけん》したことにして、ふたたび『崇高と美の観念の起原』に戻ることにする。

本書が近代の「美学の発端」に位置していたことは、最初にのべた。それは「感性学」の出発だった。だから本書は冒頭で「趣味」(taste) をとりあげている。趣味というのは、もともとは味覚を意味するギリシア語やラテン語から生じた概念で、そこから味覚のように取り出せない内的感覚にもとづく傾向をもった感性の動向のことをさすようになった。したがって、バークも書いていることだが、趣味の発生はそれがどこに起因したかわからないような「好奇心」や「好み」にもとづいている。

しかし、好奇心や好みにもとづくのだとしても、それによって趣味がどうして成長していくのかといえば、ここからがバークの推理が独得におもしろくなるところで、趣味を成立させるのはたんなる内的感覚なのではなくて、想像力と判断力が複合しているものだとみなすのである。

そして、バークはこの想像力の本体が「類似」に兆すとみなしたのである。また判断力の正体は「差異」なのだともみなした。バークは「類似」と「差異」とが互いに相克し、その複合のぐあいから好みや趣味が生まれるとしたのだった。

どんな複合のぐあいかというと、趣味や好奇心はしだいにその人物のなかや民族のなかに進捗《しんちょく》していくのだから、そこではきっと「類似」が「差異」に少しずつ勝って、おそらくは「模倣」(imitation)がおこっているのだろうとみなしたのだ。この見方はハンス・ゲオルク・ガダマーの『真理と方法』(法政大学出版局・全三冊)などにおける模倣の着目や、晩年のジル・ドゥルーズが注目したガブリエル・タルドの『模倣の法則』(河出書房新社)の推理などともきわめて重なるところがあって、はなはだ興味深い。

つまりバークは、類似は模倣を生み、模倣は「共感」(sympathy)の拡張になっていくとみなしたのである。そしてここから「美」の本来や「崇高」の確立に向かっていった。となると、共感はどうして生まれていくのかということが問題になる。

「美」の発生や発育について、バークは驚くべき推理をほどこした。そのスタートには「目新しさ」や「曖昧《あいまい》さ」が関与しているだろうと言うのだ。これが趣味や共感の端緒なのだ。ホメーロスからミルトンにおよぶ詩にヒントを得たものだった。

推理はさらに深まっていく。その趣味と共感の端緒には「注意」が生じていて、そこからいよいよ感性というものが「美」や「崇高」に向かうというのだ。が、ここまではまだ序の口なのである。バークが追究した「美」の本体は、もっと驚くべきものだった。それは「小ささ」や「僅《わず》かさ」から生じるものだったのである。

この「小ささ」や「僅かさ」は、「繊細」(delicacy)と結びつく。「繊細」は、どのように見分けられるかというと、その対象物の「構成部分が多様に変化すること」で保証される。細部に注意のカーソルが動くのだ。まことに感嘆すべき説明だ。しかもバークはさらに説明を加えて、「繊細」はもっといえば「これらの部分が互いに他と、いわば融合している」ということで成立するという。それだけではない。このように「繊細な構造を有し、力強さの外見があらわでないこと」、このことこそが「美」を生ぜしめる条件になっていくというふうに説明した。

まことにもって、あっぱれな見方だというほかはない。しかもこれらを総じて「もっともらしさ」(specious)と名付けたのだ。「らしさ」とは、これだったのだ！　そして、それが「美」が〝fine〟である根拠になっていくだろうと結論づけたのだ。いやいや、とんでもないバーク二八歳の著作だった。

そこでいよいよ「崇高」(sublime)である。この概念はのちにカントが大いに称揚するところとなったもので、うっかりするとカントの考え方とまざって解説されることが多いのだが、今夜は厳密にエドマンド・バークが推理した「崇高」だけをとりあげる。端的にいうと、こういうことなのだ。

崇高とは「高さ」なのである。これが当初の前提になる。実は崇高という概念は、三世紀にロンギノスという詩人が書いたとされる『崇高論』(Peri Hypsus)という謎の書物があって(実際には一世紀の作者不詳の書物)、そこでは修辞学上の〝文体の高さ〟などが「崇高」として絶賛されていた。しかしバークはこれを修辞学からいったん解放して、美の概念の究極にもってきた。

バークの言う「高さ」とは何かといえば、そこからのべつまくなしというわけではないけれど、それに似たような「継起」が連続的に次々におこることに応じて生ずる、感性や感動の高揚のことをいう。ようするにわが国の歌論にいう「長高《ながたか》き体《てい》」なのだ。「有《う》心《しん》」や「幽玄」だ。

が、バークはこの「高さ」すなわち「崇高」は、必ずや驚愕や共感や敬意を呼ぶのだから、そこにはいくつもの条件が参集しているのだろうと見た。ここが日本の歌論とちがって、分析的なところだ。その条件というのが、またまたすばらしい。第一には「曖昧」がもたらす不安な印象であり、第二には古代ローマの詩人ウェルギリウスが巧みにそのことを表現してみせた「欠如」であって、そして第三には至上や壮麗を突き動かす「闇のような力」だろうというのだ。

これはそうとうに意外であろう。まさかバークがこのように崇高の条件を「負」の領域から持ち出しているとは、予想できなかったのではあるまいか。「曖昧」と「欠如」と「闇」なのだ。それが崇高に参集する条件たちなのだ。バークの崇高とは、実は「恐怖」

の本体とまじわっているものなのである！

こう、書いている。「恐るべき対象物とかかわり合って恐怖に類似した仕方で作用するものは、何によらず崇高の源泉であり、それゆえに心が感じうる最も強力な情緒を生み出すものにほかならない」。また、こうも書いた。「恐怖をひきおこす性質をそなえたものは、何によらず崇高の基礎となる」。


崇高が恐怖と紙一重になっているというバークの美学は、きわめて独得である。特異でもあろう。にわかには理解しがたいかもしれない。

しかしよくよく考えてほしいのだが、その恐怖というのは、対象から感じられる「曖昧」「欠如」「闇」がもたらすもので、そうであればこそ、そこから崇高がすっくと屹立《きつりつ》するわけなのである。それはいいかえれば、先に指摘しておいた「美」の本体である「小ささ」「僅か」「繊細」の相対作用そのものだったのだ。

わかってもらえるだろうか。バークの美学は恐怖と崇高がネガポジであり、原型と模倣が「抜き型」で、そこには「小ささ」「僅か」「繊細」の回転扉が動いていたわけなのだ。そのきわどい相対性が感情の高揚をもたらし、そのうえで「美」を感得させるということだったのだ。

バークはむろん、ネガポジとか抜き型とか回転扉などと言ってはいない。それを「連合」というふうに言っている。その連合は「振動」をともなうとか、その振動は「同質」だろうというふうに言う。それで十分だろう。よくぞそこまで説明しているではないか。そのため、バークはわざわざ「適合性は美にはならない」とまで言ってのけた。さらには「均斉は美ではない」とさえ念を押した。古代ギリシアのプロポーションや、現代のインダストリアルデザインの利便性や機能性は、はなっからバークのお呼びではなかったのである。

本書の終わり近く、バークは「黒色」の魅力を持ち出している。そして「黒色は局部的暗闇である」と書く。バークはこのようなことを持ち出して、いったい何を説明したいのかというと、暗闇や黒色はわれわれを不安にはこぶけれど、そのような不安や欠如を感じられるということが、われわれに崇高の深さや高さを刻印しているのだと言いたいわけなのである。まったくもってよくぞよくぞ、ここまで書いたものだ。ここには長次郎の「大黒《おおぐろ》」や山本耀司の「黒」もある。してやったり、「負の崇高」である。

しかしながら、これは冒頭にも示しておいたように、「美学」の歴史の発端でもあったのだ。その後の美学の成果がどのように変遷していったのかは、これも最初にも書いたようにバークの仮説を紛らせてしまったところが、少なくなかった。

バークの著作物はだいたい翻訳されている。『エドマンド・バーク著作集』（みすず書房）、

「世界の名著」第四一巻（中公バックス）などを見られるといい。『フランス革命についての省察』は中公のほうに全文が収録されている。

バークその人については、中野好之『評伝バーク』（みすず書房）が主としてアメリカ独立戦争期を中心にまとめている。政治思想については、さきほども紹介しておいた岸本広司『バーク政治思想の展開』が圧倒的だ。八〇〇ページをこえる。そのほか美学関係の詳しい本ならば、たいていバークが〝歴史的〟に登場するが、バークを詳しく扱っているものはかなり少ない。美学はやはりカント以降なのである。そしてヘーゲルなのである。

ところでさて、たいへんうっかりしていた。この文章を書いた直後、ぼくは桑島秀樹の『崇高の美学』という本が講談社選書メチエから刊行されていたことを知った。奥付は二〇〇八年五月十日になっているから、発売されてから約二ヵ月たっている。近くの本屋になかったのでさっそく取り寄せたところ、これは凄《すご》い。この三八歳の著者は大阪大学文学部で学問に勤《いそ》しんだ当初からバークに関心をもったようなのだ。いまは広島大学大学院総合科学研究科の准教授である。

ざっと目を通してみて、これは日本で唯一のバーク論になっていた。むろんカントの美学についても詳しいが、なんといってもバークの崇高論を適確に、かつ深く捉《とら》えているると見受けた。また、著者が「石」と「ヒロシマ」に言及していることにも心が動いた。

そこには井上ひさしの『父と暮せば』がとりあげられている。この芝居（映画は黒木和雄監督で原田芳雄・宮沢りえ主演）は、一ヵ月前に見たばかりなのである。

第一二五〇夜　二〇〇八年七月一日

参照千夜

一二三夜：メルロ＝ポンティ『知覚の現象学』　七一四夜：ロラン・バルト『テクストの快楽』　六八九夜：九鬼周造『「いき」の構造』　一〇六八夜：中井正一『美学入門』　二四一夜：エーコ『薔薇の名前』　九九四夜：ライプニッツ『ライプニッツ著作集』　一七〇八夜：ヘーゲル『精神現象学』　一三一八夜：ガブリエル・タルド『模倣の法則』　一八〇夜：ディドロ&ダランベール『百科全書』　六六三夜：ルソー『孤独な散歩者の夢想』　一一八二夜：パース『パース著作集』　三三四夜：スウィフト『ガリヴァ旅行記』　一一七三夜：デフォー『モル・フランダーズ』　四九一夜：小林章夫『コーヒー・ハウス』　二五一夜：ヴォルテール『歴史哲学』　八七四夜：ヴィーコ『新しい学』　一〇四二夜：マイケル・ポランニー『暗黙知の次元』　一三二夜：ノヴァーリス『青い花』　一〇八二夜：ドゥルーズ&ガタリ『アンチ・オイディプス』　九九九夜：ホメーロス『オデュッセイアー』　一二二一夜：ジャック・リンゼー『ターナー』　九七五夜：井上ひさし『東京セブンローズ』

追伸

「割れ目」と「分け目」の西洋哲学

ホッブスの『リヴァイアサン』を読んだとき、プラトンとオリゲネスこのかたヨーロッパが工夫しつづけてきた理性中心思想の秘密が見えたような気がした。どのように古代中世の「神がかり」と「魔術主義」を脱いで、国家と社会と人間の混成のしくみを定着させればいいのか、その仕上げのための組み合わせヴィジョンが急に見えたのだ。

西洋哲学の歴史には、時代社会を反映したもの（宗教・政治・富国）、思索の方法を探求したもの（論理・体系・啓蒙）、個性の開花にもとづいたもの（物語・不信・告白）、という主として三つの流れがある。これらが入れ替わり立ち代わりして思潮のステージをつくってきた。ギリシア哲学、キリスト教神学、中世異端思想、文芸思想、イギリス経験論、数理哲学、フランス合理思想、啓蒙主義、ドイツ観念哲学、歴史主義、ロマン主義、マルクス主義、実存主義、構造主義といったステージだ。

しかし、こういうステージを別々に読んでいては、ヨーロッパが何に晦渋《かいじゅう》してきたのか、何に自信過剰になってきたのか、なかなか俯瞰《ふかん》できない。ぼくは若いころからそれがずっと不満だった。

本書は「西の世界観」Ⅰをエディションした。『神と理性』と名付けてギリシア哲学からアウグスティヌス、マキアヴェリ、イエズス会をへて、スピノザ、ライプニッツ、ヴィーコ、歴史主義、啓蒙主義にいたる二九冊の本を案内した。だいたい歴史順に並べたが、一冊ずつの見方（読み方）にクセをもたせるとともに、大きな振り子が見えるようにもしてある。

なぜ「理性」がキリスト教の神と結びつき、国家の理念になったのか。そこに「合理」がどんなふうに確立されていったのか。それなのにカトリックとプロテスタントの分離によって、ヨーロッパはなぜ「合理の奪いあい」（理性の戦争）に向かっていったのか。振り子が見えるためのいくつかの覗《のぞ》き穴をあけたつもりだ。

時代社会の分かれ目はフランク王国と三十年戦争にあり、思想の転換はゴシックとバロックの出現に、神の消失はリスボン大地震とルソーの告白にある。

哲学（フィロソフィア）は「知を愛する学」として、もっぱら真理や本質や同一性を探求するように発展してきた。難解な用語づかいが目立つけれど、そこに特徴的だったのは「割れ目」によって世界観を提示することだった。自然の割れ目、人間の割れ目、社会の割れ目だ。誰かが「割れ目」を見いだすと、誰かがそこを埋め、零《こぼ》れたものを点検し、別の「分け目」にすることを主張する。その繰り返しだ。点検の道具として長らく「理性」(整合性)を用いたのだが、何度繰り返してみても、理性の正体が神に出自したのか、自己に帰属するのか、そのアリバイがはっきりしないままだった。

そのうちキリスト教が分裂し、国家が乱立し、フランス革命がおこり、アメリカに新世界が出現した。世の中は哲学に関係なく分かれていくのだ。さあ、どうするか。ここから先は「西の世界観」IIに進む。ヘーゲルやマルクスやニーチェが登場して、とんでもない構想を言い出したのである。題して『観念と革命』にした。次回配本をお待ちいただきたい。

松岡正剛

千夜千冊
EDITION

「千夜千冊エディション」は、2000年からスタートした
松岡正剛のブックナビゲーションサイト「千夜千冊」を大幅に加筆修正のうえ、
テーマ別の「見方」と「読み方」で独自に構成・設計する文庫オリジナルのシリーズです。

執筆構成：松岡正剛
編集制作：太田香保、寺平賢司、大音美弥子
造本設計：町口覚
意匠作図：浅田農
口絵撮影：熊谷聖司
編集協力：編集工学研究所、イシス編集学校
制作設営：和泉佳奈子

松岡正剛の千夜千冊　https://1000ya.isis.ne.jp/

千夜千冊《せんやせんさつ》エディション
神《かみ》と理性《りせい》
西《にし》の世界観《せかいかん》I
松岡正剛《まつおかせいごう》

令和元年 8月25日　初版発行

発行者●郡司 聡

発行●株式会社KADOKAWA
〒102-8177　東京都千代田区富士見2-13-3
電話　0570-002-301(ナビダイヤル)

角川文庫 21778

印刷所●株式会社暁印刷
製本所●株式会社ビルディング・ブックセンター

表紙画●和田三造

ISBN 978-4-04-400451-4　C0195

◇◇◇